KB113039

출판하는 마음

출판하는 마음 —

은유 인터뷰집

"책은 다른 이의 몸 안에서만 박동하는 심장이다."

리베카 솔닛, 『멀고도 가까운』

어느 유명 셰프를 인터뷰할 때 들은 얘기다. 그는 매일 만지는 식재료를 시작점부터 알고 싶은 마음에 허브, 토마토 등 간단한 작물은 직접 키운다고 했다. 씨앗을 뿌려 잎이 나고 커가는 과정을 보고 난 후 사용하니까 요리를 0에서부터 출발해 완성하는 기쁨이 있다며 흡족한 표정을 지었다. 시장에서 사다가 쓸 땐 5부터 시작하는 거 같았단다. 그 셰프의 이야기를 내 경험으로 연결해보았다. 내가 매일 만지는 건 책, 읽기도 하고 쓰기도 한다. 사적 소유물 중 가장 큰 부피와 무게를 차지하는 물품도 책이다. 일상의 지배자, 인생의 중심축인 책이지만 그 책의 생장 과정에는 무지하다. 저자일 땐 원고를 출판사에 넘김으로써 1, 2단계에 개입했다가 빠지고, 독자일 때는 마지막 10단계에서 구매함으로써 참여한다. 중간은 모름이다. 서점에서 결제 한 번으로 손에 쥐는 책이 만들어지기까지 땀방울이 몇 백만 개쯤 들어갔는지, 원고를 써서 한글

파일로 넘기면 몇 사람의 손길 거쳐 몇 리 길 돌아 독자에게 당도하는지 소상히 알지 못하는 것이다.

책만 그런 게 아니다. 자본주의 사회의 세포 격인 상품을 우린 거의 모르고 사용한다. 농사짓는 과정을 경험하지 못하고 쌀을 얻어 밥을 먹고, 옷 만드는 사람의 처지와 얼굴을 모르고 옷을 사서 입는다. 결과물만 쏙쏙 취하니까 슬쩍 버리기도 쉽다. 그렇게 편리를 누릴수록 능력은 잃어간다. 물건을 귀히 여기는 능력, 타인의 노동을 존중하는 능력, 관계 속에서 자신을 보는 능력.

"분업은 사회의 생산물들, 사회의 힘, 사회의 향유를 증가시키나 개인적인 측면에서는 사람들 각각의 능력을 빼앗고 감퇴시킨다"라고 일찍이 프랑스 경제학자 세이가 분석했듯이, 거대한 시스템에 하나의 부속으로 끼워져 파편화된 노동을 수행하고 살아가는 현대인은 자기 '맡은 바' 책임을 다할수록 '총체적' 삶에는 무능해지고 만다. 그리고 무능과 무지는 필연적으로 무례와 불통을 낳는다. 그렇다고 일일이 자급자족하거나 경험하기는 불가능한 일. 대신에 노력은 기울일 수 있다고 생각한다. 나는 기회가 닿을 때마다 일하는 사람의 고충이나 보람 같은 이야기를 듣고 읽고 보고 쓰려 한다. 글쓰기 수업을 할 때도 반드시 자신이나 타인의 노동을 관찰하고 글로 써서 공유하는 시간을 갖는다. 간접 체험의 기회를 늘리는 것이다.

이 책도 그 애씀의 일환이다. 처음 작업 의뢰를 받았을 때 책의 주인공으로 주목받는 작가의 책 뒤 판권 면에서 잠자는 얼굴들, 즉 편집자, 마케터, 제작자 등 출판계 종사자들의 인터뷰집이라는 말에 솔깃했다. '누구나 궁금해하지만 쉽게 물어보지 못했던 직업에 관한 물음과 답을 통해 우리 시대 청춘에게 현실적인 도움을 주는 직업 가이드를 제공한다.' '노동과 삶이라는 보다 본질적인 물음에 접근함으로써 독자들로 하여금 깊이 있는 사색의 시간을 갖게 한다.' 두 가지 기획 의도가 마음을 움직였다. 실용 정보서와 르포르타주 사이. 정보적 가치와 인식적 가치를 담아내는 책을 펴낸다는 취지. 잘할 수 있을지는 주저했으나 잘해보고 싶었다. 레드카펫 위 주인공보다는 그 레드카펫을 준비하고 깔고 치우는 사람들에게 시선이 가는 개인적 성향, 보이지 않는 사람들을 보이게 하는 작가적 소임, 내 좋은 책의 0부터 10까지 하나하나 짚어보는 오래된 숙제를 해결할 기회가 왔으므로.

책은 생각의 교류가 일어나는 장소이다.

― 알베르토 망구엘, 『은유가 된 독자』

삶이 바뀐다는 것. 만나는 사람이 바뀌고 돈 쓰는 데가 달라지는 일이다. 내 경우는 그랬다. 나도 모르는 사이 책 사고 강좌 듣고 공부하는 일에 지출이 늘었다. 책을 쓰거나 만드는 사람들과 주로 교우하고 있었다. 말 섞는 재미가 솔솔 피어나고, 대화 궁합이 착착 맞았다. 사는 얘기가 책 얘기로 흘러가고 책 얘기가 다시 사람 얘기로 흘러나오고 자꾸 걸어나가서 세상사를 다 어루만지는 기분에 젖었다. 나라 걱정부터 신세 한탄까지 열내고 욕하고 의심하고 회의하고 과시하고 반성했다. 목적 없는 대화는 어설프나 간절하고 치열했다. 벗들을 통해서 자연스럽게 '출판계' 풍경을 간간이 엿보았다. 내가 생각하는 출판사와는 사뭇 달랐다. 무엇보다 근무 조건이 열악했고(낮은 급여, 야근수당 없음), 생각보다 조직 문화가 권위적이었다(엘리트주의, 성과주의). 그 업계도 온갖 사람이 온갖 목적으로 만나서 이익을 내는 집단이거늘 '책' 만드는 곳이란 이유로 신성시했던 모양이다. 어쩐지 실망스러웠지만 그래도 '생각'하고 사는 종족이 밀집한 직군이라는 점에선 여전히 동경했다. 아무려나, 내 눈앞에 그들은 책 만드는 일에 '미쳐' 있었고 책 만드는 일은 '있어' 보였다.

출판계 외부자에서 내부자로 위치 변동이 일어났다. 2013년 단행본 작가로서 출판계에 발을 디뎠다. 처음은 대필 작가로, 다음은 포토에세이의 글 작가로, 그리고 인터뷰집의 인터뷰어로 참여했다. 사보기자 시절 20매 내외의 글만 쓰다가 500매에서 1000매 사이의 글을 쓰려니 막막했다. 책의 전반적인 흐름을 개관하고 끌고 가는 힘이 필요했다. 편집자가 도움을 주었다. 목차를 잡아주거나 스토리 보드를 짜서 서사의 전개 방향을 볼 수 있게끔 큰 그림을 그려주었다. 책에 대한 이미지화가 가능해지자 나는 감을 잡고 한 꼭지씩 써나갔다. 900매 쓰는 건 엄두가 안 나지만 30매씩 30꼭지 쓰는 건 자신 있었다. 단행본 작업을 하면서 '편집자'가 무엇을 하는 사람인지, 왜 편집자란 직업이 있는지 제대로 실감했다. 사실 이때까지만 해도 나는 책을 집필했다기보다 글 쓰는 기술자로 참여했다. 영혼까지 끌어모아 나를 다 부어넣은 첫 책, 단독 저자로 데뷔한 책은 지금은 절판된 『올드걸의 시집』이다.

"우리나라 편집자들 정말 열심히 일해요. 어떤 분에게 책 내자고 전화해보면 이미 다른 출판사의 연락을 받은 후더라고요." 일전에 만난 편집자가 웃으며 말했다. 정말 그런 것 같다. 그 시절 나 같은 초보 글쟁이에게도 약간의 시차를 두고 서너 군데 출판사에서 편집자 아무개라며 전화가 걸려왔다. 당시 웹진과 블로그에 연재했던 내 글을 책으로 묶어 내고 싶다고 했다. 조건이 조금씩 달랐다. 어느 출판사는 단군이래 최대 불황이라는 출판계의 만년 레퍼토리를 읊으며, 첫 책을 내는 저자의 경우 인세를 10퍼센트 이하로 계약한다는 관행을 이유로 대면서 더 낮은 인세를 제시하기도 했다. 나는 전·현직 편집자 지인들에게 자문을 구하고 각각 출판사에서 낸 책들과 조건을 살폈다. 그러곤 내 성향과 맞는 책들을 출간하면서 인세 10퍼센트에 선인세 100만 원을 약속한 곳과 계약했다. 책을 서둘러 내는 일보다 제대로 된 대우를 받는게 중요하다고 판단했다. 편집자의 진심 어린 태도도 끌렸다. 이게 과연 책이 될 만한 글인가 회의하는 내게, 자신이 위로받았으며 책으로 엮어 두고두고 읽고 싶다고, 순전한 제 욕심인데 아마 자기가 이렇게 좋으면 다른 사람들도 분명 좋을 거라고 말했다. 그의 소신이 나의 용기가 되었다. 적어도 한 사람의 독자는 확보한 거니까. 최초이자 최후의 독자가 되어주는 사람이 편집자로, 마치 마라토너의 페이스메이커처럼 내 옆에 있었다. 외롭지 않았다.

드디어 책이 나왔다. 초쇄 2000부가 세상에 풀렸다. 마음이 설레면서도 무거웠다. 출판사 대표님, 담당 편집자와 점심을 먹는 자리에서, 내가 책이 안 팔릴까 봐 걱정이라고 했더니 대표님이 너그러운 웃음을 지었다. "책 파는 건 우리 일이니까 염려 마세요." 그 말에 안도가 되었지만 잘 이해가 가진 않았다. 책이 팔면 팔리는 건가? 그때까지만 해도 나는, 책이 훌륭하면 별다른 조치를 취하지 않아도 알아서 제 스스로의 힘으로 날개 달고 독자 곁으로 날아가는 줄 알았다. '책은 상품'이라는 감각이 없었다. 알고 보니 출판사에는 책 파는 일을 전담하는 '마케터'라는 직원이 있었고 역할이 중차대했다. 출판사에선 내 책 말고도 다른 책이 줄줄이 나왔다. 출간된 책마다 고루 역량을 투여하긴 어려운 상황이니 출판사에서도 내부 경쟁에서 살아남은 똘똘한 책, 팔릴 만한 책 위주로 판촉 활동을 펼쳤다.

신인 배우나 다름없는 내 책이 캐스팅의 행운을 차지하진 못한 듯하고, 한 권 두 권 근근이 팔렸다. 대개의 무명 작가가 그렇듯 독자라곤 거의 대면 접촉이 가능한 지인들뿐이었다. 독자님들은 내게 다정을 다해 말했다. "와, 책 잘 읽었어요. 책이 너무 좋아서 한 권 더 사서 친구에게 선물했어요."
"저는 엄마한테 사드렸어요." 지나가는 말 한마디에 남몰래
가슴이 뛰었다. 출간 즉시 베스트셀러는 아니었지만 알음알
음 알려지고 있구나 싶었다. 착각이었다. 1년에 두 번 출판사
에서 판매 보고 및 인세 정산 메일이 날아왔다. 마치 '잔액이
부족합니다'라는 메시지처럼 '이번에는 인세 지급 내역이 없
습니다'라는 글귀가 날 쳐다보고 있었다. 한심한 성적표를 받
은 것처럼 얼굴이 화끈거렸다. 아는 사람들은 죄다 두 권씩
샀다는데도 왜인지 판매량은 이토록 지리멸렬하단 말인가.
1000여 권 남짓에서 오래 제자리걸음을 했다. 아마도 500명
이 두 권씩 구입했나 보다, 처량 맞게 그런 셈을 하다 보니 몇
번의 계절이 지났고 첫 쇄 2000부는 3년 만에 가까스로 소진
됐다.

> 출판의 진정한 예술은 자본주의 체제 아래에서 서로 양립할
> 수 없는 원칙들을 화해시키는 데 있는 것이 아니라, 내재된
> 긴장들을 조화로운 방식으로 어우러지게 하는 데 있다.
>
> – 제럴드 하워드, 『편집의 정석』

『글쓰기의 최전선』을 내면서 나는 저자로서 본격적으로
출판을 경험했고 공부했다. 똑같은 원고를 열 명의 편집자에
게 주면 열 권의 각기 다른 책이 나온다는 말이 있다. 편집자
의 역량과 역할이 그만큼 중요하다는 얘기다. 나는 글쓰기에

관한 책을 내기로 계약하고 글을 쓰고 있었지만 이것이 어떤 책이 될지 어떤 독자가 볼지 도무지 감을 잡지 못했다. 실용 팁과 예문이 담긴 글쓰기 작법서가 아닌 글쓰기 에세이인데, 글쓰기에 관한 경험을 토대로 이야기를 풀어가자니 나는 좋지만 이렇게 써도 되는 건지 계속 헷갈렸다. 글이 안 써져서, 혹은 써놓고 자신이 없어서, 아님 달리 써야 하나 혼란스러워서, 그때마다 편집자와 대화를 나누었다. 의논을 빙자해 하소연을 했다. 내가 차라리 한 계간지에 게재했던 원고를 토대로 내용을 보완하면 어떨까 물었더니 편집자는 이렇게 말했다. "그 글은 좋지만 그게 책이 될 순 없어요."

나는 글과 책을 분간하지 못하고 있었다. 글이 내 안에서 도는 피라면, "책은 다른 이의 몸 안에서만 박동하는 심장이다". 책은 누군가에게 읽힐 때만 의미를 지닌다. 그러므로 좋은 글을 쓰고 싶다는 모호한 자의식은 제쳐두고, 비용을 지불하고 책을 사는 독자에게 구체적으로 어떤 도움을 줄지, 시간을 쪼개어 책을 읽는 독자가 무엇을 가져갈 수 있을지를 독자 입장에서 구체적으로 고민해야 하는 것이다. 글과 책, 저자와 독자, 의미와 상품, 도덕과 시장의 길항으로 움직이는 출판 시장의 원리를 내 방식대로 조금씩 파악했다.

글의 총합이 책이 아니라는 것. 좋은 글이 많다고 좋은 책은 아니라는 것. 한 권의 책은 유기적인 구조를 갖고 있으며 책을 관통하는 하나의 메시지와 목소리를 가져야 한다는 것, 그 일을 과단성 있게 솜씨 좋게 해내는 사람이 편집자라는 것. 저자는 외부자의 시선을 갖기 어렵기에 편집자의 말에 귀 기울여야 한다는 것. 좋은 출판사보다 좋은 편집자를 만나는 게 중요하다는 것.

　　이후 몇 권의 책을 더 출간했고, 이번에 나는 저자로서의 위치와 본분을 내부 관계 속에서 질문했다. 어디까지 의견을 피력하고 양보하고 조율해야 하는지 참 어려웠다. 원고를 넣고 빼고 문장을 고치는 것도 그렇지만 가령 제목이나 표지에 대해 의견이 다를 때, 마음에 들지 않는다고 말해도 되는 건지 아닌지, 얼굴도 모르는 디자이너에게 재시안을 말하는 게 월권인지 더 나은 책을 위한 노력인지 등등. 정답이나 매뉴얼은 없었다. 그때그때 상황과 맥락과 상대에 따라 섬세하게 고려해야 하는 일이었다. 그걸 몰라 좌충우돌 덤벙댔다. 고심 끝에 제목을 합의해놓고도 다른 좋은 제목이 생각났다고 불쑥 말해서 편집자의 피로를 가중시키기도 했고, 책 표지가 좀 더 사랑스러웠으면 하는 바람에 조심조심 의견을 전달해 더 나은 표지가 나오기도 했다. 경험은 좋은 스승이다. 여러 편집자와 일해보고 시행착오를 거치면서 알아갔다. 상대방과 마음의 속도, 의욕의 강도를 맞추지 않는 일방적인 열심의 태도가 외려 독이 될 수도 있겠구나. 과거의 나를 규탄하는 마음, 현재의 판을 배우는 마음, 미래의 책을 대비하는 마음으로 출판인들을 만나 인터뷰를 진행했다.

어떤 일이든 혼자 할 수 있는 건 없다. 그런데도 혼자만 열심인 건, 말하자면 그 일을 자기 혼자만의 것으로 만들고 싶기 때문이다. 불가능한 일이다.

— 이시카와 다쿠보쿠, 『슬픈 인간』

책은 부단한 협동의 결과물이다. 저자의 힘으로만 나오는 게 아니며 출판사라는 보통명사 뒤에는 편집자, 북디자이너, 마케터, 제작자, MD, 서점인 등의 숨은 노동이 있다. 앞서 말한 대로 분업 시스템하에서 책은 무서운 속도로 생산되고 독자의 눈앞에 전시되다 사라진다. 출판계 종사자들은 숨 돌릴 틈 없이 바쁘고 아침마다 수치로 제시되는 판매량 성과에 쫓긴다. 출판 노동자의 르포집 『출판, 노동, 목소리』에 나오는 편집자들이 이구동성으로 말하듯이 "좋은 책이 무엇인가 하는 고민이 회사에서 사라진 지는 오래됐고, 회사는 내게 단지 책을 빨리 만들 것을 주문"한다. 책을 '만들지' 못하고 '쳐내기' 바쁜 상황이다 보니 동료 간 서로의 업무를 숙지하고 상대 속사정을 헤아릴 소통의 기회는 더욱 드물다. 저자와 편집자만이 아니라 편집자와 북디자이너, 북디자이너와 마케터, 번역자와 편집자, 편집자와 제작자, 마케터와 MD 등등 업무적으로 얽혀 있기에 일하다 보면 저마다의 처지에서 한 움큼의 서운함, 서러움, 아쉬움이 남기 마련이다.

예를 들면, 편집자가 SNS에 더 나은 표지를 골라달라며 시안 투표를 올리면 '폰트를 다른 걸로 해보세요', '색깔만 바꾸면 되겠네요' 하는 댓글이 달린다. 그것은 편집자로서 더 나은 책을 만들고 독자에게 미리 홍보하려는 노력의 발로지만, 북디자이너 입장에서는 미완의 시안이 공개되어 졸지에 익명의 대중에게 평가당하는 얄궂고 불쾌한 일이다. 수십 개 출판사의 마케터를 대응해야 하는 MD는 좋든 싫든 감정을 드러냈다간 불필요한 오해를 사기 십상이라서 덤덤한 얼굴로 일할 수밖에 없지만, 출판사 입장에서는 속내를 드러내지 않는 MD가 야속하고 그가 어쩌다 흘리는 말 한마디에 일희일비하게 된다. 서점인은 심사숙고해서 책을 골라 진열하고 소개하지만 그런 노력을 모르는 독자는 서점에 들어와 사진만 찍고선 할인되고 굿즈도 받는 온라인 서점에서 사야지 생각하며 나가버린다. 이와 같은 일련의 행동은 대단한 악의와 의도가 아니라 타인의 노동에 대한 무지와 알려고 하지 않는 습관적 게으름에서 오는 것들이다. 나도 인터뷰를 통해 당사자들의 이야기를 듣고서야 각각의 입장을 이해할 수 있었다.

영화 〈다시 태어나도 우리〉는 전생을 기억하는 아홉 살 소년 앙뚜와 그의 유일한 버팀목이 되어준 스승 우르갼, 두 사람의 동행을 담은 작품이다. 시원한 풍경과 묵묵한 관계가 진한 여운을 남기는데 특히 앙뚜의 이 대사가 좋았다.

"나쁜 마음으로 하지 마세요."

살면서 행하는 잡다한 일들을 '해치우듯' 살아가는 태도에 경종을 울리는 한마디였다. 이 책을 쓰면서도 저 대사를 자주 생각했다. 원래도 책을 쓸 때만큼은 몸 상태를 최상으로 유지하려고 노력하는 편이다. 글은 너무도 깨끗한 거울 같아서 글 쓴 사람의 태도와 생각, 마음의 잡티까지 정직하게 반영한다. 더군다나 나쁜 마음으로 일하지 말자는 내용의 책을 쓰는 내가 나쁜 마음으로 써서는 안 될 일이니, 하루 중 가장 맑은 정신일 때 원고에 집중했고 쓰다 보면 좋은 마음이 금세 차올랐다. 물론 화도 자주 치밀었다. 출판계는 상황이 나쁘니까 나쁜 마음이 저절로 삐죽삐죽 솟구쳤다. 대개의 편집자들은 보부상처럼 이곳저곳 옮겨 다니느라 이직이 잦고 노동조합도 없다. 그 열악함을 감내하고 넌더리를 내면서도 다시 책 만드는 작업대 앞으로 사람을 돌아오게 하는 힘이 책에는 존재하는데, 책의 그 힘이 출판계의 열악한 현실을 봉합하는 게 아니라 돌파하는 힘으로 작용하려면 어떻게 해야 할까. 이 책도 그 작은 계기가 될 수 있기를 바란다. 그래서 미화도 비하도 없이 있는 그대로 드러내는 것이 내 몫이라고 생각했다. 글을 쓰다가 속상해서, 꾀가 나서, 혹은 힘에 부쳐서 대충하고 싶을 때면 나쁜 마음으로 하지 말라는 소년의 목소리를 떠올렸다. 좋은 마음으로 해야만 나쁜 현실을 바꿔낼 수 있을 테니까.

책은 인생 여정에서 내가 찾아낼 수 있었던 최상의 장비다.

─ 몽테뉴, 『에세』

이 책에 나오는 인터뷰이들은 모두 열 명이다. 편집자는 역할의 중요도와 분야의 특성을 감안해 문학편집자(김민정)와 인문편집자(이환희) 두 명을 진행했다. 20년 차 편집자이자 출판사 대표이기도 한 김민정의 단단한 내공과 만 3년 차 젊은 편집자 이환희의 신선한 열정과 비판적 시선을 담았다. 작가는 '너구리'라는 필명을 쓰는 김경희를 만났다. 독립출판물을 내는 것으로 시작해 상업출판물 출간 경험이 있는 톡톡 튀는 이십대 필자다. 요즘 책 내려는 이들에게 도움이 되는 이야기를 들었다. 북디자이너 이경란은 인하우스 디자이너 5년, 프리랜서 디자이너 5년의 경험에, 한 사람이 꿈을 이루는 과정까지 재미와 감동의 드라마를 보여준다. 이름처럼 아름답고 정확한 번역으로 출판인들의 신뢰를 받는 홍한별의 번역 이야기는 시종 외유내강이란 단어를 떠올리게 했다. 마케터 문창운은 SNS 시대에 독자와 소통하는 방법 등 수제 햄버거 같은 겹겹의 먹음직스러운 정보를 아낌 없이 나누어주었다. 신간이 제때 나오고 구간이 품절 없이 원활히 공급되도록 인쇄소와 지업사 등 거래처를 발로 뛰는 박홍기 제작팀장의 제작 이야기는 인간관계의 교과서로 삼아도 무방하다. 인문편집자로 4년, 인터넷 서점 MD로 8년을 일한 박태근은 상품으로서 책이 어떻게 팔려 나가고 베스트셀러가 되는지 생생한 언어로 전해주었다. 책을 좋아하는 사람이 가질 수 있는 직업으로 편집자와 서점인을 두루 경험한 정지혜의 이야기는 자기만의 색깔 있는 서점 창업을 꿈꾸는 이들에게 귀감이 될 것이다. 혼자서 기획, 편집, 마케팅, 제작을 총괄하는 이정규의 1인 출판사 분투기는 출판의 총정리 편이나 다름없다. 이상 열 명을 인터뷰이로 선정한 객관적인 기준일랑 없고, 굳이 찾자면 나쁜 마음으로 일하지 않는 사람들이다.

인터뷰를 진행하면서 '장사'라는 말이 유독 귀에 박혔다. 몇몇 인터뷰이가 거리낌 없이 출판을 장사라고 표현했다. 떡볶이 장사, 과일 장사 할 때 그 장사. 책 장사. 어떤 책이 떡볶이나 과일처럼 '확실히' 영혼을 배불릴 수 있을까 생각해보았다. 개인적으로는 책에 대한 엄숙주의를 털어버릴 수 있는 좋은 기회였다. 책은 대단하진 않지만 "삶과 세계에 대해 이해하고, 읽어내기 힘든 현실 세계와 접촉하도록 도와준다"(장뤽 낭시)는 점에서 누군가에겐 여전히 소중하다. 이 소중한 것을 제대로 만들고 제대로 팔기 위해, 작가인 나는 좋은 물건을 납품하기 위해 끊임없이 스스로에게 질문해야 하리라.

"이 책을 다른 출판사가 발행했다면 구매할 텐가?" 이 시험은 다음과 같이 경험상의 여러 질문으로 표현할 수 있다. 아무 페이지나 찔렀을 때 피가 나는가? 한 단락을 건너뛰었을 때 경험을 놓쳤다는 생각이 드는가? 책을 읽을 때 목 뒤의 털이 곤두서는 게 느껴지는가? 본인 서재에 소장할 의향이 있는가? 수년이 흐른 후에 책장에 꽂혀 있는 그 책을 보고 흐뭇함을 느끼고 그 책을 한 번이 아니라 다시 읽는다는 즐거움에 마음이 설렐 것인가?

- M. 링컨 슈스터, 『편집의 정석』

『출판하는 마음』이 이런 좋은 책이 될 수 있을까 자숙의 시간을 갖기엔 너무 늦은 거 같으니, 앞으로 좋은 책을 만들어내려는 여러분에게 영감과 자극, 용기를 듬뿍 제공하기를 바라는 마음이다. 출판계에서 일하고 있거나 일하고 싶은 사람들, 책으로 사유의 거래를 도모하는 작가들, 책이 삶을 구원한다고 믿는 독자들, 직업과 관계에 대해 알고 싶은 사람들, 타인의 노동을 존중하는 사회를 고민하는 이들, 같이 일하는 동료의 입장을 헤아리고 싶은 대인배들, 나쁜 마음으로 일하고 싶지 않은 선한 영혼들과 이 책을 나누고 싶다.

2018년 봄
은유

차례

김민정, 문학편집자의 마음

부끄럽지 않은 책을 만들어야 한다. 애정의 다함에 대해 나는 나를 자꾸만 의심해야 한다. 한순간의 안도가 한 권의 책을 망칠 수 있다. 어려운 이름, 책. 그렇다고 당신에게 내 싸다구를 후려쳐달라고 할 순 없지 않은가. 내 귀싸대기는 내가 치는 걸로.

2017년 8월, 한여름 오밤중에 트위터에 이런 글이 올라왔다. 내 볼까지 알싸해지는 이 문장들을 읽자마자 달처럼 떠오르는 얼굴이 있었다. 일구월심 책을 사랑하는 사람은 많아도 자다가도 벌떡, 있다가도 불쑥, 잠잠한 일상의 수면에 "나는야 폴짝" 뛰어올라 책 얘기를 꺼내고 애정을 다짐하는 이는 흔치 않다. 김민정. 그를 시인으로 기억했던 나는 SNS에서 그의 '편집자 자아'의 출몰과 활약에 놀라곤 했다. 모국어의 선용에 욕의 남용이 적절히 어우러진 독특한 문체는 자칭 '책에 미친년' 일상을 가감없이 보여주었다.

경력 20년의 문학편집자. 출판사 대표. 그간 500여 권의 책을 기획하고 그중 몇몇은 베스트셀러로도 만들고, 소장 욕구를 자극하는 문학동네시인선을 론칭한 장본인. 은퇴한 노교수의 글을 모아 『밤이 선생이다』를 펴내 황현산이라는 시대의 어른을 발굴하고, 박준이라는 무명 시인의 이름을 지어다 시 독자 10만 부 시대를 열어젖힌 편집자.

김민정의 능력은 팔리는 책을 만드는 것을 넘어 출판의 판도를 바꿨다. 명소와 숙소와 맛집 정보를 모조리 뺀 여행책, 부러

가독성이 떨어지는 폰트를 사용해 언어에 머무는 시간을 늘린 시집, 제목만 읽어도 감성 터지는 문장형 제목 등 지금은 익숙해진 이것들은, 한 사람의 잘 조율된 계획과 야심이 아니라 어려서부터 책을 뜯어먹고 자란 사람의 본능과 광기가 뚫어낸 성과다. 활자적 체질과 탐미적 촉수로 단련된 문학편집자의 몸이 만들어낸 것에 가깝다. 그에게 편집자 일의 노하우를 캐내는데 자꾸만 삶의 연대기가 딸려나오는 이유다.

잡식성 독서가

딸만 넷인 집안의 장녀다. 엄마 옆에는 희고 말랑말랑한 덩어리가 늘 있으니까 가까이 가면 안 된다고 생각했다. 동생을 일찍 본 아이는 혼자 뭔가에 골몰할 '거리'들을 찾았고 그게 '책'이었다. 책을 주면 책등을 갉아대거나 책장을 물어뜯었다. 엄마 젖을 일찍 뗀 결핍이 그렇게 표출되었나 싶어서 엄마는 혼내면서도 안쓰러워했다. 초등학교 입학 전이었을 것이다. 동네마다 다니며 책 파는 외판원 아저씨가 있었는데, 어느 날 그 아저씨 손을 이끌어 집으로 데려왔다. 나중에 사준다는데도 아이가 울고불고하자 엄마는 어쩔 수 없이 빠듯한 살림에 할부로 끊어주었다. 지금도 갖고 있는 메르헨 동화 전집이다. 그림까지 외울 만큼 보고 또 봤다. 책이 왜 그렇게 좋았을까.

"한글을 일찍 뗐어요. 다섯 살부터 읽을 줄 알았는데, 동생들이 한글 떼기 전이었으니까 나만 볼 수 있는 유일한 내 것이 내 집에 있다는 게, 나도 우리 엄마 아빠의 딸이구나 하는 안도를 줬던 거 같아요."

결핍을 책으로 메울 줄 알았던 꼬마는 중학생이 되면서부터 신문도 열심히 읽었다. 책이 소개되는 지면은 꼬박꼬박 스크랩을 했다. 그중 읽고 싶은 건 메모지에 제목이랑 작가 이름을 적어두었다가 출근하는 아빠에게 주곤 했다. 그러면 아빠가 퇴근길에 대한서림이라는 큰 서점에서 그걸 다 사다주었다. 중3 때는 화제를 모았던 드라마 〈여명의 눈동자〉의 원작소설 열 권을 사다달래서 전부 읽었다. 겨울방학 마치고 한 사람씩 앞에 나가 읽은 책 얘기를 하는 시간에 이 책 얘기를 했다. 누가 어떤 책에 대해 물으면 신문에서 읽은 기자들의 말을 빌려서 잘난 척하다가 그런 사실을 들킬까 불안해지면 책을 한 번 더 읽었다. 그러면서 책을 보는 눈을 단련했다.

조숙한 여학생처럼 굴었다. 자습 감독하는 선생님들 일부러 보란 듯이 책상 위에 책을 꺼내놓기도 하고. 내가 지금 어떤 모습으로 사람들에게 비치는지, 그와 동시에 진짜 내가 누구인지 알고 싶다는 호기심을 계속 품고 있었다. 자의식이 강한 만큼 자기애도 강하다는 걸 어렴풋이 인식했던 시기다.

고등학교까지 '잡식성 독서'가 이어졌다. 그 시절 오정희 작가에게 꽂혔는데 그때까지 출간된 모든 소설을 읽고 나도 이 작가가 나온 서라벌예대 문창과를 가야지 결심했다. 서라벌예대가 중앙대학교로 편입된 줄도 모르고 누가 어느 학교 갈래 물어보면 서라벌예대 간다고 했다. 이유 없이 어떤 이야기들을 마구 써보고 싶다는 욕망, 욕심이 생겼다. 옆 반 친구의 타자기를 빌려 말도 안 되는 말들을 아무렇게나 치면서 손끝의 쾌락이 증폭되는 걸 느꼈다. 오정희 작가의 소설에 나오는 눈치가 빠한 어린 여자아이. 그 심리에 마음이 너무 쏠려서 그걸 어떤 식으로든 표출하고 싶었다. 그렇게 소설을 쓰려고 갔던 대학에서 소설을 포기했다. 소설을 쓰기에 엉덩이는 너무나 가볍고 성미는 너무나 급하며 논리는 너무나 빈약하다는 것, 자신은 단거리용 폐활량의 소유자인데 소설은 장거리용 폐활량의 소유자에게 잘 맞는 장르란 걸 알게 됐다.

"고등학교 때 100번까지 있는 위인전을 출판사별로 몇 종류를 봤어요. 내가 사람에 대한 관심이 많더라고요. 특히나 남의 족보 보는 걸 엄청 좋아했어요. 저자 약력 보고 책 고르는 게 나만의 도서 구입 팁이었죠. 시집을 읽고 싶은데 어떤 시집을 사야 할지 모를 때 시인의 약력 보고 시집을 골랐어요. 대학 1학년 때니까 시를 하나도 모를 때였죠. 시집 코너 앞에서 막막하면 일단 약력을 펼쳐서 인천 출신 시인들 시집만 사서 봤어요. 혹시나 내가 아는 풍경이 그려져 있지는 않을까, 그럼 이해하기가 훨씬 쉽지 않을까, 그랬는데 정말 도움이 됐어요. 한 편의 시가 한 폭의 그림처럼 보이는데 그걸 그대로 퍼서 벽에 걸고 싶고. 나도 이렇게 아름다운 걸 하고 싶다, 갖고 싶다, 하면서 시집을 엄청 읽었어요."

출퇴근 지하철에서 익힌 '은는이가'

대학교 3학년 2학기 편집론 수업 시간. 교수님이 첫날 각자 생년월일과 한자 이름, 희망 진로를 써서 내라고 하면서 다른 건 몰라도 맞지 않는 길을 가려는 사람은 잡아주겠다고 했다. 별생각 없이 '대학원 진학'이라고 써서 제출했다. 다음 시간에 들어온 교수님은 "김민정!" 이름을 불렀다.

> "대학원 진학 안 한다, 너 취업할 거다, 그러는 거예요. 아니 이게 무슨 소린가, 내가 취업 안 하고 대학원 가면 그만인데 하면서 콧방귀 뀌었는데 정말 그 학기 마치고 난 12월에 취업 의뢰가 왔어요. 제가 IMF 직격탄 세대인데 뭘 가리고 빼고 할 겨를이 없었지요. 무시무시한 국가 재앙이었으니까요. 그래서 월급 60만 원짜리 잡지사 기자로 스물셋에 덜컥 취직을 했어요. 그게 『베스트셀러』라는 월간 문학문화잡지예요. 그 교수님의 예언은 까마득히 잊은 채 나오라니까 감사합니다, 하며 나가기 시작한 제 첫 직장이었어요."

당시 편집장이자 사수였던 사람이 소설가 박민규. 박민규 선배에게 배운 것이 참 많았다. 인터뷰를 하고 와서 뚝딱

글을 써내는데 그 전개가 너무 아름다웠다. 나는 어쩌지 하는 불안 초조를 경험함과 동시에 서두와 말미를 어떻게 시작하고 마무리 지으면 임팩트가 있는지 나름대로 요령을 터득해 눈치껏 따라 할 수 있게 됐다.

입사 초기에 가장 큰 어려움은 전화로 청탁하는 일이었다. 누가 먼저 말 걸기 전에 먼저 질문하는 법이 없을 만큼 새침한 때였다. 사무실 안에서 동료들이 듣고 있는데 전화를 거는 게 끔찍해 종종 동전을 잔뜩 바꿔가지고 회사 앞 공중전화에 가서 청탁 전화를 돌리곤 했다. 앳된 목소리의 신입 여자 기자에게 '그들은' 대체로 친절하지 않았다. 그때 역지사지를 온몸으로 배웠다. 나는 어떤 곳에서 어떤 누구에게든 전화가 오면 친절해야지, 무조건 내치지 말아야지. 지금도 지나가다 공중전화 부스만 봐도 멈칫거린다. 거기엔 까만 봉지에서 잔돈 꺼내가며 전화하고 있는 스물네 살 김민정이 서 있다.

출퇴근 왕복 세 시간, 고단한 직장 생활에 지칠 대로 지쳐가던 어느 날, 시를 다시 만났다. 지금은 돌아가신 정채봉 선생님을 혜화동에서 인터뷰했는데 대학 다닐 때 뭘 전공했냐 물으시더니 무조건 시를 쓰라 하셨다. 정채봉 선생님의 얼굴은 사람 얼굴이 이럴 수 있나 싶을 정도로 투명하고 말갰다. 당시 부끄러움도 없이 한참을 쳐다봤을 정도로. 그런 분의 입에서 나온 그 말에서 진심을 발견했다. "시를 써라." 그날 지하철 타고 집에 오는 발걸음에 엄청 속도가 붙었다. 얼른 가서 컴퓨터 안에 버려뒀던 내 시를 만나고 싶었다.

"그분에게 제가 얻은 건 아마도 용기겠죠. 집에 가서 열 편의 시를 출력해서 하나씩 들고 딱지처럼 접어서는 출근길에 올랐어요. 지하철이 좁으니까 손바닥만 하게 접어서 출퇴근길에 계속 본 거죠. 다시 읽고 다시 고치고. 이게 쉬운 것 같으면서도 엄청 어려운 일이더라고요. 한 편을 오래 보니 문장부터 다시 공부하게 됐어요. 특히나 '은는이가'. 저는 조사를 그때 제대로 공부하게 된 것 같아요. 그러면서 알게 됐죠. 우리 문장 쓰기가 어렵구나."

김민정은 1999년 12월 『문예중앙』에 투고해 시 부문 당선 '전보'를 받았다.

장르의 유연성, 젊은 시인에게 길을 내주다

2003년부터 본격적으로 중앙M&B에 뿌리를 내리고 편집자 생활을 시작했다. 부서는 '문예중앙'. 이 팀에서 엄청 많은 책을 냈다. 다양한 책을 내서 돈을 벌어야 계간지 『문예중앙』도 부담 없이 펴내고 또 너무 만들고 싶은 시집, 소설집, 평론집도 할 수 있었던 터라 돈이 되는 책이라면 정말이지 안 가리고 했다. 그러면서 장르의 다양성에 눈을 떴다. 내 몸을 그때그때 바꿔가는 유연성에 대해서도.

문학편집자로서 역량을 발휘한 건 2005년 문예중앙시선 작업에서다. 최하림 시인의 『때로는 네가 보이지 않는다』

를 필두로 2008년 8월 그 회사를 퇴사하기 전까지 계약되어 있던 마흔네 권의 시집을 전부 다 펴냈다. 송재학, 이경림, 고운기, 장옥관, 이규리 같은 중견들도 허리가 되어주었지만 특히나 첫 시집을 낸 젊은 시인들이 이슈가 됐다. 황병승, 김경주, 유형진, 안현미, 김경인, 이현승, 곽은영, 신동옥, 장이지 등 첫 시집을 내는 신인들의 비중이 큰 시선이었는데, 이는 당시 문단에서 꽤 파격적인 결과였다.

"한 회사에서 1년에 시집이 열 권도 안 나오던 시절이었으니까 신인에게는 기회가 자주 오지 않았거든요. 우리는 초짜 시리즈인데다 이름 있는 중견들은 잘 믿지도 못하는 눈치였고, 제 주변에는 저를 포함해서 원고가 다 묶여 있는데도 낼 데가 없어 힘든 이들이 많았어요. 역으로 그걸 시인선에 풀었죠. 왜 첫 시집만의 뜨거운 온도 있잖아요. 완성되거나 완벽하지 않다 해도 한 시인의 장단점을 한데서 구경할 수 있는 첫 시집만의 고유성. 저는 워낙에 첫 시집 마니아였던 터라 제가 갖고 싶어서라도 얼른 신인들을 잡았던 것 같아요."

이때 김민정은 당시로는 정착되지 않았던 시집 계약서 쓰기 문화를 확고히 다졌다. 짧은 시간 동안 많은 시인을 만나고 약속을 받아야 했기 때문에 입도선매라는 정확하지 않은 소문도 돌았다. 이미 입지가 확고한 문학출판사에 비하면 문예중앙은 가진 게 없고 약한 이름이니까 이러다 뺏길까 봐,

이러다 도망가면 어쩌나, 도장을 받지 않으면 너무 불안해서 가방 속에 넣고 다니던 계약서들의 필체를 기억한다.

"전국을 꽤 돌았어요. 우리를 알리기 위해서는 발품을 파는 수밖에 없으니까. SNS가 지금처럼 활발하던 시절이라면 안 해도 될 발품이었는데 실은 그때 전국을 돌며 만났던 시인들과 여태 인연이라 가장 무서운 게 몸의 기억이라고 생각하게 되었어요. 몸만큼 정직한 게 없더라고요. 아무튼 운이 참 좋았던 것이 그때 그 젊은 시인들의 첫 시집이 인기리에 꽤 많이 팔려 나간 거예요. 문학적 성과에 대해서도 인정받기 시작했고요. 어떤 담론을 형성해내는 데 이 젊은 시인들의 한 군이 큰 역할을 해낸 것도 맞고요. 언론에서 신인들의 이름도 오르락내리락하고. 아무튼 젊은 시인들과 시가 폭죽같이 터지던 시절이었어요."

나는 또라이였으니까요

김민정은 동료 선후배 문인들과의 호흡이 아주 잘 맞았다. 물론 다른 필자들과도 즐겁게 작업했지만 서로의 시너지가 크게 발휘되는 분야가 문학임을 확신하게 됐다. 그래서 문인들의 책을, 그중에서도 에세이를 본격적으로 시도했다.

이병률 시인의 『끌림』도 그런 취지하에 2005년에 냈던 에세이다. 산문의 결이 뭔가 달랐던 사람이다. 이병률이 여행

광인 데다 라디오 작가를 하던 시절이라 뭔가 아름다운 책을 해볼 수 있을 거라 생각했다. 당시 여행서라고 하면 얼마나 싸게 떠날 수 있고 얼마나 싸게 먹을 수 있고 얼마나 싸게 잘 수 있는지 그 팁을 노하우로 알려주는 책들이 대세였기 때문에 그 지점으로부터는 완전 멀어지고 싶었다. 원칙을 정했다. 여행지가 어딘지 밝히지도 않고 페이지도 매기지 않고 먹고 마시고 자는 어떤 정보도 넣지 않고, 그저 떠나왔을 때 그렇게 흘러왔을 때 여행지에서의 나와 내가 완전히 대면할 수 있도록 창구 역할만 해주는 책을 만들자.

"이전에 없던 그런 콘셉트의 여행책이라면 자주 만질 수 있게 디자인이 잘 나와야 한다, 그 디자인에 부합할 수 있는 종이의 질도 보장이 되어야 한다, 여행 가방에 넣으려면 책 사이즈는 작아야 한다, 불친절한 가운데 친절하려면 사진이 잘 보이도록 양 페이지를 쫙 펼칠 수 있게 제본에도 신경을 써야 한다 등등 여러 조건을 내 스스로에게 걸었죠. 근데 그러려니까 돈이 엄청 드는 거예요. 당시 1만 원짜리 책도 흔하지 않았던 때라 적정가로 매긴 1만 2000원을 두고 회사에서 의견이 분분했어요. 특히나 마케팅 부서에서 난리들을 치더라고요. 밥 벌어먹기도 힘든 세상에 누가 이런 책을 1만 2000원이나 주고 사느냐, 이게 팔릴 것 같으냐. 나는 그러면 어차피 죽을 건데 그럼 왜 사느냐, 알아보는 사람들은 살 것이다, 하고 고집을 부렸죠. 나는 또라이였으니까요. 회사 내에서 성질 더러운 년으로 통했으니까요."

어쨌든 책은 성공리에 안착했고 최근까지 100만 부를 넘겼다. 『끌림』 이후 개인의 카메라며 블로그 문화가 양산되더니 어느 순간 휴대폰에도 카메라가 달려 나와 이젠 누구나 쓰고 찍는 삶에 익숙해졌다. 누구의 눈치도 보지 않고 어떤 정보에 연연하지 않은 채 개성 있는 나만의 사진과 나만의 글쓰기에 집중하는 책, 그 개별적인 고유성이 확연히 드러나는 책들이 그 이후 엄청 쏟아졌다. 여행책, 크게는 에세이의 패러다임이 바뀐 것이다.

> 반드시 출판해야 한다고 생각하는 책을 위해, 그리고 본인이 믿는 저자들을 위해 싸워서 편집자로서 진실성과 확신을 지켜내야 한다.
>
> — 제럴드 그로스, 『편집의 정석』

실용서 편집으로 익힌 감각들

처음부터 문학에만 투입된 건 아닌데 "그게 지금 와 생각하면 엄청 큰 복"이라고 말하는 김민정. 첫 직장 잡지사 기자를 그만두고 휴학과 복학을 반복하면서 대학원에 다니는 동안 실용서를 만든 적이 있다. 첫 책은 비즈 액세서리 책이었다. 당시 넥서스 출판사에 다니던 친구가 필자 혼자 책 꾸리기 힘드니까 옆에서 도와 한 권의 책을 완성해달라며 일을 소개했

김민정,

다. 액세서리를 전혀 하질 않았던 시절이라 관심도 없고 지식도 없는 분야였지만 그래서 더 정성을 들였다. 내가 만들 줄은 모르지만 독자들이 이 책을 보면서 만들게는 해야 하는 실전용 책이니, 한마디도 놓치면 안 됐다. 녹음하면서 저자의 작업 과정을 유심히 관찰했고 나중에 녹음기 틀어놓고 하나하나 느릿느릿 써나갔다.

"읽기 쉬운 단문으로 제작 과정을 정리했어요. 책마다 기본 덕목으로 가져야 하는 문장의 차이랄까, 유연한 문장의 쓰기에 대해서 몸에 감을 익힌 것 같아요. 그리고 액세서리를 100개가 넘게 만들어놓고 책에 실릴 것을 정하는데 저마다 이름이 있어야 하잖아요. 그 액세서리들 이름 지으면서 사람들 뇌리에 각인시키는 제목에 대해 극한 훈련을 했어요. 일단 액세서리 놓고 계속 들여다보며 생각을 해요. 너무 어렵게도 말고, 너무 쉽게도 말고, 그러나 갖고 싶게 만들려면 제품명으로 꾀어야 한다."

이때부터 습관이 생겼다. 어떤 주제의 책을 하게 되면 그 주제로 출간된 책을 일단 몽땅 사들이는 것이다. 돈이 많이 들긴 하지만 사지 않으면 불안하다. 그걸 일일이 훑으며 우리 책이 장점으로 가져야 할 바를 보태기도 하고 디자인도 눈여겨본다.

문학편집자인 지금도 마찬가지다. 내고 싶고 내기로 한 작가가 있다면 일단 그의 전작을 다 읽는다. 그의 근황을 열심히 좇는다. 요즘 산문을 안 쓰는데 무턱대고 찾아가 산문을 쓰자고 할 수는 없는 노릇이다. 그러니 원하는 작가의 전작을 다 읽고 난 뒤에 그가 쓰면 재밌겠다 싶은 기획들을 노트에 적어본다. 평소에 정기구독하거나 심심풀이로 봐온 다양한 잡지에서 힌트도 얻는다. 잊고 있던 필자들이 거기에 짧은 칼럼 등을 쓰는 식으로 등장할 때가 있다. 그의 최근 관심사도 알 수 있게 되니 여러모로 유용하다. 단, 그렇게 공들여 작성한 기획안을 내놓았을 때 저자가 난색을 표하면 두 번 잡지는 않는다.

"관계가 힘들어질 수 있으니까. 빨리 포기해요. 몇 번씩 찾아가고 그런 건 없어요. 단호함을 빨리 알아봐요. 다만 기획안을 쓸 적에, 저를 편집자라기보다 작가로 상정해놓고 어떻게 하면 쓰기 편하게 유도할까 최선을 다해 궁리해요. 쓰는 사람이 쓸 수 있는 기획안이냐, 이게 필수라는 걸 아니까요."

좋은 제목은 언제나 본문 안에 있다

김민정은 2009년에 문학동네로 자리를 옮겨 문학동네시인선을 기획, 론칭했다. 문학동네시인선은 후발주자로서 핸디캡이 컸던 시리즈다. 문학과지성사, 창비, 민음사 등 역사와 전통을 자랑하는 출판사 시집들이 대거 포진한 상태에서 2011년

1월에 첫 책을 출간하면서 우여곡절도 참 많았다. 무엇보다 디자인에 어려움이 컸다. 원래 있던 시집들이야 시간이 만들어놓은 무게가 있으니 흠잡기가 쉽지 않았지만, 이제 막 태어난 문학동네시인선을 두고서는 사방팔방에서 말들도 많고 돌도 많이 던졌다. 왜 문지나 창비 같은 서체를 안 쓰는 거냐, 왜 시집 길이가 기냐, 왜 컬러를 이렇게 쓰는 거냐, SNS로 홍보를 겸해가며 커온 시집 시리즈인 만큼 SNS상에 온갖 불평이 쏟아졌다. 그럴 때마다 그 의견에 답을 달면서 오해가 이해로 변해갔다.

하지만 그는 수류산방 박상일 방장에게 시집 시리즈 디자인을 의뢰했을 때부터 모험임을 알았다. 익숙하고 무난한 디자인이 올 거라고는 짐작조차 안 했다. 다만 주문한 건 시인선 시리즈와 시인 이름과 시집 제목이 오롯이 잘 보이게 해달라는 거였다.

"일단 본문의 신명세명조는 독자들에게 가독의 불편함을 주기 위한 의도였어요. 시집을 너무 빠르게 읽어나가지 않게 하려는 역발상이었지요. 게다가 서체가 얇고 꼿꼿한데 그러다 보니 단어들이 생경스럽게 읽혀요. 단어들을 새로이 삼키는 데 효과를 주고 싶었지요. 표지 컬러의 경우 우리가 예뻐서 그냥 정한 게 아니고 시집 내용을 상징할 수 있는 컬러군을 정해서 디자이너에게 전달하면 이를 참고해서 만드는 거예요. 별색 컬러가 아니고 4도로 만들어서 쓰는 거라 단 한 권도 같은 색이 없어요. 많이들 그

깊은 이유까지 모르신다고 해도 저는 그 나름의 원칙을 섬겨가며 여기까지 온 터라 할 말이 제법 있는 편이죠. 앞으로도 지금까지 해온 이 정성에 흠집 나지 않도록 최선을 다할 생각이에요."

문학동네시인선은 지난 2017년 12월 12일에 100번째 시집이 나왔다. 처음의 우려와 달리 지금은 독자들의 사랑을 참 많이 받고 있다. 현재까지 시인선의 누적 판매 부수는 50만 부를 넘겼고, 그 가운데 1만 부를 넘긴 시집도 10여 권이 넘는다. 독자들의 애정과 관심이 얼마나 큰 것이었는지 새삼 더 느끼게 되는 요즘이다.

특히 2012년 12월에 출간된 『당신의 이름을 지어다 며칠은 먹었다』를 쓴 박준은 눈 밝은 편집자 김민정이 발굴했다. 그가 2009년에 어떤 기금 심사를 갔다가 우연히 보게 된 원고의 필자였다. 겉봉에 시인 이름은 없었고, 「미인」 외 49편인가 하는 제목과 편 수만 적혀 있었다. 덤덤히 시를 읽었다. 이미 앞선 심사자들의 점수가 높지 않은 상태였고 그도 큰 감흥을 받은 건 아니었는데 이상하게 그냥 내려놓을 수 없었다. 휴대폰 메모 창에 기억나는 몇 구절을 적어서는 집에 와 검색해보았다. 『실천문학』으로 데뷔한 박준이라는 시인이었다. 그렇게 탄생한 시집은 발행 5년 만에 10만 부를 찍었다. 2017년 7월 1일에 펴낸 박준 시인의 첫 산문집 『운다고 달라지는 일은 아무것도 없겠지만』도 시집과 같은 시기에 10만 부를 넘겼다. 읽을 때 평안함을 주는 우리말의 쓰임을 잘 활용한 것 같고 특히나 우리 정서에 잘 맞는 가난, 이별, 죽음이 아주 솔직하게, 그러나 절망적이지만은 않게 드러나서 공감을 많이 얻었다고 그는 분석한다. 어쨌거나 "준이의 숨어 있는 매니저이자 누나로" 오래 곁에 머물 생각이다.

문학동네시인선의 히트 비결 중 하나는 문장형 제목이다. 박준의 시집을 비롯해 신철규의 『지구만큼 슬펐다고 한다』, 100호 티저 시집의 『너의 아름다움이 온통 글이 될까봐』 등의 제목이 세로로 긴 판형, 독특한 표지 컬러와 어우러져 시집을 갖고 싶게 만드는 주된 요인으로 작용한다.

"제목에 대해서는 웬만해서 지지 않는 편이에요. 제목을 정하기까지 제가 최소한 세 번 이상은 집중해서 읽거든요. 마치 내 책을 보듯이 그런 마음가짐으로 엄청 집중하는데 그럴 때마다 튀어오르는 제목들의 진심을 제가 아는 탓에 작가와의 싸움에서도 웬만해서는 굽히지 않아요. 그런 만큼 책임감이 강하게 들죠. 원고 제목이 잘 안 풀릴 때는 무조건 원고를 읽고 또 읽어요. 왜 예전에 1등짜리들이 공부가 가장 쉬웠어요, 하면서 교과서 안에 답이 다 있다고 인터뷰하곤 했잖아요. 그땐 납득하지 못했는데 책 만들면서는 수긍을 하게 되더라고요. 제목이나 부제목, 카피 등등은 분명 작가가 쓴 원고 안에 답으로 다 있는 거 맞더라고요. 누가 더 깊이 있게 들여다보느냐 누가 더 애정으로 읽었느냐, 여부에 달려 있다고 믿으니까 원고만 줄창 물고 늘어지게 돼요."

이십대에 붐비는 지하철에서 '은는이가'로 씨름하며 조사의 힘을 터득한 그는 (당신의 이름을 지어다 며칠'을' 먹었다가 아닌) 『당신의 이름을 지어다 며칠은 먹었다』라는 제목으로 언어의 긴장을 만들어내는 데 성공했다. 독자로 하여금 한 번 더 쳐다보고 이상하게 손이 가는 책을 만들어낸 것이다.

지구력은 문학편집자의 필수 조건

시인이자 편집자라는 이중 지위는 문학편집자로서 김민정의 고유한 자리를 마련해주었다. 그는 편집자의 태도 50에 동료 시인의 태도 50으로 임한다. 가장 중요한 건 "내 시집을 만질 때처럼 적극적인 자세로 임한다"는 걸 시인들과 공유하기. 고맙게도 그의 의견을 많이들 따르고 믿어주어 오히려 부담이 커졌을 정도다. 그처럼 문학편집자는 시인이 겸하는 경우가 종종 있다. 민음사에서 서효인 시인, 창비에서 박준 시인이 편집자로 일한다.

"왜 새해 벽두에 신춘문예 당선자 발표하잖아요. 문학편집자를 시작한 지 얼마 안 된 친구들 가운데서도 보면 누가 시킨 것도 아닌데 그걸 다 훑고 자기만의 촉으로 감으로 누구누구 좋더라, 누구누구 책은 했으면 좋겠다 하는 의견을 정리해서 갖고 오는 친구들이 꼭 있어요. 약간 들뜬 표정으로, 살짝 겁도 먹은 떨림으

김민정,

로. 그걸 말하기 위해 얼마나 많이 읽고 또 생각을 했을까 가만 생각해보면 그건 진짜 좋아서, 푹 빠져서, 살짝 미쳐서 제가 뭘 하는지도 모르고 하는 '몰아'의 그 예쁨이거든요. 그럼 이 친구는 이 일이 참 맞는가 보다, 절로 알게 돼죠. 이 신인들이 한 권의 책을 내기까지 시간이 좀 걸리잖아요. 그 작가와 함께 그 시간을 함께 살아주는 이가 문학편집자다 싶어요. 어떻게 기다리냐고요? 에이, 한국에는 참 많은 시인 소설가가 있고, 또 문학편집부의 시계는 군대 시계와는 달리 참 잘도 가거든요. 어느 틈에 보면 처음 기획했던 그 책과 딱 마주하고 있지요. 그래서인지 문인들도 첫 책의 편집자는 잘 잊지 않는 듯해요."

문학편집자는 교정 교열에서도 고도의 섬세함이 요구된다. 작가의 문체를 거스르지 않는 한도 내에서 비문을 잡으려니 그 사람이 돼보려고 하는 역지사지가 몸에 배어 있어야 한다. 더러는 자신의 글을 일점일획도 고치지 말라는 작가들이 있는데, 그의 편집자 초기 시절엔 '선생님들'의 그 정도가 심했다. 그렇다고 원고에 손을 하나도 안 대면 편집자가 일을 안 하는 것처럼 보이기도 한다. 이래저래 주눅이 들어서 무릎도 펴지 못하는 때가 있었다. 하지만 좋아질 수 있는 원고는 포기하지 않는 게 편집자의 본분. 요즘 그는 후배들에게 네 책이라고 생각하고 잘 고쳐보라며 용기를 북돋운다. 책이 나온 다음에도 긴장을 풀 수는 없다. 작가만큼 독자도 '문장'에 엄격해서 초판이 풀리고 나면 출판사 홈페이지에 오타를 지적하는 게시물이 오르기도 한다. 이러한 초긴장 상황을 수차례 겪고 나면 문장 훈련 하나는 틀림없이 완수하게 된다.

미술과 문학이 함께 노니는 책 표지

어디부터 어디까지가 편집자의 일일까. 조직마다 개인마다 감당하는 몫이 다르다. "어쨌거나 책 한 권에 어떤 문제가 생겼을 때 그 책임이 전적으로 편집자에게 있다"는 마음으로 그는 임한다. 기획한 원고가 들어와 교정을 보면 끝나는 게 아니라 이 원고를 누가 가장 잘 구현해낼 수 있겠다 하는 디자이너 섭외부터 그 디자이너와의 소통, 제작, 인쇄, 제본, 이후 홍보까지 모든 과정을 꿰고 책에 관해 0에서 100까지 다 아우른다. 그는 특히 원고를 읽을 때부터 이 내용은 어떤 종이에 담기면 좋겠다는 느낌부터 갖고 시작한다. 미색이냐 백색이냐 종이 컬러의 차이부터 그램 수까지 원고가 담기는 그릇을 예민하게 챙기는 편이다.

> "판형부터 전체적인 콘셉트까지 제가 많이 의견을 전하는 편이에요. 표지에 그림을 넣었으면 좋겠다, 아니 그냥 폰트로만 가면 좋겠다, 한 챕터의 원고 분량이 얼마나 되니 책 사이즈는 이쯤이면 좋겠다, 뭐 이런 사사로운 얘기들을 디자이너에게 많이 건네요. 물론 디자이너 얘기도 많이 듣는 편이에요. 귀를 기울이고 대

화를 많이 해요. 또 한 사람의 독자로 디자이너가 너무 귀하거든요. 샘플이 되는 이미지 제공도 수도 없이 해요. 내가 본 이 원고는 이 책에 가깝다. 기분 상하게는 절대로 안 하고요, 그의 영역을 침범하지도 않죠. 그 말의 요령이 중요하다 싶어요."

이러한 고유의 심미안과 적극적 소통으로 그는 남다른 표지를 만들어낸다. 평론가 황현산의 산문집 『밤이 선생이다』는 내용, 저자, 제목과 결이 맞는 표지로 강한 인상을 남겼다. 물론 표지는 디자이너의 작품이지만 평소에 그림을 좋아하고 많이 보는 편집자로서 디자이너에게 적절한 도움을 주곤 한다. 『밤이 선생이다』가 그런 경우. 표지 그림을 그린 팀 아이텔은 2011년 신형철 산문집 『느낌의 공동체』의 표지로 인연을 맺은 바 있지만 그의 그림을 처음 본 것은 그해 가을 학고재에서였다. 그의 첫 한국 전시였고, 그때 유독 눈과 마음에 잠기던 한 그림이 책을 편집하던 2013년 어느 날 불현듯 떠올랐다. 그렇게 좋은 그림, 영감을 주는 그림을 차곡차곡 품어두다가 그 그림과 맞는 작가가 나타났을 때 표지로 씌운다.

"예전부터 표지로 화가들의 작품을 자주 썼어요. (독자한테) 책의 형태라지만 그럼에도 그림도 갖게 하고 글도 갖게 하고 일거양득이잖아요. 물론 이 둘의 조합이 최상의 파트너십을 이룰 때에 해당하는 거지만요. 팀 아이텔의 그림은 신형철과 황현산, 두 사람의 에세이에 담았어요. 하필 왜 평론가들의 산문일까 싶었는데, 팀 아이텔이 독일에서 문학과 철학을 전공한 사람이에요. 그런 이력과도 상관이 있겠다 싶었어요. 『은교』나 『천재토끼 차상문』은 화가 이정웅에게 소설을 읽히고 그림으로 표현해달라고 요청했었어요. 아무래도 순수미술 전공자다 보니 소설의 내용을 직접적으로 구현하는 것이 아니라 뭔가 자기만의 방식으로 소화해서 독자들로 하여금 사유하게 하는 그 '거리'를 상징이나 은유의 틀을 통해 보이려고 애쓰더라고요. 그 '긴장'이 표지를 질리지 않게 만드는 지점이라 생각했어요. 왜 볼 때마다 몰랐던 다른 게 자주 발견되는 그림이랄까. 아무튼 이야기의 폭을 넓고 깊게 확장시켜주는 표지 욕심은 분명 큰 듯해요."

알다가도 모를 너의 이름은 책

편집자에서 대표로, 2011년 문학동네 브랜드 '난다'를 차렸다. 그러니까 계산기 없이 살다가 두 개의 계산기를 선물받게 된 것으로 그는 변화를 실감한다. 아침마다 출고 부수를 찍어 본다. 주문량이 넘칠 때는 하루 종일 휘파람을 불고 주문량이 턱없이 적을 때는 한숨을 푹푹 내쉰다. 그럼에도 최종 결제하는 사람이 자신이란 사실에 스트레스가 덜어진 측면도 있다. 대표로서 '장사'도 중요하지만 회사의 이미지에도 더욱 신경을 쓰게 되었고. 무엇보다 직원 한 사람 한 사람의 말과 행동을 섬세하게 살피게 됐다.

난다에서 지금까지 펴낸 책은 약 70종. 이제는 편집이 이렇게 하는 거구나, 책이란 이런 거구나 감이 잡혔을 만도 한데 그는 고개를 내젓는다. 편집자로서 자질에 대한 자기 의심과 열패감을 거두지 못한다. 정말이지 알다가도 모를 책! 괜찮다 싶은 책들이 시장에서 무너지고, 뭔가 부족한 마음으로 수줍게 내민 책들에 열광하는 독자들을 보면서 도대체 어떤 책을 어떻게 내야 하는지, 먹먹한 기분이 될 때가 많다.

더불어, 편집 실무자로서 해도 해도 실수의 반복이며 맞춤법 띄어쓰기 오류를 발견할 때마다 부끄러움이 크다. 물론 출간 종수를 줄이면 책에 집중하는 시간이 늘어 좀 더 안심하는 마음으로 책을 낼 수 있지만 뭐 그렇다고 사소한 실수가 하나도 안 생기는 건 아니라는 것도 알았다. '실수가 없는 책'에 대한 집착은 어느 순간 내려놓게 되었다. 대신 방심하진 못한다. 뭔가 이제 좀 알겠다, 이 정도면 되겠다 싶을 때마다 사고가 터져버린다. 가령 이번 책은 좀 볼 만큼 봤어라는 마음으로 인쇄 감리를 슬렁슬렁 가보면 꼭 표지에 실수가 있거나 다른 자잘한 잡음이 들린다. 그럴 땐 죽비로 얻어맞은 것처럼 정신이 확 들어서 감리를 꼬박꼬박 챙기지 않을 수 없다.

회사 대표로서 출판사의 이윤 추구와 사회적 역할 사이의 균형 잡기도 늘 안고 가는 고민이다. 책 한 권을 내고 출판사가 문 닫는 게 아니니까 "그 책 한 권으로 촉발될 이미지적인 부분, 그리고 모셔올 수 있는 필자의 폭까지" 여러 측면에서 다각도로 헤아리고 계산한다. 그럼에도 어쨌든 하고 싶은

김민정,

책에 있어서 판매를 고려하는 건 기본이다. 책 만드는 이로서 진정 안팎으로 책임지는 자세가 필요하다고 생각한다.

사실, 대표든 편집자든 명함만 바뀌었고 부담의 종류가 다를 뿐 그가 문학편집자라는 점에는 변함이 없다. 밤낮없이 책을 탐하는 일상도 그대로다. 끊임없는 독서로 일상의 불안을 잠재우고 편집자의 본분을 다한다.

"하루에도 수십 번 인터넷 서점을 들락거려요. 소설과 시와 에세이 등등 신간 나온 거 뭐가 없나 검색하고 애정하는 출판사들역시 몇 번이고 쳐봐요. 국내문학뿐 아니라 해외문학에 대한 관심도 동시에 가져보고, 그래서 그 폭을 점점 넓혀가는 거, 웬만한 책은 반드시 구입해서 만져요. 돈? 많이 들죠. (웃음) 근데 안만진 사람은 모르는 거거든요. 일단 제 돈을 들여 사본 사람만이 아는 거거든요. 기다 아니다 판단하려면 반드시 사서 손에 쥐어봐야 해요. 책에 있어서 전 감보다는 손을 우위에 둬요."

손의 힘을 믿는 그의 지출에서 가장 큰 비중을 차지하는 항목은 도서 구입비와 교통비. 회사가 있는 파주까지 저자를 부르기 어려워 중요한 미팅은 서울에서 잡는다. 전화로 되는 업무가 있고 얼굴을 맞대고 해야 하는 업무가 있는데 그 기준은 기획한 당사자가 바로 안다. 판단이 섰을 땐 먼 길 마다하지 않는다. 책을 만지는 것만큼 사람과의 눈 맞춤도 중시하기에 기꺼이 품을 들이고 비용을 치른다. 집에 쌓인 책도 어마어마하다. 얼마 전엔 종이상자가 아닌 장마철에도 안전한 이삿짐용 박스를 수십만 원어치 구입해서 다 읽었거나 대략 훑어보았거나 당장 읽지 않아도 되는 책을 분야별로 따로 보관해놓았다.

여성 편집자로 목소리를 낸다는 것

잡지사 기자로 일하던 첫 직장 출퇴근길, 서울에서 인천으로 왕복 세 시간 '지옥철' 코스를 통과하면서 그는 그때 인간에 대한 분노와 슬픔을 경험했다. 무슨 부귀영화를 누리겠다고 이 많은 사람 틈에 끼어, 정말이지 안 떨어지려고 겹에 겹으로 싸여서는 숨도 제대로 못 쉬는 걸까. 살아야 할 어떤 목적도 없고 가만히 있어도 자신을 조여드는 사람들은 더 싫었다. 그때 아빠가 스위스제 접이식 빨간 칼 하나를 선물로 줬는데, 그걸 글쎄 손에 쥐고 타곤 했다. 누구라도 나 건드리면 찔러버릴 거야 하는 작심으로. 물론 한 번도 펴보지 못했다. 그러다가 하루는 막 승무원이 된 동생과 지하철을 함께 탔다. 객차 안에서 여느 때처럼 끼어 있는데 동생이 갑자기 삑 소리를 질렀다. "아이 씨발 손 안 치워? 정말 어딜 만지고 지랄이야!" 동생은 키가 176센티미터다. 목소리가 엄청 크게 울렸다. 놀라운 게 그 좁은 지하철 안에서 그들 주변이 갈라지면서 틈이 생겼다. "언니 이렇게 해야 몸에 손을 안 댄다니까." 동생이 말했고, 그때 알았다. 불편하면 소리를 질러야 하는구나. 아니면 아니라고 말을 해야 사람들이 알아먹는구나. 억울하면 억울하다고 속내를 털어야 그 억울함이 풀리겠구나.

그 일을 계기로 목소리를 내는 일의 중요성을 깨우쳤고 점점 목소리를 내는 여성, 편집자가 되어갔다. 목소리를 내다 보니 목소리가 커졌다. 이제는 거꾸로 목소리가 큰 그의 눈치를 보는 필자들이 생겨나서 그 조절을 해야 하는 게 숙제로 남았다. 여성이기 때문에 불편하다 편하다 하는 가늠을 해본 적이 없는 건 타고나기를 우렁찬 목청에 뒤 없이 앞에서 질러버릇한 말법도 주요했겠지만, 어쩌면 그의 몸 절반이 시인으로 채워진 덕에 나름의 특혜를 입은 것일 수도 있다.

"부당하고 불편한 점을 정정당당하게 말해 버릇하는 문화. 어쨌거나 작가에게 개입하는 편집자의 역할, 이는 분명 존중받아야 하는 부분이거든요. 그런데 우리 편집 역사를 보면 그렇게 해오지 못했어요. 소극적이고 수동적이었죠. 지금은 적극적이고 능동적으로 변화해가는 과정 속에 있으니 어떤 식으로든 변모된 그림들이 안착될 것도 같아요."

일과 삶의 밸런스를 중시하는 시대다. 젊은 세대는 일과 삶의 분리 모드가 철저하다. 그는 몸이 그렇게 분리되는 데 익숙하지 않다. 집에 와서도 업무가 끝나지 않는다. 밀린 책을 보거나 밀린 교정을 보거나 밀린 메일을 쓰거나 하는 일로 불

문학편집자의 마음

안하게 하루를 마감한다. 오늘은 딱 여기까지 일하면 된다, 하는 기준이 없기 때문이다. 그런데 출판 시스템이 정착되고 일찌감치 몸이 익으면 혹사랄까, 일에 무조건적으로 던져지는 데서 자유로울 수 있을 것 같다.

그는 영국의 예를 든다. 영국만 하더라도 출간일이 우리처럼 주먹구구로 정해지는 게 아니라 몇 년 전에 이미 정해지고 딱 그날에 맞춰 낸다. 책 출간 일정이 잡히면 가제본을 돌려서 리뷰 받고 서점 반응 보면서 출간 부수 찍고. 어떤 시스템에 의해 더하지도 모자라지도 않게 간다. 그런데 우리 출판계는 1월에 출간 계획을 세우고 그게 다 지켜지지도 않는다. 또 불쑥 치고 들어오는 원고도 있기 마련이라 작가나 책에 끌려가는 경우가 다반사다.

이런 예측 불가능한 출판 시스템에 대해 후배 편집자들은 회의한다. 책이 안 팔리는데 이 고된 노동을 계속해야 할까. 이전 세대는 효율성을 따지기 이전에 일단 만들기부터 했다면 후배들은 이만큼 힘을 들일 만한 일인가 계속 생각하고 주저한다. 이건 자신의 일이 아니라는 판단을 내리기까지의 가늠 시간도 퍽 짧아진 듯하다. 고민을 공유하기보다 사직서를 먼저 내미는 경우가 다분한 것도 같다.

"원칙과 기준을 어디에 놓을 것이냐, 작가와 출판사와 편집자가 끈끈한 유대감을 갖고 오랫동안 소통을 해나간다면 출판 시스템을 변화시키는 건 어려운 일이 아닐 것 같아요. 작가들이 출판사

를 옮겨다니는 일이 비일비재하고 편집자들의 이직률도 높아요. 그러다 보니까 안착, 정착, 뭐 그런 단어로부터 낯선 것도 사실이고요. 그러니까 한마디로 모두가 불안한 상황에 있는 거죠. 언제든 짐 쌀 준비, 짐 풀 준비, 마치 전시 상황 속에 놓인 것처럼 편집자들이 사는 거 같아요. 어찌 보면 참 슬프죠."

내가 하는 일이 아름답고 쓸모없기를

김민정은 SNS에 하루 평균 대여섯 번의 포스팅을 하는데 오전에는 강남에 오후에는 인쇄소에 밤에는 파주에 다음 날에는 통영에 있는 식이다. 책이 있고 사람이 있는 곳이면 어디든 버선발로 달려간다. 책을 만들다가 문득 너무 좋아서 사람들에게 보여주지 않고서는 안 될 것 같은 순간이 오는데 그럴 때마다 SNS를 마이크처럼 켠다. 책임감도 따른다. 사안에 따라 비난을 감수해야 하는 부담이 있지만 그럼에도 내가 좋은데 어때, 할 때의 자유로움으로 활동한다. 글 올리기 버튼을 누르면서, 이거라도 없었으면 책들과 독자들 사이에 어떻게 출렁다리를 놓을 수 있었겠나 생각한다.

"내가 좋은 걸, 설레서 미치겠는 걸 말해주고 싶고 나누고 싶다"는 이 '알림 본능'이자 '나눔 충동'은 그를 편집자로 살게 하는 크나큰 내적 동력이다. 그가 펴낸 황현산의 『밤이 선생이다』도 그랬다. 문학평론가 황현산은 김민정의 시를 두고 다들 이상한 시를 쓴다고 했을 때 "신경도 쓰지 마라. 네가 옳다. 네 시가 잘못된 게 아니라 네 시가 너무 일찍 발간되었던 것뿐이다"라고 말해준 유일한 사람이었다. 그런 고마운 분이었기에 결초보은하는 심정으로, 또한 평소에 좋은 산문과 칼럼을 많이 썼지만 당시만 해도 대중에겐 거의 알려지지 않았기에 '나 혼자 보기엔 아까우니까, 같이 보면 좋겠다, 세상에는 이런 어른도 있다'는 마음으로 책을 펴냈고, 큰 사랑을 받았다. 이런 식으로 한 권 한 권 그가 펴낸 산문집은 오랜 세월 일상의 궤를 맞춰온 인연들과의 사연이 깃들어 있다.

"제가 등단 20년이 되어가요. 주변에 가까이 있고 오래 봤으니까 어떤 문인이 뭘 좋아하고 어떤 글을 잘 쓴다는 걸 알잖아요. 편집자가 아니면 뭐 혼자 찾아서 보고 말아도 그만인데 편집자를 하다 보니 그걸 책으로 내서 모두가 읽고 행복했으면 하는 마음이 드는 거예요. 저는 제가 가진 그 공명심이 맘에 들기도 해요. 나누는 걸 워낙 좋아하기도 하고요. 인간이 책을 읽을 수 있는 두 눈으로 사는 한 편집자라는 직업은 계속되지 않을까요. 최소한 내가 읽고 싶어서라도, 나를 위한 책이라도 내가 살아 있는 한 만들 것 같아요."

책이 세상에 나오면 작가와 출판사만 남고 만든 사람은 없어진다. 이 아름답고 쓸모없는 일이 힘들어 미치겠는데 책이 나오면 또 언제 그랬냐는 듯이 미친다고 김민정은 말한다.

문학편집자가 되고 싶은 이들에게 건네는
김민정의 마음

1. 읽은 책과 읽을 책을 매일같이 기록하세요.

세상에 읽을 책은 너무나 많고 읽을 눈은 두 개뿐이므로 읽은 책에 대해서는 반드시 기록하는 습관을 들이세요. 읽을 책에 대한 메모도 잊어서는 안 됩니다. 저 같은 경우는 작은 생리대처럼 핸드백 속에 매일 넣고 다니는 것이 포스트잇과 형광펜입니다. 책을 읽을 때는 무조건 밑줄 긋기와 포스트잇 붙이기와 책장 접기를 해둡니다.

2. 잡지 스크랩을 꾸준히 하세요.

요리든 인테리어든 인물이든 패션이든 잡지에서 내가 오리고픈 페이지만 모아 붙인 스케치북이 있다면 이것은 편집자에게 천군만마가 아닐 수 없습니다. 무지하게 종합적인 거거든요. 기획이든 편집이든 책에 관한 힌트는 그 안에서 찾을 수 있습니다. 또 테마별로 스크랩한 스케치북은 내가 어떤 스타일의 사람인지 말해주는 바로미터가 되기도 합니다.

3. 한 번이라도 미팅을 가진 사람의 연락처는 휴대폰에 저장해두세요.

거창하게 인맥 관리라고까지 할 필요는 없지만 한 사람 한 사람 알게 된 이들의 이름을 다시 새기는 일이 중요하다고 봅니다. 혹여 이름과 얼굴이 매칭이 안 될 수도 있으므로 힌트가 되는 단어들을 이름 앞에 지정해두어도 좋아요. 물론 그보다 우선시되는 덕목은 만나는 사람마다 최선을 다해 예의를 갖추고, 다음에 언제든 다시 만날 거란 생각을 하면서 그 예의에 진심을 보태는 일입니다. 모든 사람을 귀하게 여길 줄 아는 절로 구부러짐, 그 태도에서 나에 대한 사람들의 믿음은 절로 생겨날 것입니다.

너구리 김경희, 저자의 마음

책날개에 적힌 대다수의 저자 소개는 늘 진지하고 건조했다. 이름과 출생 연도, 출생지, 학력 등의 정보가 나열됐고 근본 있는 사람, 높은 사람, 배운 사람이라는 증명이 지적 권위를 보증했다. 2000년대 인터넷 시대가 열리면서 닉네임 사용자가 늘었다. 굳이 '현실 자아'와 '웹 자아'로 나누자면, 웹 자아의 정체성으로 책을 내는 필자들이 생겨났다. 내 경우도 한 커뮤니티에서 사용하던 아이디 '은유'를 필명으로 썼는데 혹자들은 '가벼워 보인다'며 본명을 권했다. 개의치 않았다. 은유는 그냥 이름 같고 부드러운 억양이니 무리가 없다고 우겼다.

　　그런데 만약 내 친구가 '너구리'라는 이름으로 책을 낸다고 했다면 나는 지지했을까 반대했을까. 말렸을 거 같다. 아무리 그래도 그렇지 동물 이름으로 책을 내는 건 어쩐지 자신 없다. 그래서 저자가 용감해 보였다. 당연히 나이는 이십대이리라 짐작했다. 동물계와 인간계를 오가는 존재 변신의 유연함이란, 길들여지지 않은 말랑말랑한 두뇌에서 나올 테니. "너구리를 닮지도 않고 너구리를 키우지도 않으며 심지어 너구리를 본 적도 없으나" 너구리란 이름으로 독립출판물을 내고 상업출판까지 진출한 청년 작가의 저자 소개는 이렇다.

　　본명 김경희. '너구리'라 불리지만 사람이며, 두 번의 입사와 두 번의 퇴사 과정을 기록해 『회사가 싫어서』라는 동제의 독립출판물을 간행했다. (…) 전 회사 상사에게 "언제든 돌아와"라는 전화를 받을 만큼 성실한 노예 DNA를 탑재하고 있으며, 이를 본인 입으로 말하고 다니는 뻔뻔함이 매력이다.

각 잡힌 어깨 앙다문 입술의 증명사진보다 바람에 머리칼이 날리는 함박웃음의 스냅사진에 가까운 문체의 생동감은 본문으로까지 이어진다. 그러니까 보통은 'OOO에게' 혹은 '이 문제로 한 번도 내게 잔소리하지 않았던 부모님께' 등 숙연한 헌사가 적히기 마련인 지면에 너구리는 이렇게 쓴다.

우리 약속 하나 해요. 각자 싼 똥은 각자 치우기로.

유레카! 독립출판

너구리는 취업 서비스 업종에서 일했다. 첫 직장은 취업 자리를 주선해주는 직업학교 성격의 정부 기관이었다. 스물다섯 살 새내기 사원은 부모님뻘 되는 사람들이 와서 먹고사는 문제가 어렵다, 새로운 걸 배워서 취업하겠다는 하소연을 늘어놓는 걸 듣고 또 들었다. 두 번째 직장도 관련 업계였다. 취업 박람회를 열었을 때 고등학생, 주부, 중장년층 등 전 연령대를 만났고 진로와 직업을 둘러싼 고민을 터놓는 걸 듣고 또 들었다. 직장 생활이 녹록지 않구나. 저 고민은 나이가 든다고 사라지는 게 아니구나. 깨닫자 그들에게서 자신의 미래가 겹쳐

보였다.

'내가 지금이야 나이가 어리고 상품성 있는 노동자겠지만 결혼, 임신, 출산과 육아를 거치면서 상품 가치가 떨어지겠지.' 막연히 추측하는 것과 그런 어려움을 겪는 사람을 두 눈으로 직접 보고 구체적인 이야기를 듣는 것은 실감의 온도가 완전히 다른 일이었다. 결심이 쉬워졌다. 이 판에 머물 게 아니라 새로운 판에 도전해봐야겠구나. 혼자 일을 해봐야겠다. 한 살이라도 젊을 때 회사라는 울타리 없이 살아봐야겠다.

직장에 적을 둔 채 혼자 스스로 할 수 있는 다른 일을 모색하며 조심스럽게 퇴사를 준비했다. 이것저것 찾아보다 아마존에서 전자출판 시스템을 발견했다. 우리나라 전래동화를 전자책으로 출판해보면 좋을 것 같았다. 회사의 사무실 복사기를 이용해서 전래동화를 컬러로 몇백 장 뽑아 검토했다. 그것을 나름대로 영어로 번역하고 폼을 만들어서 올렸다.

"1부터 10까지 다 재밌더라고요. 그런데 하다 보니 전자책에 대한 정보가 없어서 막혔어요. 방법을 찾으려고 여기저기 알아보다가 자가출판이란 걸 알게 됐죠. 방법이 나온 인터넷 카페가 많더라고요. 정보를 보면서 파고 파고 공부를 하다가 독립출판물까지 갔어요. 독립출판물? 흥미가 생겨서 당장 그 주말에 홍대 앞에 있는 '유어 마인드'라는 독립출판물 서점을 가봤죠. 처음에는 어? 이런 걸 책으로 만들어? 하다가 아! 이런 것도 책이 될 수 있구나! 했어요. 이 사람들 대단하다, 본인이 책을 만들고 유통

저자의 마음

도 하네 싶고. 그러다가, 어, 나도 있는데, 써놓은 글이 있다는 게 생각났죠."

가령, 이런 글이다.

일을 떠넘기고 일을 가르쳤다고 말한다.

-「모순」, 『회사가 싫어서』

"나랑 일하면서 많이 배우지?"
그렇게 일하면 안 된다는 걸 배우네요.

-「동상이몽」, 같은 책

하나, 다닐 만하다 싶으면 꼭 누가 건드린다.
둘, 기분 좋게 출근하면 꼭 누가 화를 낸다.
셋, 퇴근 후에 약속을 잡으면 꼭 누가
퇴근 직전에 일을 시킨다.

-「회사 생활 불변의 법칙」, 같은 책

독립출판 관련 강좌를 찾기 위해 인터넷 검색을 하다가 '여우와 친구들'이란 책방에서 7주 과정으로 여는 워크숍에 참여했다. 짬짬이 써놓은 원고를 본 강사가 조언해주었다. 글의 주제가 너무 다양하다고. 연애, 가족, 회사 등등 여러 주제를 다루니까 콘셉트가 없으니 회사 관련 글만 모아서 해보는 게 낫겠다고. 전문가의 도움은 적절했다. 연애에 관심 있는 사람도, 가족 문제로 고민하는 사람도, 회사가 다니기 싫은 사람도 다 만족시키려다가 이도 저도 아닌 책이 되고 마는 법. 과감히 쳐내고 추리고 고치고 다시 쓰면서 회사 생활의 불합리함과 불안과 불만이 담긴 내용만 남겼다. 그리고 너구리의 4년간의 직장 생활도 막을 내렸다. 스물아홉의 일이다.

"너 20대 후반이잖아.
지금 퇴사하면 애매해서 안 돼."

팀장님처럼
30대 후반에 퇴사하면 좀 나을까요?

부장님처럼
40대 후반에 퇴사하면 더 나을까요?

어차피 퇴사할 거라면
지금 할게요.

– 「애매한 나이」, 같은 책

　책을 내기 위해 회사를 그만둔 건 아니지만 회사를 그만두고서야 책에 몰두했다. 인디자인을 배웠다. 처음엔 관련 교재를 구입해 인터넷 동영상을 보고 따라 했는데 쉽지 않았다.

너구리의 특기, 인터넷 검색으로 서점에서 여는 강좌를 찾아냈다. 인디자인 수업을 들은 김에 일러스트 수업까지 수강했다. 편집, 디자인을 마치고 제작 공정에 돌입했다. 책 만드는 종이는 뭘로 할지, 몇 그램짜리를 쓸지, 색상은 미색인지 백색인지, 표지는 코팅을 할지 말지 등등 결정할 사항이 한두 가지가 아니었다. 우선은 처음이니까 전부 기본 사양으로 선택했다. 원고를 추리고 챕터를 나누고 교정을 보고 디자인을 해서 책의 꼴을 만들기까지, 꼬박 한 달이 걸렸다.

책을 만들 때 반드시 필요한 마음

제목은 『회사가 싫어서』. 책을 내본 자들은 첫 책 제목 짓기가 첫애 이름 짓기만큼이나 힘들다고들 말한다. 하지만 너구리는 비교적 수월하게 결정했다. 평소 시대를 담아낸 동시대 젊은 작가들을 좋아했고, 자신의 책도 시대를 다룬 이야기라 생각하니 퍼뜩 떠오른 제목이 있었다. '회사가 싫어서'. 장강명의 장편소설 『한국이 싫어서』의 패러디다. 고등학생 때 블로그를 시작하면서 별 뜻 없이 정한 닉네임 너구리를 필명으로 삼았다. 본명으로 책을 펴내기엔 심히 쑥스러웠고, 혹여 회사 사람들이 알면 어쩌나 싶었고, 부모님도 마음에 걸렸다. 딸이 회사에서 이토록 고생하는 걸 알고 안쓰러워할까 봐 부모님께는 출판 사실을 아예 비밀에 부쳤다.

발행일 2016년 3월, 초쇄 100부를 찍었다. 독립출판물로 만드는 데 의의를 두었고 또 볼 사람도 그다지 없는데 그 정도면 넉넉하지 싶었다. 독립출판물은 독립출판물을 취급하는 동네 책방을 중심으로 유통한다. 출간 후 너구리는 마케터로 변신해 동네 책방에 일일이 배본 의뢰 메일을 보냈다. 책방에서 수락하는 답변이 오면 거리가 가까운 곳은 직접 갖다주고 먼 데는 우편으로 부쳤다.

"책이 일주일도 안 돼서 소진된 거예요. 재입고를 해달라는 책방의 주문 메일을 받았는데 남은 책이 없었어요. 얼마나 더 팔릴까 자신이 없어서 100부를 추가로 찍었죠. 그런데 또 2주도 안 돼서 다 나가고. 그게 왜 그러냐 하면, 작은 서점 대표들끼리는 페이스북이나 인스타그램을 서로 팔로우하면서 정보를 공유해요. 거기서 한 책방이 새로 들어온 책을 소개하면 다른 책방에서도 들여놓는 식이에요. 각 책방마다 깔리는 초도 물량이 있으니까 많이 나간 건데, 야금야금 계속 팔려서 그해 11월까지 900부를 찍었어요. 돈을 많이 벌진 못했어요. 한 번에 900부를 뽑았으면 그래도 수익이 많이 났을 텐데, 소량씩 뽑았잖아요. 또 비용도 소소하게 들었죠. 동네 책방 다니면서 책 배본할 때 내 책만 내밀긴 그러니까 커피 한잔 사 들고 가서 얘기하고 거기 서점에 있는 책도 한두 권 사 오고 그랬거든요. 우편으로 보내면 택배비도 들고. 종이값, 인쇄비, 유통비 같은 초기 비용이 들었는데 그래도 나중엔 서점에서 책 팔린 돈이 한 달에 30~40만 원씩 통장으로 들어

저자의 마음

오니까 너무 좋더라고요. 다 맛있는 거 사 먹었어요. (웃음)"

이게 다 너구리의 행동력 때문이다. 과연 쓸 수 있을까, 써도 되나 묻지 않고 무작정 써낸 그 글들이 한 권의 책으로 묶였다. 회의하면서, 팀장에게 혼나면서, 야근하면서 '화'가 치밀 때마다 보통 사람들이 회사가 원래 그렇지 뭐, 라며 참고 넘어갔다면 너구리는 참긴 참았지만 그냥 넘어가진 않고 낱낱이 기록했다. 보통 사람들이 그 기록물을 대개 하드웨어나 다이어리에 고이 잠재운다면 너구리는 독립출판물로 발행했다. 재지 않고 지체 없고 거침없는 실천의 발걸음이 한 사람을 작가로 만들어준 것.

일상의 메모가 문장이 되다

너구리의 글감 관리법은 메모다. 『회사가 싫어서』의 초고가 된 글들도 메모식으로 써놓았던 것들이다. 회의를 끝내고 자리에 앉았는데 화가 날 때나 할 말이 많지만 참아야 할 때에 떠오른 생각과 감정 들에 대해. 얼굴 찌푸린 채로 일하면 안 되니까, 자리에 앉자마자 두서없이 메모장에 다다다다 자판을 두들겼다. 그러다가 저쪽에서 팀장님 오시는 기척이 있으면 일하는 척하며, 짬짬이 썼다. 그래서 글 호흡이 길지 않다. 언제든 누가 내 모니터를 볼 수 있다는 것이 두려웠고, 동시에 일도 해야 했기 때문에 대부분 단상 형식이다. 조금 긴 글은 집에 와서 마무리했다.

일상에서 글감이 떠올랐을 때도 바로 써둔다. 보통 휴대폰이나 다이어리에 적는데 급할 땐 냅킨이 노트가 된다. 그것을 취합해 자기 전에 노트북 앞에 앉아 워드 파일로 정리한다. 뭐든 생각났을 때 한 문장이라도 써놓으면 그 당시의 느낌이 살아나고 그걸 씨앗 문장 삼아 한 편의 글을 완성할 수 있다. 메모 습관은 장소와 사람을 가리지 않는다. 처음 만난 이와 일대일로 대화를 나눌 때도 친구들이랑 있을 때도 쓸 만한 게 생각나면, "잠시만요" 말을 끊고 적는다. 기억은 사라져도 메모는 남는 법. 자신을 믿기보다 기록을 믿는다.

"제가 직접 경험한 것들은 잘 써질 수밖에 없어요. 경험한 것 중에서도 뭉클했던 것들은 확 써지고. 감정의 선을 넘어갔느냐 안 넘어갔느냐가 중요한 거 같아요. 넘어간 건 확실히 잘 써져요. 객관적으로 설명해야 하는 건 안 써지고요. 글감으로 써둔 메모가 전부 글이 되진 않지만 한 번씩 훑어보면서 내가 이랬었지, 내가 이런 문장을 이렇게 잘 썼단 말이야, 감동도 했다가 이걸 글이라고 썼을까, 창피해하기도 해요. 저는 제가 쓴 거 좋아하거든요. (웃음) 활자로 모아두지 않으면 기억이 안 나고 흩어지는 시간들이잖아요. 그때밖에 못 쓰는 문장들이 있으니까. 못 써도 잘 써도 쓰게 되고 저는 제가 쓴 글이 좋아요."

저자의 마음

나만의 독립출판, 협업의 상업출판

너구리는 소극적이고 내향적인 아이였다. 부모님이 돈을 쥐여주면 집 앞 서점으로 달려가 책을 샀다. 특이한 점은 3, 4학년 때부터 자기계발서를 봤다는 사실. 성공한 여자 CEO에 관한 책, 마케팅 전쟁 같은 책들이다. 이 조숙한 어린이 고객에게 서점 직원은 "이런 책은 아직 보면 안 돼", "짱구는 성인 만화야"라고 일러주며 같이 책을 골라주곤 했다. 일찍부터 성공신화, 자기계발의 서사를 익힌 아이는 돈 많이 벌어서 잘사는 삶을 동경했다. 『사람들은 나를 성공이라는 말로 표현한다』라는 책을 기억한다. 이민 간 미국에서 여섯 아이를 입양해서 돌보며 큰 사업체를 꾸린 한국 여성의 이야기인데, 타국에서 성공을 일궈내고 베풀며 사는 주인공의 삶이 참 멋있어 보였다. 저런 삶이 잘 사는 것이라고 생각하게 되었다.

책 좋아하는 사람들이 으레 그렇듯 어린 너구리도 처음엔 '내 이름 박힌 책 하나 내면 좋겠다'고 막연히 꿈을 꿨다. 책을 낸다는 건 업적을 이룬 이들, 전문가나 유명인에게나 가능한 일이었으므로 만약 기회가 온다면 사오십대 즈음이 되지 않을까 추측해보기도 했다. 그런데 이십대에 예정에 없던 저자로 데뷔한 것이다. 그뿐인가. 독립출판계의 화제작, 출간 즉시 베스트셀러 작가로 이름을 올렸다. 저자라는 직함의 으쓱함과 머쓱함에 적응할 즈음, 2016년 9월 어느 날 시공사에서 메일이 왔다. 『회사가 싫어서』를 정식으로 출판하고 싶다는 내용이었다.

"적당히 유머가 있는데 가볍지 않으면서 공감도 가고 포인트가 있다며 제 책을 내고 싶다고 관심을 보이더라고요. 아, 내가 이런 제안도 받는구나, 너무 좋았죠. 좋은 경험이라고 생각했어요. 저는 제 책이 독립출판물 신에서 유통되는 게 좋았고, 상업출판물로 굳이, 왜, 뭘, 또. 그런 생각을 했어요. 하고 싶다기보다 어쨌든 인정받은 거니까 기분 좋잖아요. 담당 편집자를 만나서 그냥 독립출판물로 두고 싶다고 했어요. 제 돈 들여서 만든 책은 그에 따른 리스크를 제가 감당하면 되는데, 남의 돈 들여서 책을 내려니까 좀 걸리는 거예요. 더 크게는 출판사가 시공사라는 점도 걸렸고. 정치에 관심이 많아서 그냥 넘어가지지 않는다고 했더니 많은 작가가 그 문제로 고민한다며 제 심정을 이해해주셨어요. 그러면서 이 책을 어떻게 만들고 싶은지 왜 필요한지 말씀하시는데 신뢰가 가더라고요. 책은 출판사가 내는 거라고 생각했는데 사람과 사람이 만나서 하는 일이란 생각이 들었어요. 편집자만 믿고 하겠다고 했죠."

추가 원고를 썼다. 이미 퇴사했는데 다시 회사 얘기를 쓰려니까 그때의 감이 아니었다. 들끓던 마음도 한 김 빠져버렸고 감정이 심심해진 것. 팀장님이 그렇게 나빴나? 내가 그렇게 힘들었나? 상황이 가물가물했다. 글이 안 써질 때의 해결책은 자료 찾기. 너구리는 회사 생활의 쓴맛을 되새기기 위해 책을 팠다. 『우리는 왜 이런 시간을 견디고 있는가』를 읽고, 드라마 〈미생〉을 처음부터 끝까지 다시 보고 비슷한 주제의 영화도 봤다. 자는 시간 빼고는 계속 읽고 쓰고 보고 썼다. 아직 직장인 마인드, 근면 성실 노예 DNA가 남아 있어서 그런지, 편집자가 한 달 기한을 주고 써달라고 하니까 써졌다.

너구리가 장착한 직장인 마인드의 근면함과 꾸준함은 '작가'가 되려는 이들에게 기본 덕목이다. 마르케스는 "작가는 경제적 상황이나 감정적 상태가 나쁘면 나쁠수록 좋은 글을 쓸 수 있다는 낭만적인 개념의 글쓰기에 강력히 반대한다"며 "작가는 감정적으로나 육체적으로나 아주 건강해야 한다"고 말했다. 일본의 야인 작가, 장·단편소설과 산문집을 합쳐 100여 권을 쓴 마루야마 겐지는 한 인터뷰에서 하루 일과를 밝혔다.

"새벽 4시 기상. 간단하게 삶은 계란 두 알로 아침을 먹은 뒤 내리 세 시간 쓴다. 토요일도, 일요일도, 명절도 없다. 스물세 살부터 계속해온 50년째의 글쓰기 습관이다. 내가 100권 넘게 책을 쓸 수 있었던 비결이다." 그는 단순히 실력 유지를 위해서라면 일주일 정도까지는 쉬어도 괜찮지만 향상을 꿈꾼다면 매일 써야 한다고 강조했다.

- 2017년 8월 18일 『조선일보』 인터뷰

상업출판은 너구리에게 색다른 경험을 안겨주었다. 독

립출판물은 하나부터 열까지 직접 해야 한다. 인쇄, 디자인, 편집, 교정 교열, 마케팅까지. 능력이 안 돼서 미숙한 부분이 있지만 어떤 생각이나 표현을 자기 뜻대로 더 세게 더 깊게 밀고 나갈 수 있다는 장점이 있다. 상업출판은 협업이었다. 편집, 디자인, 유통까지 전문가가 붙어서 해주니까 세상 편했지만 자신의 뜻대로 할 수 없었다. 저자의 역할은 오직 쓰는 것인데 글의 내용을 조율해야 했다. 가령, 책은 5년 뒤를 봐야 한다며 유행어는 빼자는 편집자의 의견에 따라 몇 군데 고쳤다. 결정적으로 독립출판물에는 없는 일러스트를 넣었다.

평소 그림과 글이 같이 있는 책을 선호하지 않았기에, 너구리는 자신의 책엔 일러스트를 넣고 싶지 않았다. 그러나 짧고 위트 있는 글에는 전달력을 높이고 보는 재미를 주기 위해 그림이 있어야 한다는 의견에 설득당했다. 책의 내용을 잡아주는 부제도 달렸다. '퇴사를 꿈꾸는 어느 미생의 거친 한 방'.

"다 만들고 났더니 책의 성격이 조금 변했어요. 원래는 웃기려고 쓴 책이 아니라 회사 다니면서 속상할 때 생각을 정리하고 치유하기 위해서 쓴 글인데, 일러스트가 들어가면서 웃기고 재밌는 책이 됐어요. 독자들한테도 웃기다, 재밌다, 큭큭큭, 이런 피드백이 많이 왔죠. 지금까지(2017년 5월) 1쇄 3000부 팔고 2쇄를 찍었거든요. 통장에 인세가 들어왔는데 울컥했어요. 제 기준에 너무 큰 액수가 들어온 거죠. 내가 글을 써서 돈을 벌어? 우아! 하면서도 뭉클했죠."

작가 실감 안 남, 독자 실감 더 안 남

새 옷으로 갈아입은 『회사가 싫어서』는 동네 책방을 넘어 그러니까 출판계의 '읍내' 격인 교보문고 광화문점에 진열됐다. 너구리는 자신이 저자가 됐다는 사실이 실감나지 않았고 자신의 책이 국내의 대표적인 서점에 깔린 게 신기했다. 멀찍이 떨어진 기둥 뒤에서 내 책을 누가 만지나 지켜보기도 했다. 친구나 지인 들의 반응도 달랐다. 대형 서점에 갔다가 너구리의 책을 발견하고 사진을 찍어서 보내주기도 했다. 그것도 잠시뿐. 사실 책을 내고 저자가 된다고 해서 삶이 크게 달라지지는 않는다. 자기 이름으로 나온 책이 세상 어딘가에 있다지만 그걸 실감할 계기가 일상에서 주어지진 않는 것이다. 저자는 독자와의 관계 속에서 저자인데, 책을 내고 출간기념회를 열어 오프라인에서 독자를 만나거나 온라인에서 리뷰를 보지 않는 한 스스로 저자의 정체성을 실감할 계기가 없다.

"남들이 봤을 때 내가 작가는 아니고, 나도 아직은 작가인 거 같지 않다"는 너구리. 가끔 긴장된 손끝으로 블로그와 인스타그램에서 책 제목을 검색어로 넣어본다. 『회사가 싫어서』가 지극히 사적인 내용인데 사람들은 어떻게 볼까? 욕하지 않을까? 저걸 책이라고 냈냐고 비난하지 않을까? 걱정스러운 마음이 들었다. 그런데 다행스럽게 '내 얘기 같다'는 평이 많았다. 위안이 됐다. 나만 유별나서 회사 힘들게 다닌 게 아니고, 내가 겪은 일들을 한국사회의 노동 문제로 크게 봐야겠구나.

메일이나 댓글로 퇴사 상담을 청하는 독자도 있다. 가급적 짧게라도 응해주는 편이다. 부정적인 리뷰도 보았다. 『사표의 이유』같은 퇴사를 화두로 한 회사 관련 책들이 붐이었을 즈음이다. 『실어증입니다. 일하기 싫어증』이란 책이 나오고 너구리의 『회사가 싫어서』가 시공사판으로 나오니까, 어느 블로거가 『회사가 싫어서』는 아류이며, 아류인데 출판사는 시공사라고, 심지어 개념도 없다고 혹평을 해놓은 것. 억울했다. '내 책이 독립출판물로 먼저 나왔는데….' 하지만 그걸 모르니 저렇게 생각할 수도 있겠구나 싶어서 구구절절 설명하는 댓글은 달지 않았다.

이 너그러운 초보 저자도 연연하는 게 있으니, 그건 바로 온라인 서점의 세일즈 포인트다.

책이 나왔다. 온라인 서점에 몇 번이고 들락날락하며 판매지수를 확인했다. 판매지수가 3014, 4138이라고 쓰여 있었다. 와 벌써 3000부가 넘게 팔린 거야? 라고 생각했다. 역시나 아니었다. 내가 혜민 스님도 아니고 책이 나오자마자 3000부가 팔릴 리가 없었다. 온라인 서점 판매지수는 다양한 집계를 토대로 나오는 숫자라고 했다.

– 「그깟 숫자가 뭔데?」, 『찌질한 인간 김경희』

저자의 마음

본명으로 두 번째 책을 내다

두 번째 책은『찌질한 인간 김경희』, 2017년 4월 25일에 펴냈다.『회사가 싫어서』시공사판 출간 이후 넉 달 만이다. "찌질한 순간은 있었지만 찌질한 인간이라고는 생각해본 적 없는" 그는 퇴사 3개월 이후 괜히 작아지고 움츠러들며 찌질한 인간이 되었다고 서문에 고백한다. 다시 독립출판물이다. 상업출판으로 나올 만한 내용은 아니라고 생각했고, 좀 더 자유롭게 표현해보고 싶었다. 하이쿠나 시처럼 행과 연이 갈린 짧은 글이었던 첫 번째 책의 틀과 형식에서 벗어나려고 노력했다.

> "너구리는 긴 글은 못 쓰네? 쟤 '운빨'이었구나! 타이밍 잘 맞은 거지, 그런 말을 들을까 봐 신경 쓰였어요. 사실은 내가 대단한 사람이 아닌데도 그런 감정이 생기더라고요. 또 약간 위트 있는 글을 쓰고 싶어서 신경을 썼어요. 맨날 웃기게 쓰면 웃기는 사람으로 고정되고 그건 또 싫으니까 수위 조절을 했죠. 〈무한도전〉 김태호 PD가 이런 말을 한 적이 있어요. 한 주가 빵 터졌으면 한 주는 좀 차분하게 수위 조절을 한다고. 그 말을 참고했죠. 어떻게 맨날 웃기겠어요. 개그맨도 맨날 웃길 수 없다!"

두 번째 책에서 더 공들인 부분이 있다면 퇴고다. 문장이 길어지니까 비문인지 아닌지부터 전체적인 구성과 흐름까지 점검할 부분이 많았다. 글을 쓰고 모니터로만 보는 게 아니라 종이로 출력해서 소리 내어 읽어보고 탁탁 걸리는 부분을 고쳤다. 묵독을 하면 눈 하나만 사용하지만 낭독을 하면 눈, 입, 귀 세 군데 감각을 활용하기에 더 정확함을 기할 수 있다. 글을 지인들에게 보내서 한번 읽어달라고 했다. "이해가 돼? 안 돼? 뺄까? 뺄게!"

1차 독자를 갖는 일은 글 쓰는 이에게 필요하고 또 중요하다. 한 편의 글이 완결성을 가지려면 자기중심성을 벗어나서 외부 시선으로도 정확한 이해에 도달해야 하는 것. 너구리는 지인들에게 먼저 글을 보여주고 무슨 말을 하려는지 잘 이해되지 않는다고 하면 내용을 수정 보완했다.

"확실히 알았어요. 내가 겪은 상황이나 감정을 남들이 다 이해하는 건 아니구나. 저는 직접 경험한 일이니까 자세히 안 써도 다 아는데, 남들은 그 상황을 겪지 않았으니까 이해하기 어려운 거예요. 다 말해주면 지루하고 덜 말하면 내용 전달이 안 되고. 그 적정선을 지키는 게 어려워요. 뭘 넣고 뭘 빼야 할까."

편집과 디자인은 지인 찬스를 썼다. 독립출판물 내고 거래하면서 알게 된 부천의 작은 책방 '오키로미터' 대표가 선뜻 맡아주었다. 『회사가 싫어서』를 내서 들고 갔을 때 이것저것 지적을 하며 다음에는 자신이 돕겠다고 말한 장본인이다. 작업 기간은 총 3개월, 이번엔 1쇄 500부를 찍었다. 『찌질한 인간 김경희』 판권 면에는 이렇게 썼다. '1쇄를 생각보다 많이

찍어서 2쇄를 찍을 가망성은 잘 없음.'

보통의 독자를 위로하는 개인의 서사

저는 글쓰기는 사랑의 행위라고 생각합니다. 누군가 다른 사람에게 무언가를 주기 위해서 글을 쓰는 것이지요. 무엇인가 소통하기 위해서요. 그리고 다른 사람들과 감정을 나누기 위해서요.

– 움베르트 에코, 『작가란 무엇인가』

『찌질한 인간 김경희』에는 백수 이후의 생활을 담았다. 신발한 켤레 옷 한 벌 사는 걸 주저하고 망설이는 얘기, 자기가 쓴 책 순위나 포인트를 확인하느라 들락거리고 다른 사람은 몇 부 찍었나 알아보는 그런 '글 쓰는 백수'의 모습이 담겼다. 일상다반사를 글감으로 삼고 있지만 거기에는 너구리만의 기준이 있다. '이건 나만 겪진 않았을 거 같다.' 즉, 인간이라면, 여자라면, 직장인이라면, 맏딸이라면 한 명이라도 나와 비슷한 상황에 처한 사람이 있다고 판단할 경우에 담아낸다. 개인적 경험이지만 보편적 상황으로 확장할 수 있을 때 글감으로 삼는다.

"독자가 한 명이든 두 명이든 시간을 들여 내 글을 봤을 때 자기

자신을 되돌아볼 수 있는 글을 쓰려고 해요. 그 사람의 시간이 아깝지 않도록요. 솔직했느냐 아니냐 스스로에게 물어요. 솔직하게 썼을 때 확실히 반응이 있어요. 독자들이 비밀 댓글로 자기 얘기도 털어놓고 용기를 얻었다고 말해요. 그럴 때 내가 잘 썼구나, 날 온전히 드러냈구나, 글에 숨지 않았구나 생각하죠. 가끔 10을 말할 걸 6만 쓰면 반응이 없더라고요. 얼마나 정직하게 피하지 않고 쓰느냐가 관건이에요. 아직도 나를 솔직하게 드러내는 게 창피하지만 감추고 싶었던 부분을 솔직하게 털어내고 나면 쓰면서 편해지는 느낌이 찾아와요. 누굴 위로하겠다는 느낌보다 내가 나를 알아가는 기쁨이랄까. 쓰다 보니 내가 이랬지, 뭐 괜찮아, 하는 느낌이 드니까 먼저 위로받죠."

저자는 자기 글의 최초 독자다. 저자가 최초로 위로받는 독자인 게 맞다. 자신을 위로하지 못하는 글은 타인도 위로하지 못할 것이다. 반면에 글감이 되지 못하는 내용은 잘난 척이 될 만한 것들, 과시하는 내용들이다. 자기 경험이나 고백에서 얻어낼 지혜와 공감의 지점이 없는 글은 지면 낭비가 될 수 있으므로 굳이 글로 남기지 않는다.

글 쓰는 것은 자기 한계와 만나는 일이다. 너구리는 자기 글에서 부족함을 느낀다. 왜 나는 내 얘기밖에 못 쓰는 걸까, 자주 고민한다. 자기 경험에 근거한 개인적인 서사를 다뤘지만 사회의 한 면을 보여줄 수 있는 『대리사회』, 그리고 또래 여성인 홍승은의 『당신이 계속 불편하면 좋겠습니다』는 너구리가 쓰고 싶은 글이었다.

그간 노력은 해왔다. 스트레스 받으며 회사를 다닐 때부터 노동이나 인문 관련 책을 읽고 페미니즘 책을 보면서 '내 고통이 어디서 오는가' 시야를 확장하려고 노력했다. 페미니즘 관련 도서는 난해한 책이 많은데 『당신이 계속 불편하면 좋겠습니다』는 일상 경험을 근거로 이야기를 풀어가니까 주변 친구들도 무난하게 볼 수 있었다. 이 정도 수준으로 끌고 오는 자기 서사의 산문을 너구리는 쓰고 싶다.

> "요즘 칼럼을 많이 봐요. 시사적인 문제를 풀어가는 방법이나 논조, 정해진 지면 안에 어떻게 메시지를 넣는가 유의 깊게 살펴보려고요. 제가 미사여구가 화려한 문장을 쓰진 못할 거 같고 (개인의 불행이 만들어지는) 구조를 보여주고 싶어요. 안에 쌓인 게 많아야 뽑을 수 있고 보여줄 수 있겠죠. 시간이 걸릴 거 같아요. 책을 내기 전에 이걸 책이라고 내냐, 이 정도면 나도 쓰겠어, 라는 말을 자주 했어요. 특히 그림과 짧은 글로 된 감성적인 책은 내 취향이 아니라면서 폄하했는데 책 두 권 낸 후로는 그런 말 못 해요. 책 한 권 만드는 게 쉽지 않다는 걸 알고 나니까 어떤 책도 낮춰보지 못하겠어요. 저자가 되고 저자로 자리매김하는 건 생각보다 어려운 일 같아요."

너구리는 또한 쉽게 읽을 수 있는 근현대사 이야기에도 관심이 많다. 지금의 젊은 세대는 5·18민주화운동과 같은 역

　　　　　　　　　　　　　　저자의 마음

사적 사건에 대해 제대로 배울 기회가 없었다고 생각한다. 이 세대들을 위해 다가가기 쉽고, 이해하기 쉬운 역사 관련 글을 써보고 싶다. 자신의 실존과 관련된 비혼, 여성, 출산, 육아 등 이삼십대 여성의 삶을 정치와 정책으로 연결해보고 싶다. 가령 최저임금제, 육아수당, 거주 문제에 대해 써내려갈지도 모르겠다. 어떤 주제든 복잡한 사안을 쉽게 풀어내고 싶고 그러기 위해 필요한 공부를 하고, 공부가 내공이 되기까지 숙성의 시간을 보내려 한다. 저자로서의 삶이 녹록지는 않지만 계속 해내가고 싶다.

저자가 되고 책 보는 눈이 생겼다

너구리는 10년 차 블로거다. '김작가 우당탕탕 작업실'(http://khsmsky.blog.me)에서 주로 읽기와 쓰기를 기록한다. 월 1회 자신이 읽은 책에 별점을 주고 소감을 정리해서 올린다. 연말에는 한국 작가, 외국 작가 나누어서 나만의 올해의 책을 선정한다. 한 달에 대략 열 권을 봤는데 독서 목록은 오락과 정보 충족 위주였다. 이게 좋다고? 읽어야지. 새로 나왔어? 읽어야지. 과학 분야 빼고 닥치는 대로 읽었다. 2016년 책 결산에서 '올해는 총 130권의 책을 읽었다'고 밝혔다. 올해의 작가로 장석주, 마종기, 장강명, 은유, 한병철을 뽑았고, 올해의 나라로 중국을 선정하며 『중국근현대사』, 『백 사람의 십 년』

을 추천했다.

책을 낸 후 독서 취향이 달라졌다. 책의 기획, 콘셉트를 따져보고 저자의 문장을 살펴본다. 분야도 사회적으로 이슈가 되는 부분들로 좁혀지고 있다. 예를 들어 노동 관련 책은 『내리막 세상에서 일하는 노마드를 위한 안내서』, 『절망의 나라의 행복한 젊은이들』, 일본 소설 『졸업』, 『누가 나를 쓸모없게 만드는가』, 『연봉은 무엇으로 결정되는가』 등을 보는 식이다. 내용이 충실한 책을 보면 공부가 되고 사유가 깊은 책을 보면 자극이 된다. 나도 어서 좋은 글을 쓰고 싶다. 잘 읽을수록 잘 쓰고 싶다는 욕구가 솟는다.

인스타그램은 너구리에게 북클럽 같은 공간이다. 『회사가 싫어서』 이후 친교를 맺은 팔로워들과 책으로 교류한다. 이 책은 제 '인생책'이에요, 소개하면 팔로워들이 그 책을 사서 보고 리뷰를 올린다. 일전엔 '『폭력과 존엄 사이』 좋은 책입니다. 우리 현대사에 일어난 일을 알아야 해요. 내용이 무거울 거 같지만 마주하는 게 힘들지 않고 잘 읽힙니다'라고 썼더니 몇 명이 책을 구입했다. 이럴 때 자신이 타인에게 좋은 영향을 미치는 거 같아 기쁘다.

틈틈이 필사노트도 쓴다. 책을 읽고 좋은 문장을 정성껏 베껴 쓴다. 질 좋은 노트를 고르는 게 포인트. 자꾸 쓰고 싶어지고 자꾸 펼쳐보고 싶어져야 필사노트는 쓸모가 있다. 너구리는 책 읽기 싫을 때나 글을 쓰다가 막힐 때 뒤적뒤적 필사노트를 본다. 누군가의 정돈된 사유가 담긴 문장에 영감을 받고

저자의 마음

너구리 김경희,   84

'오롯이' '허다한'같이 무심히 보아 넘기던 단어도 건져간다.

　　작가 강연에도 열심히 간다. 신촌 작은 서점 '이후북스'에서 매달 열리는 '사람책—작가와의 만남'에는 거의 참석하는 편이다. 직접 작가의 얼굴을 보고 이야기를 듣다 보면 공통점이 보인다. 그들이 자신에 삶에만 머무르지 않았다는 것. 타인의 목소리에 귀 기울이고, 목소리 내지 못하는 이들을 위해 활자로 대신 목소리를 낸다는 사실 말이다. 나 역시 세상이 돌아가는 일에 꾸준히 관심을 갖고 공부하자는 다짐을 한다. 또한 오랜 시간 글을 쓰고, 책을 많이 남겼음에도 늘 겸손한 마음으로 꾸준히 써내려가는 작가들을 보면서 그들의 마음가짐과 태도를 생각한다.

생계와 꿈의 접점에서 찾은 일자리, 서점인

　　나는 하는 일 없이 보내는 시간이 얼마나 큰 힘을 가지고 있는지 알고 있다.

　　　　　　　　　　　　　　　—『회사가 싫어서』에필로그

　　"무엇을 해야 한다는 강박, 놀면 안 된다는 눈치를 계속 느끼며 커왔어요. 비단 저뿐만이 아닐 거예요. 그러다 대학 다닐 때였는데 3학년까지 마친 후에 휴학하고 알바를 해서 모은 돈으로 미국에서 지낸 적이 있어요. 어찌하다 보니 혼자 보내는 시간이 많

　　　　　　　　　　　　　　　　　　　저자의 마음

앉죠. 걷고, 산책하고, TV를 보면서 시간을 보냈어요. 한국에서 친구들은 학원 다니면서 토익 점수를 만들고, 자격증 준비를 하며 바쁘게 지내고 있을 때였어요. 불안했죠. 생산적인 무언가를 하지 않고 지내도 괜찮을까. 그렇다고 미국에서 토익 공부나 자격증 공부를 하고 싶지는 않아서 그냥 하는 일 없이 보냈어요. 그렇게 한 달 동안 지내다 와서 다시 학교를 다니고 졸업을 하고 취업을 했죠. 회사 다니던 어느 날, 야근에 지칠 대로 지쳐서 회사 화장실에서 창문 밖을 멍하니 바라보고 있었어요. 그때 미국에서 보낸 시간들이 떠올랐어요. 괜스레 기분이 좋아지더라고요. 굳이 생산적인 무언가를 하지 않아도 된다는 것, 조급해하지 않아도 된다는 것, 하는 일 없이 보내는 건 삶에 쉼을 주는 일이라는 것. 퇴사하고도 똑같이 느꼈어요.”

너구리는 서점원으로 일한다. 독립출판물과 상업출판물을 다루는 부천역 근처 '오키로미터'. 생계와 꿈의 접점에서 찾은 일자리다. '오키로미터'는 자신은 강하면서도 약자를 해치지 않는 코끼리가 시속 5킬로미터로 걷는다는 것에서 착안한 이름이다. 너구리도 이곳에서 스스로 힘을 키우고 남을 해치지 않으며 살아갈 수 있는 자신만의 보폭과 속도를 익히고 있다.

　서점에 입고되는 책을 열심히 읽고 리뷰를 써서 서점 블로그에 올리고 서점을 찾은 고객에게 이 책 저 책 추천한다. 책과 연결된 일상이지만 그래도 정시 출퇴근하는 직장인이 된 후로 읽고 쓸 시간이 확연히 부족해졌다. 어떻게든 한두 시간 일찍 집을 나서서 근처 카페에서 읽고 쓰거나 퇴근 후 집에서 쓰려고 노력한다. 글을 쓰는 동안 오직 자기 자신에게 몰입하는 그 시간이 무척 소중하다.

> 글을 써가면서 당신은 더욱 자유로워지는 법, 생각을 말하는 법을 배우게 될 것이다. 또한 당신은 자신에게 거짓말하지 않는 법, 즉 가식과 허세를 부리지 않는 법을 배울 것이다. 오직 글쓰기를 통해서만, 그리고 오랫동안 끈기 있고 진지하게 행한 작업을 통해서만 당신은 진정한 자아를 발견하게 될 것이다.
>
> – 브랜다 유랜드, 『글을 쓰고 싶다면』

너구리는 많은 이에게 자신처럼 읽고 쓰는 일을 적극 권한다. 요즘은 글쓰기 열풍이 뜨거워 책 내주는 학원도 등장했고 그 비용이 몇 백에서 몇 천만 원에 이른다는 얘기도 들리는데, 그보다는 적은 비용으로 직접 품을 팔아서 자기 책을 만드는 일을 권하고 싶다. 독립출판은 비용 부담이 크지 않고 누구나 시도할 수 있는 퍽 좋은 '내 책 만들기 프로젝트'다. 그래서 직접 독립출판 강사이자 글쓰기 강사로도 활동한다. 지역 서점, 도서관 등에서 『회사가 싫어서』 저자로서 강연을 하거나 독립출판 하는 방법, SNS 활용법 등을 알려준다. 글이 재밌고 호흡이 짧으면 인스타그램, 정보 전달이나 긴 호흡의 글은 브런치나 블로그에 글쓰기 연습을 권한다. 단기 특강도

가끔 가는데 거기서는 10분 동안 즉석에서 글을 써보는 시간을 갖는다. 먼저 질문을 던진다. 고민이 뭔지 자기를 표현하는 키워드가 뭔지 묻고 '회사에서 힘들어요', '진로가 걱정이에요', '연애 때문에 힘들어요' 등의 답변이 나오면 그걸 글감으로 쓰게 한다. 10분 후에 몇 줄이라도 나오면 얘기 나누면서 글감을 확장시킨다.

"말로 안 나오면 글로도 안 나와요. 말해보는 게 중요하죠. 많은 분이 글을 쓰면 좋겠어요. 글 쓰는 일이 녹록지 않은데, 저도 계속 쓰려고요. 쓰는 삶이 주는 맛을 알아버렸어요. 나를 위한 글쓰기에서 출발했지만 타인을 위한 행위가 될 수 있는, 내가 살아가는 시대를 담을 수 있는 작가가 되고 싶어요."

인터뷰 이후, 계절이 두 번 바뀌었다. 그사이 『찌질한 인간 김경희』는 진화했다. 내용을 대폭 보완해 빌리버튼 출판사에서 단행본으로 발간됐다. 이로써 너구리는 같은 제목으로 각각 두 권의 책을 가진 독특한 이력의 소유자가 됐다. 그에게 상업출판과 독립출판의 거리는 '남들처럼 사는 것과 나답게 사는 것' 사이를 재어보고 질주하고 넘나드는 고민의 흔적이자 진동이다. 출판사에서 쓴 『찌질한 인간 김경희』의 책 소개를 읽고 너구리는, 그냥 서러워 눈물을 찔끔 흘렸다.

찌질한 김경희의 하루는 고단하다. 어느 날은 통장 잔고에 울고, 어느 날은 돈을 벌기 위해 하기 싫은 일도 한다. 그녀의 고민을 쉽게 바라보고 조언하는 사람들의 한마디에 상처를 받기도 한다. 그렇지만 김경희는 갑갑한 이 모든 상황을 다큐멘터리도 코미디로 만들 수 있는 자신만의 탁월한 유머와 당당함, 허세(5퍼센트 정도 가지고 있음)로 다 받아친다. 이 책 『찌질한 인간 김경희』를 쓰고, 고치고, 출간하는 과정을 거치는 동안, 김경희는 조금씩 찌질함을 벗어냈다. 찌질함을 벗어버린 김경희는 마지막으로 우리에게 외친다. "잘될 거니까 잘될 거다. 당신도, 나도."

저자가 되는 데 영향을 준
내 인생의 책

1. 『쓰기의 말들』(은유 지음, 유유, 2016)

프롤로그부터 반했다. 글쓰기를 배운 적 없던 내가 이 책을 통해 글쓰기를 배우고, 제대로 써보고 싶다는 생각을 했다. 한 번 본 책은 다시 안 보는 편인데 이 책은 가까운 곳에 두고 이따금 펼쳐본다. 저자로 살고 싶게 만들어 준 고마운, 위로를 주는 책이다.

2. 『한국이 싫어서』(장강명 지음, 민음사, 2015)

책이란 것은 나에게 그저 오락의 의미였다. 하지만 이 책을 보면서 한국사회의 문제를 소설로 그려낼 수 있다는 것에 대해, 그것도 굉장히 쉽게, 흡입력 있게 풀어냈다는 데에 굉장히 놀랐다. 소설은 아니지만, 사회문제를 쉽고 흡인력 있는 글로 써보고 싶다는 생각이 들었다.

3. 『마흔두 개의 초록』(마종기 지음, 문학과지성사, 2015)

시집은 거의 보지 않았는데, 마종기 시인의 『마흔두 개의 초록』을 읽게 되었다. 부드러운 활자였지만 단단함이 느껴졌다. 읽을 때마다 나를 되돌아보게 됐다. 누구에게도 쉬운 삶은 없을 거라 생각한다. 자신의 힘들었던 삶을 따뜻한 언어로, 어렵지 않고 단단하게 풀어내면서 읽는 이도 삶을 되돌아보게 하는 글을 쓰고 싶다고 다짐했다.

저자가 되고 싶은 이들에게 건네는
너구리 김경희의 마음

1. 일단 쓰세요. 꾸준히 쓰세요.

글쓰기 모임과 워크숍을 진행하다 보니 저자가 되고 싶은 분들을 많이 만나게 됩니다. 처음엔 모두 열의에 가득 차 있지만, 막상 글쓰기 과제를 드리면 안 써오는 분들이 계시더라고요. 정해진 분량을 채우지도 못하고요. 저자의 꿈을 꾸는 건 쉽지만 쓰는 일은 그렇지 않거든요. 무엇을 쓸지 생각하고, 자리에 앉아 손을 쉼 없이 움직이고, 다 쓰고 난 후에는 소리 내 읽어보면서 고치는 과정이 필요하죠. 처음부터 잘 쓰겠단 욕심도 내려놓으시고 꾸준히 글을 쓰세요. 시간이 쌓이면 어느새 원고도 쌓여 있으리라 생각합니다.

2. 다른 생계 대책을 마련하세요.

첫 책이 나오기 전, 책이 많이 팔리면 글쓰기로 밥벌이를 할 수 있을 거로 생각했어요. 하지만 책을 많이 파는 게 쉽지 않다는 것과 운이 좋아 많이 팔린다 해도 인세만으로는 생활을 유지하기 힘들다는 걸 알게 됐죠. 책 한 권을 쓰기 위해 들인 노동을 시간으로 따져보면 최저임금도 나오지 않더라고요. 글쓰기로 밥벌이할 수 있는 분들은 정말 극소수입니다. 그러니 꼭 다른 생계 대책을 마련하시길 바랍니다.

3. 본인이 만족하는 글을 쓰세요.

책을 읽다 보면 누군가가 쓴 글에 위로받을 때가 있습니다. 하지만 그 책을 읽는 모두가 위로를 받는 건 아닐 거예요. 마찬가지로 모든 사람이 내 글을 좋아하거나 공감할 수는 없습니다. 이 당연한 사실을 저자의 위치에서도 기억하고, 내 글의 첫 번째 독자인 본인이 만족할 수 있는 글을 쓰셨으면 합니다. 자신을 먼저 위로할 수 있는 글이어야 타인도 위로할 수 있습니다.

홍한별, 번역자의 마음

이 책이 일깨우는 것도 모든 부모들이 운명 공동체라는 인식이다. 아이가 어릴 때 '내가 잘 키우고 있나?' 걱정했던 것과는 전혀 다른 종류의 불안을 일깨운다. 내가 어떻게 해야 하느냐 하는 고민 때문이 아니라, 아이가 행복한지 안녕한지에 나의 존재가 위태로이 직결되어 있음을 깨달았기 때문에 닥쳐오는 실존적 불안이다.

『나는 가해자의 엄마입니다』를 무거운 마음으로 완독하고 가까스로 옮긴이의 말에 닿았다. 한 줄 한 줄 꾹꾹 눌러쓴 문장들, 대충 훑어볼 수 없었다. 막 탈고한 번역자의 맥박이 전해져오는 듯 뜨겁고 의연한 문체가 눈길을 오래 붙들었다. 최초의 독자가 쓴 진심 어린 독후감이자 엄마로서의 자기 성찰이 담긴 짧은 산문은 번역 작업을 일이 아닌 삶으로 해냈음을 웅변했다. 옮긴이 홍한별. 고와서 한번 들으면 잊히지 않는 이름을 나는 그렇게 기억했다.

그해 연말 시사주간지 『시사인』에서 나는 부끄럽지만 '편집자가 뽑은 올해의 저자'가 되었는데, 같은 지면 '편집자가 뽑은 올해의 번역자'란에는 홍한별의 이름이 올랐다. 지면에 실린 두 페이지짜리 인터뷰를 읽자 그가, 그가 들려주는 번역 이야기가 더 알고 싶어졌다. 약속을 잡고 찾아간 합정동 2층 주택. 양철북 출판사 사옥인데 2층의 방 한 칸을 작업실로 쓰고 있었다. 막 번역 작업에서 빠져나온 그는 사진을 보며 상상한 것보다 눈빛은 부드럽고 말투는 느릿했다. 인터뷰가 도통 쑥스럽다며 말길

번역자의 마음

이 이어졌다 끊어졌다를 반복하는 사이, 어느새 기억의 회랑을 지나 십대 시절로 들어갔다.

아버지의 서재, 윤동주의 시

어릴 적 양옥집에 살았다. 넓은 거실의 한쪽 벽면이 책꽂이 였다. 아버지가 보는 일본어 책과 영어 책이 대부분이었지만 잘 뒤지다 보면 한국어 책이 한 권씩 나왔다. 주로 문고판으로 된 작은 책이었는데 종이가 누렇게 변색되고 삭아서 책을 만지면 톡 부러졌다. 그 오래된 냄새와 질감이 좋았고 어쩐지 책 종이를 자꾸만 부러뜨리고 싶었다. 손의 촉감으로 책을 익혔고, 습관적으로 책을 보는 아버지 덕분에 집 안에서 독서하는 분위기는 자연스럽게 형성됐다. 초등학생 무렵, 막연하게 생각했다. 나는 나중에 글을 쓰는 사람이 될 거야.

고등학교 3학년 때다. 공부하다가 윤동주 시집을 폈는데 우연히 「바람이 불어」가 눈에 들어왔다. 너무 감동한 나머지 두 눈에서 눈물이 주르르 흘렀다. 훌쩍이다가, 갑자기 영어로 번역을 하고 싶다는 충동이 일었다. "그게 된다는 게 너무 신기했다." 다른 언어로 변환해서, 비슷하지만 다른 느낌의 글을 만들어낸다는 것. 그날 그 순간 영문과에 가야겠다고 결심했다. 하나의 글을 다른 언어로 바꾸는 게 좋았다.

바람이 어디로부터 불어와
어디로 불려 가는 것일까.

바람이 부는데
내 괴로움에는 이유가 없다.

내 괴로움에는 이유가 없을까.
단 한 여자를 사랑한 일도 없다.
시대를 슬퍼한 일도 없다.

바람이 자꾸 부는데
내 발이 반석 위에 섰다.

강물이 자꾸 흐르는데
내 발이 언덕 위에 섰다.

– 윤동주, 「바람이 불어」

"나는 왜 작가가 되지 못했을까. 나중에 알게 됐는데 연습이 부족했던 거 같아요. 습작하고 일기는 썼지만 내가 쓴 글을 남에게 보여주는 걸 되게 싫어했거든요. 너무 좋은데, 글을 쓰고는 싶은데, 내가 스스로 만들어내는 글은 잘 못 쓰니까 번역이 절충안이었어요. 능력 안에서 할 수 있는 일. 글을 쓴다는 것이 문장을 만들고 단어를 고르는 일이잖아요. 번역도 비슷한 만족을 줘요."

홍한별은 대학교에 들어간 후 영미문학을 본격적으로 접했다. 영어라서 더 매력이 있다기보다 외국어로 된 글을 읽을 때 우리말과 다른 생소한 느낌이 좋았다. 또 정보의 양이 방대해서 영어를 통해 넓은 세계를 만나는 만족감도 컸다. 처음 번역 '일'을 소개해준 사람은 아버지였다. 아버지는 학위 취득자가 아닌 독학자였는데 그 시절에는 영어를 하는 사람이 드물었기에 아버지에게 번역 일이 들어왔고, 영문학도인 딸에게 한번 해보라며 권한 것. 그땐 번역을 한다고 해도 반드시 책으로 나온다는 보장이 없었다. 생애 첫 번역서인 그 책도 결국 출간이 무산됐고, 알바비도 못 받았다. 일찍 업계의 쓴맛을 본 셈이다.

대학 생활은 그를 또 다른 세계로 데려다주었다. 1994년 대학에 입학한 그의 또래는 'X세대'로 불렸다. 문민정부 시절 동구권 사회주의 몰락과 함께 학생운동은 쇠락하고 대학생의 위상도 변했다. 사회적 책무에 관심이 없는 개인주의적인 세대가 등장했다는 뜻이다. 그는 반발심이 생겨 학생운동을 하는 동아리 여기저기를 기웃거렸고, 농촌 활동과 기지촌 활동에도 참여했다. 하지만 대의에만 공감할 뿐 자기 자리를 찾지는 못했다. 사람들과 잘 어울리지 못하는 성정 탓이 아닐까 싶다. 그렇다고 다른 친구들처럼 당시 유행하던 해외 어학연수를 가거나 교환학생에 참여하지도 않았다.

"대학 졸업하고 취직하려면 어학연수를 다녀오고 어학시험도 준

비해야 할 텐데 그쪽 트랙에 발을 들여놓으면 지금까지 제가 해오던 생각들, 추구한 가치들을 버리는 것 같았어요. 바보 같았죠. 치열하게 살아야 하는데 어느 쪽으로 치열하게 살아야 하는지 모르겠고 멍하게 있었어요. 후회되는 건 아니고 그땐 그럴 수밖에 없었다 싶어요. 지금껏 만들어온 나의 모습은 여기를 떠나서 외국에 나갈 수 있는 게 아니었거든요. 친구들이 과외 아르바이트를 많이 했는데 저는 편의점, 서점, 호프집에서 일했어요. 나름대로는 대학생이라는 특권을 내려놓은 삶을 살고 싶었던 거 같아요. 완전히 내려놓은 것도 아니었는데 말이죠. 미숙했어요. 확실하게 판단해서 결론을 내린 게 아니라 비스듬한 자세로 양쪽에 애매하게 걸쳐져 있었다고 할까요."

그는 처음엔 자신의 대학 생활을 '바보 같았다', '애매했다'고 뭉뚱그려 간략하게 이야기했다. 책으로 빼곡한 책장이 있는 양옥집에서 번역하는 아버지의 뒷모습을 보면서 성장했고, 명문대 영문과에 입학했다. 공부를 그리도 좋아했다면 해외 유학을 다녀왔으리라 예상했으나 아니라고 했다. 부러 말을 아끼는 거 같았고 어떤 속사정이 있을지 모르니 더는 캐묻지 못했다. 인터뷰를 마치고 녹취를 푸는데 생략된 이야기가 더 듣고 싶어서 메일을 보냈다.

그의 답장에는 '바보 같았고 애매했다'는 말의 몇 가지 단서가 들어 있었다. '기지촌 활동', '농촌 활동', '호프집 알바' 같은 구체적인 단어들, "지금까지 해오던 생각을 버리기 싫었다" 같은 묵직한 선언이 그것이다. 세속적 선택도 아니고 대의적 선택도 아니고 그 자장 안에서의 방황. 그 위치와 동선이 그가 세상을 보는 관점이고, 어디에도 안주하지 않고 계속 일하게 하는 힘의 원천이 아닐까 싶었다. 그렇게 안으로 열정을 품고 밖으로 일상을 살아내던, X세대로 불리길 단호히 거절했던 영문학도는 영문학이 좋고 공부하는 게 재밌어 대학원에 진학했다.

생각만 해도 좋은 한 가지가 직업이 된다는 것

그에게 직업으로서 번역자의 상을 심어준 사람은 안정효(『백년 동안의 고독』 역자)와 이윤기(『장미의 이름』 역자)다. 매스컴에 종종 소개되던 두 사람을 보면서 번역이 어떤 성취가 가능한 일이라는 걸 알았다. 그전만 해도 만족스러운 번역서를 찾아보기 힘들었다. 독해 자체가 불가능한 조악한 번역서도 많았지만 안정효와 이윤기는 번역서를 또 하나의 작품으로 만들어냈다. 그들을 보면서 번역자란 직업의 꿈을 구체화했다.

　　대학원에 다닐 때 한올림 출판사에서 아르바이트를 했다. 2000년대 이전만 해도 번역한 당사자의 이름이 아니라 교수 이름을 번역자로 표기하곤 했다. 번역자라는 직업이 정립되지 않았던 시절이라 전혀 아쉽거나 섭섭하지 않았다. 그저 번역 일을 시켜주는 것만으로 좋았다. 초보라서 번역의 질도 별로 좋지 않았을 테니 어찌 보면 다행이지 싶기도 하다. 그렇게 서너 권을 그림자 번역자로 일했고 마침내 역자로 이름이 들어간 첫 책이 나왔다. 노엄 촘스키와의 대화 『권력과 테러』다.

> "너무너무 좋았어요. 책을 좋아하는데 책에 제 이름이 박혀 있으니까. 모든 일이 그렇듯이 일하다 보면 지겨울 때도 있지만 그래도 번역 일은 굉장히 재밌는 일이에요. 지금도 재밌고, 특히 좋은 책을 만나면 되게 좋아요. 아름다운 글을 보면 기분이 좋잖아요. 아름답고 의미 있는 글을 봤을 때 그걸 내 말로 옮기고 다시 만들어낸다는 게 좋아요. 출판계에 종사하시는 분들이 대개 책의 물성을 좋아하고 글을 좋아하는데, 저도 그 두 가지가 좋아요. 책을 만드는 제작 과정에 참여한다는 것도 좋고. 번역이 돈을 많이 버는 일도 아니라서 좋아하지 않으면 못 해요."

생각만 해도 좋은 한 가지가 있는 사람, 말할 때 입이 절로 벌어지는 주제가 있는 사람이 행복한 사람이라면 그게 직업인 사람은 얼마나 행복한 것인가. 이래서 좋고 저래서 좋고. 아이처럼 좋아요, 좋아요를 연발하는 그는 이를테면 이런 글을 아름답다고 느낀다. "언어의 결이 섬세하고 미묘해서 순간적으로 반짝이는 것. 그 사람만이 할 수 있는 표현, 적절하고 적확한 단어, 평범한 단어인데 낯선 곳에 쓰면서 새로운 쓰임새와 의미가 생겨나는 것."

홍한별은 특정 장르를 가리지 않는 번역자다. 어린이·청소년, 문학, 인문 등 다양한 분야의 책을 작업했다. 가장 선호하는 분야는 소설이다. 소설을 번역할 때에는 번역자가 창조적으로 개입할 여지가 조금 더 많아진다. 설명적인 글은 원작의 의미를 정확하고 명료하게 옮기는 것을 목표로 하는데, 문학 작품은 그것에 더해 언어의 아름다움, 감정의 흐름, 글의 리듬, 단어의 소리 같은 것까지도 세심하게 고려해야 한다. 그는 특히 소재가 특이하고 기발한 작품을 좋아한다. 몇 권 꼽아보자면, 폴 콜린스가 쓴 『네모난 못』은 자폐증을 의학적으로 다룬 게 아니라 역사 속에서 자폐증이란 말이 없던 시기에 살던 자폐인들의 발자취를 찾아가는 내용이다. 또 영국 혁명, 미국 독립 혁명, 프랑스 혁명에 영향을 미친 사상가 토머스 페인을 다룬 책도 번역했다. 한 인물의 생애와 업적이 아니라 행방불명된 그의 유골을 찾아 헤맨 사람들의 이야기를 담은 책이다. 일반 거대 서사에서 전혀 다루지 않는 이야기를 파헤친다는 공통점이 있다.

"그런 책이 저는 너무 좋은데, 잘 안 팔려요. (웃음)"

소설이 가벼운 읽을거리로 여겨지는 현실에서 그도 자유롭진 못하다. '재밌는 책'을 읽을 때면 슬며시 죄책감이 든다. 저마다 책에서 구하는 여러 가지 의미가 있지만 그에게 책은 즐거움의 원천이다. 단, 즐거움이 꼭 가벼움을 뜻하진 않는다. 묵직해도 재밌고 기발해도 재밌고 참신해도 재밌고 무서워도 재밌고 심연을 파고들어도 재밌으니까.

직업으로서의 번역자

홍한별은 경력 15년을 바라보는 중견 번역자다. 밥줄 끊기지 않을 정도로 일을 하는데, 애초에 출판사에서 심사숙고 끝에 출간 결정을 내린 다음 작업 의뢰가 오기 때문에 대체로 양질의 책이 오는 편이다. 작업 기준에 맞지 않는 책들은 있다. '안 읽는' 경제·경영 실용서 분야, 또 '안 믿는' 심리치료나 영성 분야의 책이다. 물론 다급하면 해야겠지만 심정적으로 동조하지 않는 내용의 책은 하는 동안 괴로우니까 아예 피한다. 정치적·사회적으로 문제가 있다고 생각하는 출판사, 번역을 소중히 여기지 않는다는 생각이 들었던 출판사의 일도 정중히 거절한다.

"출판사에서 번역료를 최소 수준으로 지급한다는 건 그만큼 번역의 질을 중요하게 여기지 않는다는 뜻이거든요. 지나치게 금전적으로 판단하는 것 같지만, 어떤 출판사가 번역료를 업계 평균보다 낮은 가격에 책정한다는 얘길 들었는데 그 출판사 책을 보니까 번역의 질이 좋지 않더라고요. 그러면 이 출판사는 좋은 품질의 번역을 원하지 않는구나, 생각하게 돼요. 출판사에서 번역

번역자의 마음

료 어떻게 받으시냐고 묻기에 저는 낮춘 가격이라고 생각하고 제가 정한 기준으로 달라고 했는데도 그렇게 많이 받아요? 하는 경우도 있어요. 번역에 투자를 한다는 건 그만큼 중요하게 생각한다는 거잖아요. 번역을 소중히 여기는 출판사랑 일하고 싶어요."

번역자 입문 초기, 당시 평균 고료가 있었다. 5년에 한 번씩 번역료가 조정됐다. 매당 일정 금액이 된 후로는 더 이상 올리기 쉽지 않고. 그 금액이 넘으면 일이 안 들어온다는 얘기도 들린다. 신규 유입 노동력이 많아지고 출판계 불황이 길어지면서 외려 번역료가 내려가고 있는 상황이다. 하지만 정말 책을 잘 만들고 싶다면 번역료를 아낄 수 없지 않을까. 번역서에서 가장 중요한 건 번역의 질이라고 그는 생각한다. 책을 사랑하는 독자라면 누구나 수긍하리란 믿음이 있다.

홍한별은 저자의 목소리를 생생하게 전달하는 능력이 탁월하다는 평을 받는다. 비결은 모든 되어가는 것들의 원리가 그렇듯 단조롭다. "작가가 된 것처럼 작가 안으로 온전히 들어가서 생각한다." 그래서 그때 번역하고 있는 그 작가의 문체를 닮는다. 작업하는 책의 작가가 만연체를 쓰면 일기도 문장이 마냥 길어진다. 『나는 불안과 함께 살아간다』를 번역할 땐 불안과 함께 살아가게 됐다. 대인기피증이 생겼다. 작업을 하는 동안 그 작가가 돼서 생각하려다 보니 불안과 초조의 기운에 약속 장소에도 나가지 못하게 됐다. 이처럼 번역은 텍스트와 동일시되어가는 과정이므로 작가나 내용이 맞지 않으면 무척 괴로운 작업이다.

번역의 핵심은 문맥을 파악하는 것이다. 문장이 이해가 안 될 때, 이 사람이 도대체 어떤 맥락에서 어떤 머릿속의 작용을 통해서 이런 말을 하는지 도저히 모르겠을 때, 일단은 상상을 해보고, 그래도 모르겠으면 인터넷을 찾아보고, 살아 있는 작가라면 작가에게 문의 메일을 보내기도 한다. 그렇게 몇 단계를 점검하며 작업하지만 번역의 기준은 더 엄격해졌다. 영어 고수가 많고 인터넷이 발달돼서 오역을 바로 찾아낸다. 예전엔 편집자와 논의해서 분량이 늘어지면 줄이기도 했는데 요즘은 상상할 수 없는 일이다.

홍한별의 번역은 아직까지 오역 시비가 붙은 적은 없다. 하지만 오역이 없는 번역서는 있을 수 없다. '오역'을 어떻게 정의할 것인가 자체부터 쟁점이다. 의미가 뒤바뀌면 안 되지만, 어순을 바꾸거나 표현을 다듬는 등 번역자의 재량을 '어느 정도' 인정해주어야 한다.

가령, 얼마 전 번역하다가 'soft hair'라는 표현이 나왔다. 가장 먼저 떠오르는 말은 '부드러운 머리카락'이다. 애인의 머리카락이라면 맞겠지만 선생님의 머리카락이라면? 선생님 머리카락을 만져보지는 않았을 것 같은데 촉각적인 표현을 쓰니까 어울리지 않았다. 고민하다가 '가는 머리카락'으로 옮겼다. 누군가가 오역이라고 지적할 수도 있지만 그에겐 괜찮은 번역이었다.

홍한별,

"의역이냐 직역이냐 하는 논쟁은 별로 의미가 없는 것 같아요. 독서가 지식을 줄 수도 있고, 감동, 평화, 즐거움, 재미를 줄 수도 있어요. 결국은 그 책의 목적이 무엇이냐, 독서가 어떤 경험이 될 것인가, 목적에 맞춰 번역해야 한다고 봐요. 의미에 충실해야 하는 책이 있고 술술 잘 읽혀야 하는 책이 있어요. 어느 쪽이 우월하다고 말할 수가 없죠. 어린이책은 어린이들이 보고 좋아해야 하니까 어린이 눈높이에 맞춰서 해요. 어린이들이 이해할 수 있는 언어를 써야죠. 그림책을 작업할 때는 큰 소리로 읽어보고 아이한테도 읽어줘요. 듣기에 좋아야 하고 읽어줄 때 말의 흐름이 자연스러워야 해요. 어린이의 감성을 자극하는 부분들이 있어요. 어른 입장에서 교훈을 생각하는 게 아니라 어린이로서의 성취감, 어린이로서의 감정의 카타르시스를 생각하면서 가장 편안한 단어를 고르는 거죠."

프랑스 소설가 플로베르는 '일물일어설'로 유명하다. 그 상황에 맞는 단어는 세상에 하나밖에 없다고 말했다. 미국의 작가 에릭 호퍼는 "정확한 형용사를 찾기 위해 시간을 아까워하지 않았다"고 했다. 홍한별 역시 단어의 중복을 피하고 자연스러운 표현을 찾는 데 노력을 아끼지 않는다. 스마트폰 앱 '유의어 대사전'을 활용하는데, 만약 wide란 단어가 나오면 '넓다'라는 1차어가 자동으로 떠오르지만 같은 말이 계속 반복되면 안 좋으니까 같은 표현을 쓰지 않으려고 유의어를 찾는다. wide는 크다, 너르다, 널찍하다, 광범위하다, 광활하다,

드넓다 등등 같은 뜻 다른 표현으로 제시된다. 그중 문맥에 가장 적합한 표현을 고른다.

'어휘' 측면에서 그가 한눈에 반한 번역자는 불어 번역자 이세욱이다. 그가 번역한 움베르트 에코의 『프라하의 묘지』를 읽으면서 굉장히 독특한 표현, 낯선 언어를 만날 수 있었다. 스스로 어휘력의 부족을 절감하던 터라 더 훌륭하게 느꼈을 테지만, 책을 읽으면서 번역자가 어휘에 정성을 들였다는 걸 단박에 알아챘다. 영어권에서는 『모비 딕』의 김석희 번역자를 꼽는다. 까다로운 문장도 자신감 있게 자기만의 문체로 풀어내는 능력이 탁월하다.

번역이 만만한 책은 없다

얼마나 잘 읽히는가. 좋은 번역이란 잘 읽히는 글이다. 그의 생각이다. 물론 원서랑 상관없이 무조건 잘 읽히게 쓸 수도 있다. 대조를 안 해보면 모르는 일이다. 또 어떤 양질의 번역물은 그게 번역자의 역량이라기보다 그 책 편집부가 죽을 둥 살 둥 고친 결과일 때도 있다. 뿐 아니라 '잘 읽혀야 한다'는 '정확해야 한다'와 묶여 의역이냐 직역이냐 논쟁으로 간단하게 환원되고, 오래된 유행가처럼 반복된다. 가령 김영하의 『위대한 개츠비』는 사실상 역자가 새로 썼다는 얘기가 나올 정도로 확실한 의역으로 평가받았다. 좋은 번역, 잘 읽히는 글을 위해 원작에 개입하는 기준은 무엇일까.

"『위대한 개츠비』는 그래도 되는 게 (저작권이 만료되었기 때문에) 여러 판본이 존재해요. 여러 가지 중에 독자가 선택할 수 있으니까 다양한 시도가 있는 게 정당한 거죠. 김영하가 그렇게 과감한 번역을 할 수 있었던 건 그전에 무수한 번역과 의미를 추구하려는 노력들이 있었기 때문이에요. 그래서 그 의미를 넘어선 번역이 가능했을 거예요. 보통 다른 책은 일대일 독점 계약으로 한 출판사에서만 출간해요. 이런 경우에는 번역자가 책임감을 갖고 원래의 목적성에 충실한 번역을 하는 게 맞다고 봐요. 원래의 목적성이란, 국내 독자들에게 원서의 독서 경험과 최대한 비슷한 경험을 하게 하려고 애쓴다는 의미죠. 의역이나 직역 가운데 하나를 선택하는 것이 아니고요. 예를 들어 학술서나 고전 같은 것은 최대한 원저자의 의도와 원문을 존중하는 쪽으로 번역해야 해요. 독자들도 탐구하는 마음가짐으로 읽으니까. 하지만 로맨스 소설이라면 원문의 문자 그대로의 의미에 충실한 것보다는 독자가 빨리 편하게 읽을 수 있도록 번역하는 게 좋죠. 소설은 이야기의 맥락이 전부예요. 그 맥락을 못 잡으면 딴 얘기가 돼버리거든요."

그의 번역 비결은 시각화다. 즉, 어떤 상황을 그림으로 그려서 이해한다. 만약 원서에 '어떤 도구를 들었다'라는 문장이 있을 때, 그 도구가 어떻게 생겼는지 모르면 그 상황이

　　　　　　　　　　　　　　　　번역자의 마음

그려지지 않는다. 따라서 반드시 도구의 모양을 확인한다. 그 래야만 '잡았다', '집었다', '들어 올렸다' 중 가장 어울리는 단어를 고를 수 있다. 전문 분야 서적의 경우 배경지식이 있더라도 책이나 인터넷을 뒤져가며 정확성을 기한다. 대중소설은 어려운 용어는 없지만 사전에 없는 구어적인 표현이 자주 나온다. 역시 이리저리 찾아보고 공부해야 한다. 어린이책도 그에 걸맞은 표현이나 언어를 고민해야 하니까 나름의 노력이 들어간다. 그러니까, 결론은 "번역이 만만한 책은 없다".

나는 번역자이자 두 아이의 엄마입니다

이 책은 독자들의 반응이 있겠구나, 번역을 하다 보면 감이 오는 책들이 있다. 우습게도 그 느낌은 대부분 맞지 않는다. 가장 크게 예상을 빗나간 책은 『나는 가해자의 엄마입니다』이다. 미국 콜럼바인 고등학교에서 13명의 목숨을 앗아간 총격 사건을 벌이고 스스로 목숨을 끊은 딜런의 어머니 수 클리볼드가 쓴 책으로, 국내에서 2016년 출간됐다.

> "안 팔릴 줄 알았거든요. 되게 놀랐어요. 누가 이런 얘기 읽고 싶어 하겠냐고 그랬죠. 출판사에서는 잘 팔릴 거라고 했는데도요. 저는 자식 문제에 있어서는 성공한 얘기만 듣고 싶어 하지 실패한 얘기는 듣고 싶어 하지 않는다고 생각했어요."

홍한별은 두 아이의 엄마다. 육아서의 번역을 맡으면서 본의 아니게 육아 관련 서적을 많이 접했다. 책을 읽으면서도 '육아를 잘하면 아이가 잘 큰다'는 전제에 동의를 할 수 없었다. 처음엔 육아서의 내용이 맞다고 생각해서 거기에 나온 대로 아이를 키우려고 노력했다. 하지만 곧 힘에 부치고, 피로감만 커졌다. 각자 처한 조건과 아이의 특징은 다른데 일반적이고 원론적인 이야기에 자신의 상황을 맞추려 했던 것이다. 그래서 육아책은 작업 목록에서 지워놓았던 참이었다.

"『나는 가해자의 엄마입니다』를 쓴 그 엄마도 굉장히 훌륭한 엄마고 아이를 잘 키우려고 노력했더라고요. 그런데 아이가 그렇게 됐잖아요. 아이가 어떻게 자라느냐는 엄마의 책임이라고 할 수 없는 거 같아요. 게다가 잘 키운다는 뜻이 아이가 공부 잘하고 성공하는 거라면 그 목적에 동의할 수 없어요. 그래서 잘 키운다는 말이 성립되기 어렵다고 생각해요."

사회 구조적인 문제를 배제한 채 엄마 개인의 분발과 헌신을 촉구하는 천편일률적인 육아서와는 달랐다. 『나는 가해자의 엄마입니다』는 어쩌면 육아 실패기라는 점에서 좋은 육아서라는 생각이 들었고, 작업에 착수했다. 이 책 역시 저자에게 몰입하는 바람에 일상이 피폐해졌다. 당시 초등학교 6학년인 아들과 폭력적으로 싸우는 꿈을 꾸고 나서 충격을 받기도 했다.

"번역하면서 제 안에서 싸움이 일어났어요. 아이가 어떤 사람이 되느냐는 엄마의 책임이 아니라고 생각하면서도, 계속 나는 이 사람하곤 다르다고 생각하고 있더라고요. 엄마인 수 클리볼드가 사고 후, 내가 아이의 방을 뒤져서 일기를 봤더라면, 그랬다면 사고는 나지 않았을 텐데 후회하는 장면이 있어요. 그건 아닌 거 같아요. 아이 방을 뒤지고 일기장을 봐서 불상사를 막아야 한다는 게 아니라, 엄마는 받아주는 존재가 돼야 한다, 자식이 어떤 아이이건 부모는 감시하는 사람이 아니고 품어주어야 한다는 게 이 책의 메시지니까요."

홍한별에게 육아, 애를 낳아서 키우는 일은 조금씩 조금씩 아이를 놓아주는 과정이었다. 아이를 내려놓으면서 한편으로 책임을 방기하는 듯한 죄책감이 들었는데, 이제는 그것마저도 버렸다. 아이들은 엄마가 원하는 대로 되지 않으며, 아이가 어떻게 자라든지 엄마로서 자신은 아이를 받아주는 완충 장치가 돼야 한다는 것으로 생각을 정리했다.

이 같은 결혼과 육아의 경험은 번역자로서 그가 『나는 가해자의 엄마입니다』 같은 책을 번역할 때 도움을 주지 않았을까. 번역에 도움이 됐다기보다 인생에 도움이 됐다. 다음 세대에 대한 고민을 조금이라도 하는 이유는 자식을 키우기 때문이고, 그 고민이 무의미하지는 않다고 생각한다. 물론 자신이 엄마가 아니었다면 『나는 가해자의 엄마입니다』를 그만큼 체화해서 번역하지는 못했을 수도 있지만, 그건 어디까지나 가정이다. 결혼 안 한 번역자들도 육아서를 훌륭하게 번역해낸다. 그 또한 결혼 전에 육아책을 번역했다. 상상의 여지가 있다.

반면에 번역과 가정의 양립은 번역자로서 그가 지고 가야 할 짐이기도 하다.

> "아이가 어릴 땐 힘들었어요. 살림, 번역, 육아 세 가지를 해야 하는 게 울화가 치밀고 왜 내가 다 해야 하나 회의가 들고. 근데 다 대충하면 되니까. (웃음) 살림, 번역, 육아 서로 핑계가 돼주니 가능해요. 번역을 하면서 근무 시간 조절을 할 수 있고 자기 시간을 쓸 수 있으니까 아기를 낳아도 경력 단절이 안 일어나는 점은 좋아요."

번역자의 노동조건

번역자의 일은 기다리는 일이다. 번역자가 관심 있는 책을 번역해서 출판사에 출간을 제안하는 경우도 있지만 그 또한 출판사의 결정을 기다려야 한다. 스스로 일을 만들 수가 없다는 점, 작업 과정에서 피드백을 받거나 의견을 나눌 사람이 없다는 점에서 번역은 지극히 외로운 일이기도 하다.

번역자의 유일한 업무 파트너는 출판사 편집자다. 편집자는 번역자에게 번역을 의뢰하고 번역한 원고의 내용을 검토한다. 문법적 주술관계, 맞춤법, 띄어쓰기, 어색한 문장을 다듬는 윤문 정도로 원고에 개입한다. 이렇게 편집은 원고를 다듬는 과정이다. 편집자는 대개 원고를 잘 고치지만 다소 의견이 다를 때도 있다. 그럴 땐 정확하게 자신의 의견을 전달한다. 그럼 더 낫게 바꾸거나, 편집자가 그 의견을 수긍하고 원래 번역대로 되돌려놓기도 한다. 예민해질 수도 있는 사안이기에 조심스럽고 정중하게 표현한다. 내가 맞고 그건 틀리다가 아니라 '이것도 좋지만 이건 어떨까요' 하는 식으로.

"편집자가 고친 부분을 빨간 펜으로 표시해서 주기도 하지만 수정된 상태로 오면 무얼 고쳤는지 모르거든요. 한번은 교정 표시가 돼 있는 상태로 받은 적이 있는데 빵점 받은 느낌이 들었어요. (웃음) 그때부터는 고쳐진 상태로 달라고 해요. 근데 고쳐서 의미가 바뀌는 경우가 있어요. 그런 건 안 고쳤으면 좋겠죠. 문체도 웬만하면 존중해주길 바라고. 제가 '그녀'라는 말을 안 쓰는데 편집자가 그것을 살려놓은 적이 있었어요. 얘기해서 되돌렸죠. 그녀라는 단어를 쓰면 문어체의 느낌이 나요. 그래서 저는 대명사 대신 '제인이 말했다'라는 식으로 고유명사를 쓰려고 해요. 우리말은 주어를 생략할 때가 많으니까 웬만하면 빼고, 꼭 넣어야 할 때는 고유명사를 넣는 거죠. 어떤 편집자는 번역 원고가 오면 원문을 100퍼센트 대조한다고 해요. 오역 시비가 생기고부터 철저하게 검토하는데, 사실 출판사에서 원문 대조를 한다고 하면 번역할 때 운신의 폭이 좁아져요. 이걸 내 표현대로 쓰고 싶고 여기

번역자의 마음

까지 의미를 조금 늘려서 나가고 싶을 때 못 하겠더라고요. 원문 대조를 하고 틀렸다고 지적할 텐데 싶으니까요. 또 원문 대조를 염두에 두고 번역하면 직역에서 벗어나기가 어려워서 소설은 자연스러운 번역이 잘 안 나와요. 원문 대조가 나쁘다기보다 일장 일단이 있다는 거죠. 정확성은 높아지겠지만 번역자의 여지는 좁아지는 거 같아요."

번역자 지망생이 번역 일을 시작하려 할 때는 일단 출판 에이전시의 문을 두드린다. 출판인들의 구인·구직 사이트 북에디터(www.bookeditor.org)에 자기소개 글과 샘플 번역을 올려놓고 연락을 기다리기도 한다. 어떤 통로든 문은 좁다. 홍한별은 한울림 출판사에서 아르바이트할 때 알게 된 이웃 출판사들이 일감을 주어 번역자로 자리 잡을 수 있었다. 운이 좋은 편이었다. 아무 연고와 경력 없는 사람들이 기댈 곳이라곤 에이전시뿐. 한데 번역 에이전시가 출판사에서 매당 3000원 정도에 일을 받아서 번역자에게 2000원을 준다는 얘기가 나온다. 이는 생계가 거의 불가능한 '말도 안 되는' 처우다.

보통 두께의 단행본이 200자 원고지 1000매 안팎이라고 할 때, 그의 경우 두 달에 책 한 권을 마치면 400만 원을 받는다. 한 달로 치면 200만 원 정도고, 만약 3개월이 걸리면 월수입은 줄어든다. 이마저도 일감이 꾸준히 공급될 때 가능한 수입이다. 단순 계산으로도 초보 번역자가 매당 2000원을 받는다면 월수입이 100만 원 정도. 최저생계비에도 못 미치는 열악한 임금 수준이다.

"가장 근본적인 문제는 번역의 가치가 저평가된 거죠. 더 근본적인 문제는 출판 시장이 열악한 거고요. 이상적인 모델은, 번역자 모임이 있고 이 모임에서 책을 기획하고 번역을 수주하고 가격 협상을 하는 거예요. 현실적으로 어려움이 많아요. 번역은 객관적인 품질 평가가 굉장히 어려워서 합리적인 가격 형성이 힘들어요. 또 번역자가 일을 수동적으로 받을 수밖에 없는 문제를 해결하려면 기획과 저작권 관리, 번역까지 원스톱으로 솔루션을 제공해야 할 것 같은데, 가능한지는 잘 모르겠어요. 궁극적으로는 번역료를 인세로 받는 게 맞아요. 저자처럼 역자도 책의 판매에 대한 책임을 나누어 지니까 합리적이죠. 내 책이다, 생각하면 더 애정이 생기고 열심히 하게 되잖아요. 그런데 책이 많이 안 팔리니까, 인세 계약을 하면 번역자가 손해를 보는 구조예요. 그래서 반인세, 반매절의 절충안을 생각하고 있고 기회가 되면 출판사에 제안해보려고요. 출판사도 초기 비용을 줄이고, 번역자와 책임을 나눈다는 점에서 이익이라고 생각해요."

인세 계약을 할 경우 통상 1쇄만 선금을 받고 그다음부턴 책이 팔려야 받는 후불 구조다. 1쇄만 팔리고 안 팔리는 책이 다수인 현실을 감안할 때, 인세 계약을 했다간 작업 기간 동안의 최소 생계비도 확보되지 못할 가능성이 크다. 번역자들이 인세보다 매절을 택하는 이유다. 이의 절충안으로 반인

세, 반매절을 제안하는 것.

출판업계에 몸담고 십수 년 일한 번역자로서 그는 출판 경기의 흐름이 나빠지는 걸 체감한다. 10년 전에는 일이 늘 쌓여 있었고 일정이 안 맞아서 못 하는 책도 있었다. 요즘에는 작업하는 책과 다음 책 정도 계약이 되어 있거나 없기도 하다. 그나마 경력이 오래돼 일이 끊길 정도는 아닌데, 앞길이 환하다고 할 수는 없다.

"번역자 친구가 그랬어요. 번역은 물 들어올 때 노 못 젓는다고. 일이 항상 불안해요. 일하다 보면 너무 지겨워서 쉬고 싶다고 생각하게 되잖아요. 근데 일이 끊기면 괴롭고 불안해요. 쉴 수 있는 게 아니라 나는 이제 수명이 다했나? 아무도 찾지 않네, 그런 생각이 들거든요. 다른 번역자들과 얘기를 해봐도 다 같은 고민을 해요. 노조도 없고 이익단체도 없고, 수주가 출판사와 나랑 이뤄지니까 대리해주는 사람도 없어서 직업 안정성이 취약한데, 공급이 많아지면서 가격은 더 나빠지고 있잖아요. 얼마 전에 매당 3000원짜리 일이 있는데 누가 할래 경쟁을 붙이는 자리가 생겼어요. 원래는 그 가격에 일을 하면 생계유지가 안 되니까 정상적인 상황이면 안 해야 맞는데, 그럴 수가 없는 거죠. 애초 출판사에서 그런 일을 의뢰하는 게 잘못이라고 생각해요."

홍한별은 오전 9시, 두 아이 등굣길에 같이 집을 나온다. 작업실에 와서 일하다가 서너 시가 지나면 퇴근을 준비한다.

집에선 일하지 않는다. 살림하고 게임하고 영화나 드라마를 보면서 여가를 즐긴다. 일을 빨리 하는 번역자는 두 달에 한 권도 뚝딱이다. 그도 예전에는 늦게 자면서 밤에도 일했는데, 출산 이후엔 애들이랑 같이 10시면 잔다. 욕심을 부리진 않는다. "번역을 하려면 일단 금전적인 욕심은 없어야 한다." 일도 적당히, 육아도 적당히. 번역에 모든 걸 바친다고 말하지 못하지만 어쩌면 그것이 열악한 근무 조건에서도 20년 가까이 일할 수 있었던 동력 같다.

슬럼프도 있었다. 좋은 책을 만나면 너무 신나지만 상대적으로 "재미없는 책을 할 때는 너무 지겹다". 마침 일이 막 지겨웠을 때 『미스테리아』에 원고를 쓰기 시작했다. 살인 사건 같은 범죄 이야기와 그 사건이 모티프가 됐거나 사건과 유사한 내용의 미스터리 작품을 비교하는 글을 연재한다. 1년 넘었는데 별 볼 일 없는 잡글이지만 자기 글을 쓰는 게 즐겁다. 번역만 하다가 두 달에 한 번씩 다른 일을 하니까 돌파구가 되고 숨구멍이 생긴 기분이다. 특히 아무도 이야기하지 않은 이야기라는 점에서 만족을 느낀다. 요즘은 번역자들이 책을 내는 추세인데, 그도 번역 일이 끊기면 책을 써볼까 생각한다. 『미스테리아』에 연재하는 것 같은 내용의, 사람들이 잘 모르는 특이한 이야기에 대해서 쓰고 싶다.

"직업적 번역자로서 번역에 대한 책은 쓰지 못할 것 같아요. 일 단 이 직업이 크게 권할 만한 직업도 아니고. (웃음) 번역의 노하

번역자의 마음

우라는 게 사실 전달이 잘 안 돼요. 책마다 다르고, 사람마다 다르고, 아 다르고 어 다른 게 언어인데, 원칙으로 정리가 불가능하죠. 제 생각에는 아무리 인공지능이 발달해도 출판 번역만은 대치할 수 없을 것 같아요. 출판 번역은 평균적인, 최적의 수를 찾는 과정이 아니라 의외의 수, 다른 사람이 쓰지 않는 산뜻한 표현을 찾는 과정에 가깝거든요."

그래도 궁금하다. 영어를 사랑한 소녀가 영어 번역자로 산다. 영어와 한평생 살아온 영어 고수의 영어 공부법은 무엇일까. 역시나 "영어는 공부를 특별히 안 했다"고 한다. 고등학교 다닐 때도 20세기 영어 공부의 바이블 『성문종합영어』는 잘 안 봤고 교보문고에 가서 재미있는 문고판 영어책을 사서 읽었다. 『소공녀』와 애거서 크리스티 소설들을.

"제가 외국에 나가지 않았으니까 말하기 듣기 쓰기 훈련을 한 것도 아니고, 책을 많이 읽었어요. 영어 교육에선 말하기, 듣기, 쓰기, 읽기 네 가지를 같이 해야 한다고 하는데, 말은 유창하게 해도 어려운 책은 잘 못 읽기도 하잖아요. 언어를 깊이 이해하려면 많이 읽는 수밖에 없고 그렇게 언어를 습득하면 나머지는 어느 정도 그냥 돼요. 물론 한국어로 된 책을 많이 읽어서 언어의 틀을 확립해야 외국어를 깊이 이해하는 게 가능하겠죠."

결론은 재밌는 읽기 활동이다. 재미를 느끼면 지속하

게 되고 양이 쌓이면 실력이 는다는 얘기다. 그는 아이들에게
도 특별히 영어 공부를 시키지 않는다. 아이들이 각각 중학교
1학년과 초등학교 4학년인데, 큰아이는 알파벳 정도 알고 입
학했고 작은애는 모르고 들어가서 학교에서 배웠다. "영어가
공부해서 되는 게 아니고 좋아하면 저절로 되는 것"이므로 못
해도 내버려두고 불필요한 사교육에 힘을 안 썼으면 좋겠다
고 조언한다.

너무 힘쓰지 않고 서둘지 말고 묵묵히 읽어내기. 그것은
홍한별이 번역자가 되어 번역자로 살아가고 앞으로도 살아갈
비결일 것이다.

"일이 지겨울 때는 있었지만 지금까지 작업한 책 중에서 나쁜 책
은 없었고 결과적으로 다 마음에 들었어요. 책이 나오면 뿌듯해
요. 눈에 보이는 결과물이 나오는 직업이 많지 않아요. 번역은 눈
에 보이는 결과물이 있고, 사람들의 반응이 있는 일이에요. 제가
잠깐 기술번역 하는 회사에 다녔는데 그 일도 재미가 없지는 않
았지만 소프트웨어를 번역한 결과물에 내 이름이 들어가는 건 아
니었거든요. 책은 내 일이라는 성취감이 생겨서 좋아요. 출판계
에 근무하는 분들도 비슷하지 않을까요. 이 일이 저한테 잘 맞는
일이고 책이 좋으니까 저한테는 좋은 직업이에요."

글을 읽고 쓰고 옮기면서 살려고 한다. 옮긴 책으로는 『나무
소녀』, 『몬스터 콜스』, 『마르크스와 나의 여친』, 『친구는 서

로를 춤추게 하는 거야!』,『바다 사이 등대』,『마크 트웨인의 관찰과 위트』,『나는 불안과 함께 살아간다』,『나는 가해자의 엄마입니다』,『페이퍼 엘레지』,『두 살에서 다섯 살까지』,『우울한 열정』,『달빛 마신 소녀』 등이 있다.

온라인 서점에 나온 홍한별의 역자 소개다. 읽고 쓰고 옮기고 산다. 네 단어의 결실이 저 책들이다. 저 목록에 다 담기지 못한 번역서 30여 권이 그의 집 서가에 꽂혀 있다. 최근에는 너새니얼 필브릭의『사악한 책, 모비 딕』이 나왔다. 시간은 흐르고 종수는 차곡차곡 더 늘어갈 것이다. 서가 어디쯤에는 역자가 아닌 저자로 홍한별 이름이 적힌 책이 한 권 꽂혀 있겠지. 그 책에는 그가 탐닉하고 어루만진 아름다운 언어들로 엮은, 아무도 하지 않는, 세상에 하나밖에 없는 이야기가 들어 있을 것이다.

번역자가 되고 싶은 이들에게 건네는
홍한별의 마음

1. 책을 좋아하고, 언어에 관심이 많아야 합니다.

우선, 한국어 책, 외국어 책 나눌 것 없이 많이 읽는 것이 좋아요. 번역자에게 외국어 실력이 중요하냐 한국어 실력이 중요하냐, 그에 대한 의견도 나눠야 할 것 같고요. 어떤 게 더 중요하다고 말할 수 없는데 그렇다고 어느 하나가 부족해서도 안 됩니다. 한국어 실력이 부족하면 읽을 수가 없는 글이 나오니까 치명적이고, 외국어가 부족하면 잘못된 번역이 나오니까 문제가 돼요.

2. 잡다한 것에 대한 관심이 많아야 합니다.

문화를 번역한다고 하잖아요. 검색으로 해결되는 것도 있지만 문화에 대한 전반적인 지식이 필요하죠. 평소에 영화, 역사, 예술, 패션, 건축 등에 대해 잡다한 지식과 상식을 공부해두면 유리할 거예요. 영화나 드라마도 많이 보고 책도 많이 읽어서 낯선 문화에 대한 배경지식을 마련해두면 좋을 것 같습니다.

3. 시간과 생활 관리는 필수예요.

자기가 알아서 스케줄을 관리할 수 있어야 합니다. 규칙적인 생활을 해야 하고요. 책 번역은 기간을 몇 달 여유 있게 주기 때문에 늘어지기 쉽죠. 일정에 맞춰 분량을 정해놓고 반드시 끝내도록 해보세요. 10쪽 하면 집에 가서 논다는 식으로 보상을 주는 것도 동기 부여가 되어 좋아요. 제 경우 예전에 베이비시터한테 아이 맡기고 일할 땐 지급할 월급은 채워야 한다는 각오로 일했답니다.

이환희, 인문편집자의 마음

이환희,   126

얼굴을 모르는 편집자에게 메일이 더러 온다. 책을 내고 싶다는 뜻이 담긴 프러포즈다. A4 서너 장 분량의 꼼꼼한 기획안을 보여주는 경우, 첨부파일 없이 본문에 간략하게 메모 형식으로 콘셉트를 설명하는 경우, 내가 쓴 책의 독후감을 길게 써서 애정을 드러내는 경우, 일단 만나자며 긴급하게 전화번호만 남기는 경우 등등 여러 유형을 경험했다. 자신은 이런 사람이라며 신용 차원에서 사진을 보낸 이도 기억에 남는다. 저자 입장에서는 하나하나 고마울 따름이다. 누군가에게 신뢰를 받는다는 건 마음 부풀어 오르는 일이다.

반면에 오프라인에서 편집자를 만났을 때 가끔 민망한 경우도 있다. 내 책을 잘 읽었다고 말했지만 이야기를 나누다 보면 책에 나오는 내용을 모르고 있다는 사실이 드러나는 것이다. 그럴 수 있다. 그렇지만 안 읽고서 잘 읽은 척을 하는 사람과는 이후 대화에 몰입이 어렵다. 저 얘기가 사실인지 그냥 해본 말인지 진위를 알 수 없게 돼버리는 것이다. 보탬도 꾸밈도 없이 진실할 때라야 상대방의 눈을 보며 대화할 수 있다.

이환희도 내게 출간제안서를 보낸 편집자 중 하나다. 『쓰기의 말들』에 나오는 '여행을 좋아하지 않는다'는 문장에 동질감을 느꼈다며, 자신도 여행을 좋아하지 않고 방에서 책 읽는 걸 좋아한다고, '책으로 여행하는 법' 같은 독서 에세이를 내자는 제안이었다. 구체적인 공감 지점, 명확한 기획 방향을 알려주니까 책의 콘셉트에 대한 이해도, 집필 가능성 여부에 대한 판단도 수월했다. 누적된 글 빚 때문에 다른 책을 계약할 여력이 없었는데 덥

석 하기로 했다. 책으로 먹고사는 사람으로서 책에 관한 글을 써 보고 싶던 참이었다.

출간계약서를 사이에 두고 만난 날, 그는 얼굴부터 어깨까지 긴장감이 내려앉은 듯했고 말투는 느릿하고 정중했다. 헤어질 때 딸아이 꽃수레에게 전해주라며 조각 케이크와 쿠키를 선물로 주었다. 그날 이후 그는 발 빠르게 웹진과 시사 주간지에 독서 에세이 '연재'를 잡아주었고, 나는 꼼짝없이 차후에 책이 될 원고를 써야 했다. 지나고서야 알았다. 작가가 쓸 수밖에 없는 환경을 만들어주는 게 편집자의 능력 중 하나란 사실을.

꽉 채운 3년 차 새내기 편집자 이환희. 진지함과 섬세함, 엉뚱함과 치열함이 묘하게 공존하는 젊은 캐릭터, 말의 부림과 조심이 몸에 밴 그를 보면 천생 편집자구나 싶다.

모든 주제에 대해 5분 정도 떠들 수 있는 사람

"나는 제너럴리스트입니다." 이환희는 입사 지원 자기소개서에 이렇게 자신을 내세웠다. 빈말은 아니다. 대학에 들어가서부터 전공인 사학과 책뿐 아니라 다른 인문·사회 분야의 기본 개론서 정도는 훑어봤다. 입사 직전에는 지원하는 출판사에서 낸 책들을 분석했다. 『왜 우리는 불평등을 감수하는가?』, 『자본의 17가지 모순』 두 권을 부랴부랴 사서 읽고 이런 책과 같은 좋은 책을 만들겠다고, 특히 『자본의 17가지 모순』은 각기 다른 분야와 성향의 세 명에게 추천사를 받았는데 추천사를 누구에게 받느냐 하는 것도 편집자의 역량이고 의도가 반영된 거 같다며, 자신도 그렇게 할 수 있는 편집자가 되겠다고 썼다. 1차 서류심사 통과. 면접에서는 일반적인 질문이 나왔다. 어떤 책을 만들고 싶은지, 외국어 능력은 어느 정도 되는지 등을 물었다. 외국어는 원서 대조는 크게 문제가 없지만 말하고 쓰기는 안 된다고 있는 그대로 얘기했다. 특별히 난감한 질문은 없었다.

그의 자기소개서를 인상 깊게 읽은 회사 과장이 일각의 반대를 무릅쓰고 채용을 주장했다는 얘기를 입사 후 전해 들었다. 자신의 특장점을 '제너럴리스트' 한 단어로 명명해 각인시킨 것, 들어가고 싶은 회사의 책을 무조건 찬미하기보다 구체적인 특징을 찾아 평가하는 등 치밀하게 준비한 자기소개서 덕에 그는 지원자 50여 명 중 두 명의 합격자에 '이환희' 이름 석 자를 올렸다.

"대학원 졸업하고 임용고사 준비하려고 노량진 생활을 6개월 경험했어요. 그러다가 몸이 안 좋아져서 집에 내려가서 1년 넘게 살았죠. 다시 임용고사를 준비하고 싶진 않았고, 내가 좋아하는 일이 뭐가 있을까 생각해봤어요. 나는 말하는 거랑 읽고 쓰는 걸 좋아하는데 세상에 나보다 말 잘하고 글 잘 쓰는 사람 많잖아요. 내가 전하고 싶은 메시지를 굳이 내 입, 내 글로 직접 전할 필요가 있나 싶었어요. 저한테도 편집자가 친숙한 직업은 아니었는데

인문편집자의 마음

작가가 있고 책이 있으면 책을 만드는 사람도 있을 거고, 책 만드는 사람을 뭐라고 하는지 찾아보다가 편집자를 알게 됐어요."

편집자가 될 수 있는 문은 좁았다. 편집자를 위한 교육과정으로 서울출판예비학교(이하 SBI)와 한겨레문화센터 출판학교가 눈에 띄었다. 그는 SBI 신규 편집자 양성 과정에 들어갔다. SBI는 간단한 시험을 치르고 교육생을 뽑는다. 제법 높은 경쟁률을 뚫고 들어가면 월 30만 원가량 교육비를 받으면서 6개월간 다닌다. 그는 SBI에서 스물세 명 동기와 함께 편집자 양성 과정을 마친 후 출판사 몇 곳에 원서를 넣었고, 그중 '동녘'에 합격했다. 동녘은 『철학 에세이』, 『동양철학 에세이』, 『아리랑』, 『나의 라임 오렌지나무』, 『강신주의 다상담』 등 인문·사회과학 분야의 책을 만들어온 40년 전통의 탄탄한 출판사다.

머리카락 빠져가며 만든 첫 책

2015년 1월 2일. 새해를 새 직장에서 맞았다. 출근 첫날 원서와 번역 원고 파일을 받았다. 기업화된 대형 NGO를 비판하는 『저항 주식회사』라는 책이었다. 첫 책이라 모든 지력과 공력을 쏟아부어 만들었고 언론에도 많이 소개됐다. 그런데 1쇄가 채 안 나갔다. 타깃 독자가 적고 좁고 명확한 책의 한계였다.

"첫 책은 모든 게 다 어려웠어요. 부호 같은 형식을 통일하는 것도 어렵고. 하나부터 열까지 사수의 도움을 받았죠. 번역 상태가 괜찮아서 안 그래도 됐는데 첫 책에 대한 열의가 너무 넘쳐서 원서랑 일일이 한 줄 한 줄 대조해보느라 힘들었고. 회사 들어간 지 얼마 안 돼서 업무 파악, 분위기 파악 하느라 긴장이 돼 있는데 책까지 만들어야 했으니까요. 이때 머리카락 엄청 빠졌어요. 그래도 교정지 판권 면에 실린 제 이름을 봤는데 정말 기분이 좋았어요. 자존감 떨어지는 백수로 살다가 정식으로 일한 첫 경험이니까 되게 좋았죠. 막상 책이 나오면 뿌듯함보다는 자괴감이 커요. 오탈자 엄청 쏟아지고. (웃음)"

편집자가 한 권의 책을 세상에 내놓을 때 맞닥뜨리는 마지막 고비가 있다. 바로 보도자료 작성이다. 책 만들며 고생한 끝에 써야 하는지라, 보도자료는 모든 편집자에게 크나큰 심적 부담을 안겨준다. 이환희는 첫 책부터 보도자료를 직접 썼다. 과정은 순탄치 않았다. 상사에게 여러 번 퇴짜 맞고 카피도 계속 다시 뽑았다. 내용의 핀트가 어긋났다. 대학 때부터 정당 활동을 해왔고 시민단체 활동가 지인들도 있었다. 그쪽 사정을 아는 상황에서 시민단체를 비판하는 책을 내려니 괜스레 미안했던 그의 감정이 보도자료에 흘러넘쳤다. 서평이나 독후감이 아니라 보도자료인데 사사로운 감정이 들어갔다는 지적을 받았던 일은 부끄러운 첫 보도자료의 기억으로 남아 있다.

"이게 다 깊게 생각하지 못한 탓이죠. 사실 영혼을 다해서 책을 만들었으면, 또 애초 편집 설계를 제대로 했으면 보도자료가 잘 안 나올 리는 없다고 생각해요."

그의 손을 거친 두 번째 책은 『비보호 좌회전』. 한국사회의 재난을 정리한 기록물이다. 최근 20여 년 동안 발생한 대형 사고를 분석해 우리가 처한 위험의 본질을 조명한 책으로, 기록적인 가치가 있다고 판단했지만 세간의 주목을 받지는 못했다. 편집자로서 가장 아쉬운 건 책 제목이다. 시장조사를 해보니 제목에 재난, 안전, 위험 같은 단어를 전면으로 내세운 책의 판매율이 너무 저조했다. 차라리 은유적인 제목을 짓고 부제를 명확하게 해주자는 계획을 세웠다.

'비보호 좌회전: 알아서 살아남아야 하는 위험사회 한국의 민낯'으로 정했다. 비보호 좌회전이란 말은 원고의 원래 가제이기도 했지만 세월호 희생자 학생 아버지가 "우리는 비보호 좌회전의 나라에서 살고 있다"라고 말한 데 착안해서 제목으로 확정지었다. 결과적으로 뜻은 심오하나 독자가 한번에 이해하기 어려운, 직관적이지 않은 제목이 됐다. 이 책을 내면서 사회과학서는 은유적인 제목을 피하면 좋다는 것을 배웠다.

책을 한 권씩 만들 때마다 교훈을 챙겼다. 보도자료 쓰는 법, 타깃 독자를 고려하는 법, 제목 짓는 법 등등. 책을 보는 안목이 조금씩 생겼고 자신감도 붙었다. 다른 기획도 해볼까 슬슬 도전 정신이 샘솟았다. '초짜'를 벗었다는 느낌은 책임편집으로 온전히 책을 한 권 완성했을 때, 그리고 나 홀로 저자 미팅을 했을 때 찾아왔다.

> "『그런 페미니스트는 없다』(가제)라는 책을 쓰기로 한 이라영 선생님을 만날 때 사수 없이 혼자 갔거든요. 평소에 사수가 저자 선생님들이랑 만나서 하하호호 웃으면서 얘길 너무 잘하는 게 부러웠는데, 저도 어느새 저자랑 시간 가는 줄 모르고 떠들고 있더라고요. 계약서에 사인도 받았고. 그때 편집자가 됐다는 실감이 났어요."

기획, 저자의 마음을 흔드는 일

모든 출판사가 신입 편집자에게 편집과 기획을 턱턱 맡기진 않는다. 새내기 편집자는 상사의 보조 역할을 하거나 자신의 관심사와 무관한 원고를 받아 진행하면서 업무를 배운다. 그런 출판계 상황을 익히 들어왔기에 기대하지 않았는데, 그는 운이 좋은 편이었다. 주로 관심사에 부합하는 원고가 그에게 떨어졌고, 회사에 쌓인 원고가 많은 편이 아니었기에 신입인 그에게도 기획을 독려했다. 물론 기획 방법을 세세히 알려주는 사람은 없었다. 이렇게 저렇게 해보고 헤매면서 자신만의 기획안 작성법을 만들어갔다.

이환희의 기획안 작성법. 우선, 기획안을 쓰기 위해 저자를 연구한다. 주로 책이나 칼럼, 블로그 등 글을 찾아보고 인터뷰를 많이 참조한다. 읽다 보면 어떤 한 줄 문장에서 이게 책이 되면 좋겠단 아이디어를 얻을 때가 있다. 은유의 『쓰기의 말들』을 읽다가 "나는 여행을 별로 안 좋아한다. 여행이 주는 효능을 독서, 사람들과의 만남, 글쓰기로 충족한다"는 대목을 보고 여행하지 않는 사람의 여행법 콘셉트의 독서 에세이를 기획안으로 만들었다. 『대리사회』의 저자 김민섭에게는 그가 『슬램덩크』를 소재로 쓴 칼럼에서 착안해 에세이집을 제안했다. 저자의 욕망과 관심에 적중한 기획안은 원고 빚을 쌓아놓고 있던 김민섭의 마음을 흔들었다. 계약이 성사됐다. 이건 자기가 너무 쓰고 싶다며 반색했다. (그런데 만화 인용은 저작권 해결과 원작자의 허락이 전제되어야 하기 때문에 출간이 어려울 수도 있는 상태다.)

"인문학자로서보다는 덕후로서의 면을 건드린 거 같아요. 딱 좋아하는 게 느껴지더라고요. 저희 또래 남자치고 『슬램덩크』 싫어하는 분들 없거든요. 김민섭 작가와 『슬램덩크』를 연결시키면서 작가가 가진 상징성에 주목했어요. 김민섭 작가는 시간강사, 대리기사로서의 정체성으로 자기 서사를 책으로 냈기 때문에 삶이 고된 또래들에게 갖는 위상이 있어요. 그가 『슬램덩크』를 매개로 풀어내는 '위로와 응원'의 이야기는 저한테도 다른 사람들한테도 남다를 것 같았죠."

인문편집자의 마음

정리해보면 첫째, 끌리는 필자를 찾는다. 둘째, 필자의 성향과 취향을 파악한다. 셋째, 거기에 사회적 필요와 메시지를 연결시킨다. 이와 같은 방법으로 기획 발굴한 저자와 만든 첫 책이 홍승은의 『당신이 계속 불편하면 좋겠습니다』이다.

"이건 제가 너무 읽고 싶어서 만든 책이에요. 자기 합리화일 수도 있는데, 제가 마음이 약한 편이라 스스로 어느 시점부터 저를 해치는 고통스러운 것들, 힘들 것들을 멀리하고 살았거든요. 그러다 보니까 무엇에도 반응을 잘 안 하게 되고 무감각해지는 경향이 생기더라고요. 그런 내 자신이 늘 별로였고. 심지어 이런 얘기는 웃길 수도 있는데, 이렇게 무감각한 삶은 의미가 없다, 사람으로 사는 게 아니지 않나 하는 생각이 들었어요. 근데 SNS나 매체에 실린 글을 읽다 보면 이렇게 무감각해진 상태에서도 마음을 건드리는 글이 있거든요. 이런 차가운 나를 깨고 들어오면 이건 꼭 만들어야 하는 책이다, 싶더라고요. 그런 글을 쓰는 분이 몇 명 있었고 홍승은 작가는 그중에 한 명이었어요."

이성적으로 실리를 따져봐도 절대 손해는 안 나겠다, 재쇄는 무조건 찍는다는 확신이 들었고 이환희는 홍승은을 '자체 기획 1호 저자'로 모셨다. 구체적인 자기 욕망과 필요에 집중한 그의 선택은 옳았다. 예측대로 그 책은 1쇄를 무난히 돌파, 3주 만에 2쇄를 찍었고 5쇄까지 찍으면서 꾸준히 팔리고 있으며 2017년 세종도서에 선정되기도 했다.

작가의 요구에 대처하는 편집자의 자세

『당신이 계속 불편하면 좋겠습니다』와 관련한 '편집자 미담'도 전해진다. 이환희가 출간을 제안하면서 만약 자기가 남자라서 책 작업을 진행하는 데 불편을 느낀다면 기획 단계에서만 자신과 작업하고 이후에는 여자 편집자로 바꾸어드리겠다고 제안했다는 사실을 홍승은이 자신의 페이스북에 알렸다. 다정하고 예의 바른 편집자의 면모는 출판인들 사이에 잔잔한 감동을 일으켰다. 말로는 쉽지만 실행은 어려운 게 역지사지다. 그는 어떻게 저자의 입장을 이렇게까지 세심하게 헤아리고 배려하는 편집자가 되었을까.

학습 기회가 있었다. 어떤 페미니즘 책의 편집을 그가 맡기로 했는데 저자가 여성 편집자를 원하는 바람에 그의 손을 떠나게 됐다. 약간의 불쾌함을 느꼈지만 이해가 어렵진 않았다. "페미니스트 중에는 남자와의 작업을 불편해하는 사람이 있을 수 있고, 무엇보다 저자와 편집자가 서로 크게 공감하는 가운데 작업하고 싶을 테고, 아무래도 남자와는 그게 더 수월치 않은 면이 있으리라" 생각했다. 그 사건적 경험을 유념해뒀다가 홍승은에게 편집자의 성별 선택권을 선사한 것.

위의 사례에서 보듯, 편집자는 저자에 대한 정서 노동이 불가피하다. 저자가 타당한 이유와 근거를 들어 자기 의견을 말하는 경우는 합리적인 태도에 속한다. 상황을 조율하면 된다. 그러나 어떤 저자들은 편집자와의 업무 관계를 사유화하여 책을 넘어선 요구를 하기도 한다. 실제 그에게 간혹 무리한 요구를 하는 저자가 있었지만 그럴 땐 조직의 결정권자인 사장이나 편집부 전체가 논의해서 드린 의견이라고 완곡하게 말하며 상황을 수습했다.

"저자 개인이 너무 자기애가 강해서 문제가 되는 경우도 있지만, 출판사에서 저자들을 좀 버려놓는 거 같기도 해요. 소위 갑질 안할 수 있는 사람인데 출판사에서 과하게 모시고 대접해주니까 그래도 되는구나 하는 거죠. 특히 대형 출판사가 저자들을 과하게 대접하고 챙기는 문화가 있는 것 같아요. 한 베스트셀러 저자의 경우 함께 작업했던 편집자가 다른 출판사 이직 후에 같이 책 내자고 했더니 그 저자가 이랬대요. 이번에 내 책을 낸 모 출판사에서는 날 이렇게까지 대접해줬는데 거기선 나한테 어떻게 해줄 수 있냐고. 출판계가 스타 저자 의존도가 높아요. 어쩔 수 없죠. 팔리니까 권력이 되고 권력이 되면 더 모시게 되는 악순환이 생기고요. 물론 모든 잘나가는 작가들에게 해당되는 얘기는 아니고, 그런 흐름 가운데서도 겸손하고 정중한 분들이 있겠지만요."

만약 어느 저자가 '나한테 뭘 해줄 거냐'고 요구하면 그는 어떻게 대응할까.

"먼저 판매량을 따져볼 거 같아요. 책 내서 만 부가 넘을 거 같다 그러면 성격을 죽이고 맞춰주고 (웃음) 만 부가 안 될 거 같은데 너무 진상이다 그러면 안 되겠으니 계약 파기하세요, 하겠죠. 농담이고요. 그런 사람은 아직 만나본 적 없는데 잘 못 참을 거 같아요. 저자가 뭐 해줄 거냐 그러면 이렇게 답해야죠. 선인세 100만 원과 인세 10퍼센트요."

대중적 욕망을 찾아서

데이비드 리비트는 소설 『두루미의 잃어버린 언어』에서 이상적인 편집자의 모습을 본능적으로 "세상의 질서를 바로잡으려고 하고 수도실의 수도승처럼 좁은 방에 온종일 앉아 마치 참회하는 자와 같이 엄격하게 글을 읽어내려가는 범상치 않은 능력을 가진 사람"으로 묘사했다.

— 제럴드 그로스, 『편집의 정석』

편집자는 주로 앉아서 일하니까 체력이 좀 약해도 되는 직업이라고 생각하기 쉽다. 그런데 뇌는 육체의 일부다. 체력이 없으면 인지 능력도 같이 떨어지는 게 함정. 가령 잘못된 문장인지 아닌지 빠른 판단이 어렵고 집중력이 떨어지니까 점검할 부분을 놓친다. 오탈자가 더 많이 나온다. 편집자라는 직업을 좋아하기에 그는 자신의 약한 체력이 원망스럽다. 마감즈음 기력이 바닥난다. 그때가 가장 정신 차려야 할 시기인데 집중력이 흩어지고 흐려지니 편집 사고가 날까 봐 염려한다.

체력과 짝을 이루는 또 하나의 걱정은 독서력. 왠지 다른 편집자에 비해 독서량이 부족한 것만 같다. 책을 빨리 읽지 못하고 깊게 읽는 연습도 부족하다는 자격지심이 있다. 비판적 읽기로 사유의 힘을 쑥쑥 키워서 저자들의 원고에 대해 더 나은 피드백을 해주고 싶은 바람이 크다.

"사실, 편집자로서 진짜 걱정은 이거예요. 제 욕망이 편협해요. 욕망이 없는 것일 수도 있고요. 어쨌든 전 직장인이고 회사에 돈을 벌어다주어야 하는데, 제가 많은 사람이 보편적으로 지닌 욕망을 갖고 있는 게 아니라서 사람들이 좋아하는 책을 만들 수 없겠다는 생각이 들기도 해요. 한마디로 욕망이 대중적이지 않은 거죠. 작년에 『출판천재 간키 하루오』라는 책을 읽었어요. 자서전인데, 간키 하루오가 베스트셀러를 많이 낸 편집자 출신 출판사 대표예요. 자기가 베스트셀러를 낼 수 있었던 비결이라면서 '나는 욕망이 다른 사람과 같다. 내가 읽고 싶은 책, 내 콤플렉스를 보완하고 싶은 욕구를 담아 책을 만들면 다들 산다'고 그래요. 이걸 읽고 나니까, 아! 내가 이게 안 되는구나! 싶었어요. 제 욕망은 귀촌 같은 것에 닿아 있고(그는 출판사 입사 전 1년 동안 귀촌 실험을 했다), 중산층 가정에서 무난하게 자라왔고, 남자고, 이성애자. 크게 소외받을 일 없는 삶을 살아왔어요. 그런데다 부모님은 제 야망을 키우기보다는 큰 욕심 부리지 않고 잘 만족하는 삶의 미덕을 늘 설파하셨죠. 필연적으로 욕구 자체가 잘 생길 수 없는 환경에서 자랐어요. 거칠고 투박하고 무심한 남성사회에서 여리고 심약하고 예민한 남자로서 의외로 여러 생채기를 안으면서 살아와서인지 젠더 문제에 관심이 있어요. 저를 억압하는 기제 중 하나니까. 근데 젠더 이슈가 요즘 아무리 인기라고 해도 독자가 한정돼 있거든요. 또 다른 제 관심 분야 가운데 하나인 환경, 생태 분야 책은 정말 안 팔리고요. (웃음)"

그가 생각할 때 대중적 욕망의 큰 부분은 외국어 공부나 재테크 같은 것들에 닿아 있다. 대다수의 욕망은 급변하는 사회에 잘 적응하면서 어떻게 하면 '홀로 또는 내 가족과 잘 살 수 있을 것인가, 생존할 수 있을 것인가'에 있는 듯하다. 그런데 이환희는 장기적으로 함께 모두가 잘 어울려 사는 방법을 사유하고 모색하는 책을 만들어보고 싶다. 그런 지향이 또 '허튼 욕망을 좇는 대중'과 '고고한 나'를 구분 짓는 일종의 엘리트주의로 흐를 수 있기에 스스로 경계한다. 그리고 이제는 단지 책으로 돈을 벌기 위해서만이 아니라 동시대를 살아가는 무수한 타인을 이해하기 위해서도 다른 사람들의 욕망을 아는 건 중요하다고 생각한다.

평생 테마 '젠더', 그러나 이윤 추구가 우선

이념의 시대에서 일상의 시대로 변했고 사회 구성원의 욕망도 다변화됐다. 1980~1990년대처럼 사회적 역할을 내세운 출판보다는 먹고사는 수단으로써의 출판이 대세다. 그럼에도 불구하고 일상의 시대를 사는 이념형 인간인 그는 '책의 최소한의 공적 역할'에 대한 고민을 내려놓지 못한다. 책이 담론 형성에 불씨를 지필 수 있지 않을까. 그러나 문제는 책의 수명, 책이 만들어내는 담론의 유통기한이 지나치게 짧다는 점이다. 책이 사회 구성원의 의식이나 생활 개선의 계기로 작동하는지 아닌지 확인할 방법은 없다. 책이 계속 나오고 있고 누군가는 읽고 있는데, 필요한 담론의 확산과 심화로 연결되는 것 같지는 않다.

이러한 한계 속에서 편집자 이환희가 평생 가져가고 싶은 테마 가운데 하나는 '젠더'다. 남성성을 다루는 책들을 내보고 싶다. 1년 차에 기획을 냈고 몇몇 저자에게 접촉했는데 이미 다른 출판사와 작업 중이거나 거절하는 바람에 성사되지는 못했다. 기존의 『한국 남성을 분석한다』보다 친절한, 가령 전인권의 『남자의 탄생』 같은 책. 재밌게 잘 읽히면서도 한국의 지배적 남성성을 비판적으로 볼 수 있고, 남자의 모습이 다양함을, 또 다양할 수 있음을 보여주는 내용을 담은 책이면 좋겠다. 젠더 성별의 고정관념에 갇히지 않는 남성성의 다양성을 보여줄 수 있는 모델이 될 만한 사람들을 인터뷰한 책을 꼭 한번 내보고 싶단다. "단, 손해가 날 책은 애초에 기획하지 말자!"

새내기 편집자의 태를 벗으며 그는 수정주의 노선을 택했다. 편집자로서 과도한 자의식도 버렸다. 신입 때는 잘 안 팔려도 의미 있는 책을 내보자는 생각이 있었고 입사 전에는 더 완고했다. 세상에 필요한 책은 꼭 내겠다는 의지가 확고했다. 그런데 일하면서 깨달았다. 세상에 필요한 책과 필요하지 않은 책의 기준이 모호하며, 손해 안 보면서도 세상에 필요한 책을 얼마든지 낼 수 있다는 것을.

"이윤 추구가 1번이에요. (웃음) 다른 사람들 욕망에 충실한 자기계발서 같은 책도 내보고, 또 제가 가진 가치나 정서와 묘한 어긋남이 있는 저자라도 다수의 사람이 좋아하는 저자라면 같이 책을 내보고 싶어요. 큰돈을 벌어들일 베스트셀러를 만들겠다기보다는 손해 안 보는 책, 회사에 적절한 이윤을 안겨줄 수 있는 책을 만들고 싶고요. 책이 팔려야 저 스스로도 일을 제대로 잘해낸 것 같은 생각에 뿌듯하고, 또 회사에서 직원들이 제대로 급여받고, 복지를 누릴 수 있으니까요. 회사 사정이 안 좋아지면 대표나 관리자들 말투와 눈빛이 날카로워지고, 회사 분위기까지 서늘해지고, 노동은 더 고되어지고. 원하는 책, 정말 만들고 싶은 책을 낼 기회도 축소되니까 이윤 추구를 고려하지 않을 수 없어요."

그러나 이윤은 추구한다고 얻어지는 게 아니라는 것. 이윤은 결과물이지 그 자체가 목적은 될 수 없다. 결국 회사의 이윤과 편집자의 사명 사이에서 균형을 잡는 것이 중요한데, 그 균형추가 되어주는 것은 '원고 보는 안목'이다. 때때로 출판사에는 책을 내고 싶어 하는 이들의 원고가 들어온다. 그중

이환희,

에서 옥석을 가리고 이 원고가 책이 될까, 어떤 책으로 만들까를 결정한다.

"이건 된다 싶고 촉이 오는 좋은 원고가 사실 그리 흔한 건 아니에요. 제가 생각하는 좋은 원고는 우선 제가 생각하는 정치적 올바름에서 크게 벗어나지 않아야 하지만, 무엇보다 읽어서 재밌으면 돼요. 가령 금정연 작가 글처럼 자기 분야 전문성을 놓치지 않으면서, 사람들에게 먹힐 만한 퀄리티 있는 콘텐츠를 제공하는, 그 자체로 유머러스한 글. 또 아무나 쉽게 얘기할 수 없는 것을 꺼내놓는 솔직한 글이나, 미처 생각해보지 못했던 지점을 건드려주는 글도 재밌죠."

어느 출판사 대표는 출간 원고를 감별하는 기준으로 '이 책이 사람들에게 어떤 도움을 줄 수 있을까'를 따져본다고 했다. 그의 기준도 다르지 않다. 재미라는 정서적 가치로 사람들을 돕는다는 것. 인문서나 실용서에는 인식적 가치나 정보적 가치가 있겠지만, 그것 역시 정서적 가치와 상당 부분 교집합을 지닌다. 읽고 나서 뭔가 하나를 얻었다는 충족감은 '머리에 많은 지식과 정보를 넣어서, 지적 욕구를 채워서 뿌듯하군'도 있겠지만 '이 책을 읽고 나니 뭔가 사람다운 일, 또는 고차원적인 일을 한 것 같아'라는 느낌을 주기 때문이다. 그가 중시하는 '재미'는 복합적이고 다층적이다. 재미라는 요소를 기본으로, 손을 조금 보면 될 정도의 최소한의 문장력, 단행본 분량의 이야기를 엮어낼 집필 역량 등을 종합해 원고를 검토한다.

편집자의 노동 환경

'윤종신 공식 팬클럽 공존 총무'. 그의 페이스북 자기소개 첫 줄이다. 윤종신의 오랜 팬으로서 TV 프로그램 〈히든싱어〉 윤종신 편에 모창가수로 출연한 전력도 있다. 어느 날 그는 '월간 이환희'를 발간하게 됐다고 자신의 페이스북에 알렸다. 앞으로 수개월 동안 한 달에 한 권씩 책을 내야 하는 고된 일정을, 윤종신의 음반 프로젝트 '월간 윤종신'에 빗대어 '월간 이환희'로 표현한 것.

　　편집자가 매월 한 권의 책을 내는 건 불가능한 일을 가능케 해야 하는 무리한 일정이다. 두세 달에 한 권 정도라야 근무 시간 내 진행할 수 있다. 그래서 월간 이환희 시즌에는 부득이하게 주말에도 출근하거나 집에서도 일했다는 그. 야근 수당이나 휴일 근무 수당은 없다. 업계 관행이다. 출판사가 순이익이 안 나고, 출판 환경이 점차 어려워져서 그런가 보다 여기지만 출판노동자 입장에서 업계의 낙후된 노동 환경은 아쉽다.

　　출판계는 10년 전이나 지금이나 연봉에 큰 차이가 없다. 그가 다니는 회사는 출판사치고는 초봉이 괜찮은 편인 데다 대학원 경력까지 포함돼 그나마 나은 수준으로 시작했다. 그런데 구직하는 사람들 전언에 따르면 아직도 초봉 1800~2000만 원인 데가 수두룩하다. 1990년대 이후 출판 업계가 호황이었고 출판사가 많은 돈을 벌어들일 때가 분명히 있었는데 그때 임금이나 복지 수준을 왜 올려놓지 않았는지 후배 출판인으로서 안타깝다. 근무 조건이 좋았다면 출판계에 인재가 많이 유입됐을 것이다. 연봉이 적고 노동 조건이 열악하니까 열의를 갖고 일하는 사람, 이 분야에서 일가를 이루고자 하는 사람이 안 들어오고, 들어와도 힘들 때 굳이 버티지 않는다. 여성은 출산 휴가를 보장해주는 회사가 많지 않아서 쉽게 경력이 단절된다.

그런데도 출판계에는 항상 구직자가 많다. 저임금 장시간 노동인 이 상태로도 일하겠다는 사람이 있으니 굳이 노동 조건을 개선하지 않고, 개선하려고 해도 웬만한 출판사들은 돈이 없고 돈이 있는 출판사는 굳이 나서지 않는다. 이상한 일이다. 특히 노동자를 착취하는 자본주의를 비판하는 책을 내고 그 책을 팔아서 돈을 버는 인문·사회과학 출판사는 왜 그 잣대를 자기 회사엔 적용하지 않을까. 출판계는 대문자 노동자만 다루고 정작 가장 가까이 있는 소문자 출판노동자들은 왜 불안정 노동에 시달리는 노동자로 바라보지 않을까.

"사회문제에 관심 많은 모 대표님도 처음에 회사 설립할 때 퇴직금을 연봉에 포함하는 시스템으로 하겠다고 했다더라고요. 분명

　　　　　　　　　　인문편집자의 마음

불법인데. 직원이 문제를 제기했더니 출판계에서는 원래 이렇게 하는 거라고 말했대요. 의식 있다고 간주되는 사람들까지 관성에 젖어서 그렇게 하는 거죠. 출판사들이 다들 워낙 규모가 작잖아요. 그러니까 회사에서 권리 주장할 일이 있어도 재정 상황은 빤히 보이고, 좁은 데서 서로서로 다들 잘 알고 붙어 지내다 보니까 얘기하기가 힘든 거 같아요. 이익을 많이 내는 회사들이 우선 나서서 노동 조건을 개선하면 좋겠어요. 일하는 사람을 제대로 대우하지 못할 것 같으면 애초 혼자서 회사를 꾸리는 게 옳을 것 같고요."

누구에게 저항하고 누구와 손잡을까

누구에게 저항하고 누구와 손잡아야 하는가. 이 원칙이 없으면 삶은 쉬이 흔들린다. 한 권의 책을 만들다 보면 사내 동료들끼리 가치관이나 의견 충돌이 일어나기 마련이다. 그럴 때 그는 상대에게 맞춰주는 편이다. 하나를 먼저 내주고 하나를 얻으려 들지만, 그게 정 안 되면 가급적 먼저 의견을 꺾거나 사과한다. 함께 사는 공간에서 갈등이 생기는 걸 못 견디는 성향이다. 결혼 2년 차인데 부부싸움을 한 번도 안 했을 정도다. 편집자로서 디자이너와 표지나 본문 디자인 관련해 의견을 나누다가 생각이 달라 첨예하게 대립하면 절충하거나 져준다. 책에서 포기하는 부분이 있어서 마음이 안 좋긴 하지만 그래도 동료 관계와 책 결과물 중에 굳이 선택하라고 하면 '관계'다.

동료와 다투더라도 서로 논리를 갖고 이야기하면 큰 문제가 없다. 논리와 논리가 경합하면 합리적으로 해결되거나 큰 감정싸움으로는 안 가는데 통계나 팩트가 아닌 '감'으로 접근하는 경우, 예를 들면 내가 보기엔 이게 예쁜데 넌 왜 그거라고 하느냐고 말하면 상황은 좁혀지지 않는다.

가령, 일전에 상급 관리자가 이렇게 말했다. "우리 땐 한 사람이 한 달에 한 권씩 냈는데 너희는 책 만드는 데 왜 이리 오래 걸리냐." 관리자가 말하는 그땐 책의 만듦새가 좀 안 좋더라도 다 팔렸다. 지금은 책을 퀄리티 떨어지게 냈다가는 독자로부터 즉각 부정적인 피드백을 받고, 독자가 외면하고 떠나버리는 시대가 됐다. 변화된 환경을 고려하지 않고 자기 경험에 갇혀 이야기하는 동료와는 허심탄회한 대화가 어렵다. 하지만 "그런 말씀을 하신 건 그분들이 나빠서 그런 게 아니라 살아온 시대가 그랬으니까" 이해하려 한다.

세월이 한 사람을 철들게도 하지만 갇히게도 한다. 말이 통하지 않는 사람. 다른 의견이 들어가지 않는 몸으로 한 권의 책을 낳을 수 있을까. 소위 말하는 꼰대 편집자가 되지 않기 위해서 어떻게 해야 할까. 그는 두 가지 해법을 제시한다.

"첫째, 어느 정도 나이 차면 그만둬야 해요. 둘째, 1인출판사 차려야 해요. 꼰대질 할 대상이 없도록. (웃음) 둘 다 농담이고요.

현시대와 현시대를 사는 사람들에 대해 공부해야 하지 않을까요. 편집자는 결국 사람 공부, 세상 공부와 떼려야 뗄 수 없는 직업이고, 팔리는 책을 만들기 위해서라도 그렇게 해야 하니까요."

3년 차 편집자 이환희의 성적표는 이렇다. 1년 차에 낸 책은 전부 중쇄를 못 찍었다. 2년 차부터 만든 책은 대체로 중쇄를 찍었고, 3쇄, 4쇄, 5쇄를 찍은 책도 있다. 그가 맡았던 책 자체가 좋아서였겠지만 '출판 감각'이 조금씩 생기고 있는 게 아닐까 긍정적으로 해석한다. 그는 그럴 수만 있다면, 앞으로도 책을 만드는 사람으로, 살아가고 싶다.

"저자분들 만나는 게 너무 즐거워요. 크게 보면 늘 같은 작업이고 책 만드는 과정이 비슷하긴 하지만 책 만들 때마다 조금씩 다 다르고 만나는 저자들마다 특색이 있어요. 그러다 보니 매너리즘에 빠지려고 해도 잘 안 빠지게 되고 균형이 저절로 잡히죠. 진짜 저자분들과 연애하는 기분이 들 때가 있어요. 원고와, 책을 쓰는 분들과 때로 밀당도 하고, 속 깊은 얘기도 많이 하니까요. 좋은 직업 같아요. 그래서 하려는 사람이 많고, 또 그래서 출판사들이 직원들 연봉이나 노동 조건에 크게 신경 안 쓰는 거겠지만요. (웃음)"

2017년 여름, 동녘에서 펴낸 강남순의 『배움에 관하여』 저자 서문에는 다음과 같은 내용이 있다.

이 책이 이렇게 세상에 나오게 된 것은 도서출판 동녘 이환희 편집자의 상상력, 시간, 에너지, 열정 덕분이다. 각기 다른 정황에서 쓴 수백 편의 글을 모아서 세심하게 읽고 추리고 분류하여 한 권의 책으로 묶는 일은, 다층적 상상력이 있어야 가능하다고 본다. '편집자'라는 직업이 단지 기능인이 아니라는 것을 나는 이환희 편집자와 함께 일하는 과정에서 경험해왔다. 상상력과 따스함, 그리고 예리함과 열정을 갖춘 편집자를 만난 것은 나에게는 참으로 큰 행운이다.

＊이환희는 2018년 2월 어크로스 출판사로 자리를 옮겼다. 이 인터뷰는 동녘 출판사에서 3년간 새내기 편집자 생활을 했던 경험을 기반으로 진행되었다.

편집자가 되고 싶은 이들에게 건네는
이환희의 마음

1. 책과 출판에 대한 일종의 엄숙주의와 우월감 버리기.

책엔 분명 사회적 역할이 있지만 되도록 많이 팔면 좋은 상품이라는 생각을 분명히 해야 하거든요. 출판사는 운동단체보다는 기업에 더 가까우니까요. 특히 인문·사회 쪽 출판에 관심 많은 사람일수록 책에 많은 사회적 의미를 부여하는 경향이 있어요. 그러다 보니 많이 팔리는 책과 그 책을 읽는 사람들을 무시하게 되기도 하고. 학술 전문 출판 편집자가 될 게 아니라면, 또 원치 않게 편집자 생활을 일찍 그만둘 게 아니라면, 잘나가는 책과 그 책의 독자들을 무시할 게 아니라 왜 그 책이 잘 팔리는지 내용과 형태 양 측면에서 살펴보고, 그 책을 사는 사람들은 어떤 생각과 마음으로 그 책을 구입했는지 들여다보는 게 중요하지 않을까 싶어요. 또 편집자 지망생은 비평가의 입장에서 책의 단점을 자꾸 찾아내려는 경향이 있어요. 그런데 편집자는 원고의 장점을 주로 보고 그 장점을 최대한 살려서 장점이 단점을 가리거나 넘어서게 만드는 사람이지 단점을 잘 짚어내는 사람은 아닌 것 같아요. 단점을 찾아서 보완할 생각을 하는 것도 필요하겠지만, 책을 볼 때 장점 위주로 보면서 나라면 이 책의 장점을 이런 방향으로 더 잘 살렸을 것 같다, 이렇게 생각하는 연습을 많이 해보는 게 중요해요.

2. 상처받을 준비를 하라는 것.

어떤 직장에 다니든 상처받는 건 예삿일이잖아요. 근데 사람들 사이에 출판계에 대해서는 일종의 좋은 선입견 같은 게 있나 봐요. 책 만드는 일=좋은 일=좋은 사람들이 하는 일 같은 식으로요. 특히 좋은 책이 나오는 인문·사회출판사에 가면 좋은 사람이 사장이고, 주간이나 편집장이고, 선배고, 동료고, 후배고 그럴 것 같지만 아니거든요. 그냥 자기한테 좋고 나쁜 사람들이 다른 업계와 비슷한 비율로 있는 거죠. 출판계에 대한 선입견을 깨고, 다른 업계 직장에 다니는 것보다 더 많이 상처받게 되는 경우도 있음을 충분히 인지해야 해요. 또, 별로 좋지 않은 노동 조건을 감수하고서라도 편집자 일을 오래 제대로 해보겠다는 맘을 품을 수 있을 정도로 이 일에 끌리는지 깊이 생각해보는 것도 필요합니다.

3. 이건 편집자에게만 적용되는 건 아니긴 한데, 체력!

의외로 중노동이라고 느낄 때가 종종 있어요. 이 세 가지 조언은 나 스스로에게 하는 것이기도 합니다.

이경란, 북디자이너의 마음

이경란,   156

디자이너의 방. 언젠가 한번 들어가보고 싶어서 마음속에 찍어둔 카페 같은 곳이다. 설렘으로 문을 연다. 합정역 오피스텔 아담한 원룸 공간, 얇은 커튼 사이로 희미한 햇살과 잿빛 소음이 스민다. 책꽂이가 돌담길처럼 묵직한 분할선이 되어 작업 공간과 휴게 공간을 가른다. 책상에는 TV만큼 커다란 모니터 두 대가 책을 펼쳐놓은 것처럼 나란히 서 있다. 책꽂이 맨 위 칸은 온갖 예쁜 것들의 박물관이다. 처음 본 형태의 코카콜라 병, 한정판 컵, 품종별 고양이 모양의 굿즈들이 야옹야옹. 한쪽 벽면에는 그 구하기 힘들다는 오렌지 컬러 펭귄북스 캐리어가 늠름하다.

작업실 이름은 소요SOYO. 벽면의 로고가 눈에 띈다. 소요의 사전적 정의는 첫째, 마음 내키는 대로 슬슬 거닐며 돌아다니다. 둘째, 떠들썩하게 들고 일어나다. 셋째, 필요한 만큼 들여서 쓰다. 세 가지 뜻이 다 좋다. 여유롭고, 주목받고, 소용 있는 디자인의 열망을 나타낸다. 뭐니 뭐니 해도 이 공간의 무게중심은 단연 책이다. 벽돌처럼 차곡차곡 쌓여서 정서적 안정을 주고 실내온도를 덥히는 책들은 아마 세 가지로 분류할 수 있을 것이다. 한 책, 산 책, 온 책.

이 방의 주인은 이경란 북디자이너. 소요 생활 5년, 이전 직장 문학동네에서 5년, 도합 10년 차다. 책등이 아닌 표지가 보이도록 놓인 『호프만의 허기』, 『다뉴브』, 『저체온증』은 그가 작업한, 아끼는 책이다. 밀란 쿤데라 전집은 좋아하는 작가의 책이라 소장하고, 같이 일한 출판사에서 나온 책들도 섞여 있다. 문학과 인문 스펙트럼 어디쯤에 있는 책들인데, 나는 우리 집 책꽂이에도 있는 책을 발견하고는 반가움에 뽑아 들었다.

『마르크스는 처음입니다만』은 대형 서점에 갔다가 '표지가 예뻐서' 아니, '이렇게 귀여운 마르크스 책은 처음이라서' 구입한 책이다. 예뻐서 샀으므로 당연히 읽지는 않고 가끔 표지를 매만진다. 『굴뚝 속으로 들어간 의사들』은 직업환경의학 전문의들이 쓴 직업병 추적기로 내겐 감명 깊게 읽은 2017년 올해의 책이다. 두 권의 표지 다 이경란 작품이다. 그가 만든 책들은 이렇다. 문학은 인문서처럼 서늘하고, 인문서는 문학처럼 표정이 풍부하다.

B컷이 하는 말들

애초에 이 오피스텔을 택한 이유가 있다. 같은 건물에 전 직장 동료이자 먼저 독립한 디자이너 선배들 작업실이 있어서다. 요즘은 바빠져 뜸하지만, 막 독립했을 땐 일하다가 중간에 만나서 낮술도 마시고 커피도 한잔하면서 담소를 나눴다. 그 한가롭고 농도 짙은 수다의 산물로 책이 한 권 나왔다. 『B컷: 북 디자이너의 세번째 서랍』(이하 『B컷』). 책의 표지로 채택되진 못했지만 디자이너 마음속 서랍에 고이 간직해두었던 또 다른 제2 제3의 표지와 그들의 디자인 입문 계기, 디자인 철학을 담은 책이다. 김태형 김형균 박진범 송윤형 엄혜리 이경란 정은경 일곱 명의 디자이너가 의기투합했다.

"유명한 그래픽 디자이너가 북디자인을 하면 대내외적으로 큰 이슈가 되고, 그 스타일이 북디자인계의 트렌드처럼 읽히곤 해요. 그런데 실제 출판사와 디자이너의 관계, 작업 프로세스는 그렇지 않은 경우가 더 많거든요. 디자이너가 주체적으로 끌어갈 수 있는 경우가 드문 게 현실이에요. 저도 학교 다닐 때는 유명 디자이너의 작업을 보면서 그런 디자인을 할 수 있을 거란 꿈을 키웠던 거 같아요. 그런 부분에서 신입 때 많이 깨졌어요. 북디자인은 클라이언트가 있고, 클라이언트의 개입이 많은 작업이에요. 전문가의 시각으로 봤을 때 디자인적으로 좋은 작업이 그대로 인쇄물로 이어지는 경우는 흔치 않아요. 조심스러운 말인데, 그게 보통은 디자이너들한테 허용이 안 되는 경우가 많죠. 디자이너가 예쁘게 내놓아도 갑을 관계상 수정 요구를 수용하다 보면 특성이 사라지고. 이름만 대면 누구나 아는 스타 디자이너는 갑을 관계가 뒤집어져 있기 때문에 가능한 부분도 있어요. 출판계 실무 현장에서 북디자이너는 편집자랑 싸우기도 하고 맞추기도 하면서 일해요. 결국은 누군가의 컨펌을 받아야 하는 디자인인데, 그 과정이 외부로 드러나지 않아요. 그래서 여러 가지 오해가 발생하기도 하고요. 그런 간극들에 대해 고민하다가 몇몇 디자이너에게 『B컷』을 만들자고 했어요. 우리의 시안과 채택된 디자인이 어떤 차이를 갖는지, 디자이너가 만든 시안에 '글자 크게 해주세요', '색깔 바꿔주세요' 같은 말들이 보태지면서 결과물이 어떻게 바뀌는지 보여주고 싶었어요."

북디자이너의 마음

『B컷』의 진행은 참여 작가 중 제일 후배인 이경란이 주도했다. 선배들 작업을 오랫동안 봐와서 특징을 잘 알기도 했고, 마침 독립한 지 얼마 안 돼 일이 많지 않아 심심했던 참이었다. 제작 기간은 총 1년. 글쓰기에 익숙지 않은 디자이너들이라 글을 받아내는 일, 또 시안 고르는 일, 둘 다 간단치 않았다. 디자이너로서 채택되지 않은 시안을 보여주는 것은 조심스러운 일이다. 이 책은 보여주고 싶으면서도 보여주고 싶지 않음, 그 길항에서 태어났다. 예전에 A컷으로 컨펌을 낸 어떤 이가 『B컷』에 실린 시안을 보고서 "이게 더 좋은데, 왜 그때 A컷이 됐느냐"라고 말할 때는 애환이 느껴졌다. 이래저래 만들길 잘했다. 이전까지는 북디자이너 자체를 조명하는 국내서가 없었다. 북디자이너 당사자, 영원한 을이자 작업자의 발언이라는 점에 의미를 둔다. 『B컷』이 북디자인을 배우는 학생들 교재로 이용되고 있다는 소식이 들릴 땐 보람도 느낀다.

음악이 키워준 디자이너의 꿈

이경란은 음반 재킷을 보면서 디자인에 대한 꿈을 키웠다. "미술은 음악 때문에 하고 싶었다." 중학교 때 좋아했던 가수 앨범 재킷의 디자인이 멋있었다. 처음엔 그저 디자인이 멋져 보였고, 점점 그 디자인을 한 사람이 대단해 보였다. 앨범 내지 크레디트에 나오는 디자이너 이름을 눈여겨보았다. 유주

연. (알고 보니 가수 유영석 동생이었다.) 음반사에 전화해서 디자이너 연락처를 알려달라고 했다. 전화를 걸었다. "저 음반 재킷 디자인이 하고 싶은데 미술을 하면 되나요?" 그 디자이너가 진지하게 답해주었다. "이걸로는 못 먹고 살아요." 전체적인 디자인을 다 해야지, 음반 디자인만 해선 살기 힘들다고 했다. 열여섯 소녀는 꿈이 사라지는 기분이었다. 다른 걸 다 하면서 음반 디자인을 해야 하는구나. 미대 입시를 준비하려고 했는데 그게 잘 안 됐다.

스무 살부터 스물다섯까지 일을 했다. 입시 준비할 돈을 모으려고 아르바이트도 하고 백화점 전자제품 매장에서 판매원으로 일하기도 했다. 그런데 돈을 모으면서는 입시 준비를 할 수 없다는 걸 몰랐다. "한 3년 삽질을 해보고서야 알았다." 포기를 해야 하나 생각했는데 마침 1년 정도 돈을 안 벌고 공부할 여건이 됐다. 그래도 수능과 실기, 두 가지를 하기엔 무리였다. 당시 미술학원비만 월 50~60만 원이 넘었다. 누군가가 지원해주지 않으면 안 되는 상황이라 수능 성적으로만 미대에 진학하는 방법을 모색했다. 그 무렵 북아트 전시회에 갔다가 예술제본에 관심이 생겼다. 인터넷을 검색하고 책을 찾아보며 혼자 꼬물꼬물 해봤다. 예술제본이 본격적으로 직업화된 게 북디자이너라는 것도 알게 됐다. 목표를 정했다.

계원조형예술대학교가 모든 게 맞아떨어졌다. 실기를 안 보고 논술과 면접만으로 학생을 뽑았고, 국내 미대 중에 유일하게 출판디자인과가 있었다.

북디자이너의 마음

드디어 대입 시험 보는 날. 바로 현장에서 시험 문제가 주어졌다. 학생들은 그 자리에서 글을 쓰고 교수들이 그 글을 토대로 면접을 봤다. 논술 문제가 자세히 기억나진 않지만 책에 관련된 내용이었다. 면접에서 교수들이 북디자인이 왜 하고 싶은지 물었다. 준비한 답변을 했다.

"저는 책을 좋아합니다. 북디자인에 큰 흥미를 느낍니다. 그만큼 소비자에게 많은 경험을 주는 디자인이 없다고 생각합니다. 북디자인은 패키지이고, 그래픽이고, 사용자가 책을 열어서 만지는 경험이 됩니다. 다른 여러 디자인 분야의 장단점을 두루 갖고 있는 게 북디자인이라고 생각합니다."

입학한 다음 동기들 얘기를 들어보니 정말 북디자인이 하고 싶어서 온 학생들은 많지 않았다. 점수나 상황에 맞춰 지원한 친구들이 대다수였다. 그런 상황에서 한 수험생의 준비된 소신 발언을 교수들은 신선하게 느꼈을 터. 면접을 마쳤을 때 학과장이 말했다.

"이 학생은 안 붙여주면 안 되겠다."

2005년 스물다섯에 수시전형으로 합격했다.

"처음부터 입학 전에 일한 경험이 도움이 됐어, 라고 생각하진 않았어요. 지나고 나니 이십대 경험이 통째로 디자인에 도움이 됐구나 싶은 거예요. 초반에는 고생이었죠. 내가 하고 싶은 걸 하기 위한 과정 중 하나일 뿐, 그저 고생스러운 기억으로 남을 거라고 여겼으니까요. 특별한 기술이 없는 상태에서 일자리를 구하다 보니 주로 서비스 판매직이었고 정말 다양한 종류의 사람을 고객, 사장, 동료로 만났어요. 사람 경험을 많이 하게 됐죠. 또래만 만난 게 아니라 나이대가 다른 사람들을 만나니까 듣는 얘기도 많았고요. 모두 간접 경험의 기회였어요. 책도 간접적인 경험이잖아요. 서비스직은 내가 만들지 않은 상품을 상대방이 사고 싶게끔 설득하며 파는 일이었는데, 디자인도 결국은 설득하는 과정 아닌가요. 내가 디자인한 작품을 상대방이 받아들이도록요. 나는 이런데 당신은 어때요? 내 의견을 말하고 표현하는 법을 배웠어요."

늦깎이 미대생이 쏘아올린 작은 공

대학에서 제공하는 지원을 마음껏 누렸다. 전공은 출판디자인이지만 일러스트, 사진, 판화를 다 따로 배웠다. 학교 안에 '아름다운가게'처럼 학생들이 만든 제품을 판매하는 매장이 있었다. 예술제본 노트, 디자인한 표지를 붙인 노트 등을 만들어 납품했다. 그때 만든 노트가 런던 아트페어에 갔다. 직접 만든 게 외국에 가니까 마냥 자랑스러웠다. 달랑 하나가 팔렸지만, 프로젝트에 참여하는 게 재밌었고, 작업하는 데 동기부여도 됐다. 코엑스 북아트페어, 메일아트 공모전 같은 행사에 참여했다. 학생들에게 여러 가지 기회를 제공해주는 학교가 너무 만족스러웠고, 덕분에 즐거운 시간이었다.

졸업 작품은 조세희 소설 『난장이가 쏘아올린 작은 공』 (이하 『난쏘공』)으로 작업했다. 어린시절, 부모님이 사 주신 동화책과 동화책 낭독 카세트테이프 세트를 듣고 또 들었다. 이야기를 상상하길 즐겼고 자연스럽게 소설을 좋아하게 됐다. 책을 많이 보셨던 부모님의 영향으로 집에 책이 많았는데 『난쏘공』은 어릴 때부터 책꽂이에 있던 책이었다.

원래 졸업 작품은 문학 작품으로 하고 싶었다. 『난쏘공』은 여러 번 읽은 책이었고, 한국 소설이고, 당대에서 그리 멀지 않은 시대의 작품이었다. 여러 가지로 적당했다. 『난쏘공』 텍스트의 목소리와 감정을 함축적인 이미지와 타이포로 변환시켰다. 등장인물이 소리 지르는 장면에서는 타이포가 깨지고, 이러지 말아요 같은 대사의 타이포는 떨리는 느낌을 주는 식으로 본문을 편집했다.

그러나 졸업 작품에 대한 반응은 시큰둥했다. 취업을 중요시하는 분위기의 학과다 보니 교수들은 학생들이 좀 더 실용적이면서 취업에 도움이 되는 작업을 하길 바랐다. 학교 다니는 동안에도 교수들은 공공연하게 이야기했다. 2년제라서 졸업을 해도 곧바로 출판사에 북디자이너로 취직할 수 없다고, 4년제 대학 졸업자가 아니면 출판사에서 뽑지 않는다고 말이다. 졸업 작품을 지지해주는 이가 없어 사기가 저하됐다. 나는 이걸 좋아서 하는데 너 이거 아니라고 하니까. 그런데, 그 『난쏘공』 작업이 취업을 시켜주었다.

"면접 보는 자리에서 사장님이 물어보지도 않았는데 제가 알아서 포트폴리오를 막 설명했어요. 제가 그만큼 아무것도 모르는 애였던 거죠. (웃음) 잘할 수 있는 게 뭐냐고 묻길래 재밌게, 열심히, 하겠습니다, 그랬어요."

대학을 졸업한 2008년, 그해 여름 문학동네에 입사했다. 일찍이 문학을 탐했던 디자이너로서 꼭 가고 싶었던 출판사다.

문학은 디자이너의 민낯을 드러내는 분야

이경란은 문학, 인문 분야 작업을 주로 하며 심플하고 은유적인 스타일을 추구한다. (『B컷』의 내용을 참조하면) 지금이야 온라인 서점이 비약적으로 발전하고 섬네일 이미지가 중요해지면서 심플한 표지가 대세가 됐지만, 그가 신입이던 시절만해도 우리나라 출판계에선 이미지에 텍스트만 장식 없이 넣으면 성의 없는 디자인으로 여겼다. 서체를 다듬어 사용하거나 장식을 넣어 화려하게 만든 디자인을 선호했다. 그는 유행보다 앞서 단순함의 미학을 시도했다. 그 시절 좋아하던 외국 출판사의 북디자인 스타일은 대부분 심플했다. 서점에서 외서들을 보면 텍스트를 이해할 수 없으나 책 속 글자와 그림들을 통째로 이미지화해서 이해하는 습관을 들였다.

"문학 책 디자인은 스토리에서 모티프를 얻어요. 본문을 집착적으로 봐요. 문체와 작품 분위기로 작업하는데, 문체가 건조하면 디자인도 건조하게 가는 식이에요. 그래서 해외 작품이랑 잘 맞아요. 해외 작품들의 감정선을 건드리는 지점이 제 생각의 프로세스와 잘 맞아요. 의뢰를 받으면 주로 제가 본문에서 소스를 찾지만 출판사에서 구체적인 제안을 주기도 해요. 본문이 너무 어두우니까 표지는 밝게 갔으면 한다, 본문이 잔잔하니까 표지는 재밌게 해달라."

출판사에서 디자이너에게 작업을 부탁할 때 시안의뢰서를 보낸다. 책의 판형, 제목, 부제, 매수, 사이즈, 도 수, 저자 소개, 전체 내용 줄거리, 키워드, 유사도서, 목차 등을 적은 A4 두 장 분량의 문서다. 그것을 기반으로 디자이너는 편집자와 대화를 나누고 작업의 방향을 잡는다. 책에 관한 한 가장 잘 아는 사람이 편집자이므로 충분한 설명을 듣는 게 작업에 도움이 된다. 또한 그도 독자 입장에서 느낀 원고에 대한 소감과 의견을 편집자에게 전달한다. 그렇게 의견을 주고받으면서 윤곽을 잡아간다.

작업의 예를 들자면, 프랑스 작가 미셸 우엘벡의 『지도와 영토』는 텍스트가 어려웠지만 프랑스 소설 특유의 냉소가 있었다. 책 내용 중 공항을 상징적으로 설명하는 장면이 있다. 그 부분 텍스트가 완전히 머릿속에 각인될 때까지 반복해서 읽었다. 그 순간의 정서를 표지에 담고 싶어서 공항 이미지만 갖고 작업했다. 편집부 내부에선 좋은 반응을 얻었는데, 대표의 승인을 받지 못했다. 재시안 작업을 했지만, 편집부의 지원으로 대표를 설득했고 결국 원했던 시안이 표지로 결정됐다. 의견이 관철된 결과물로 좋은 평을 들었던 소중한 경험이다.

『호프만의 허기』는 인간의 채워지지 않는 욕망과 허기를 통한 철학적 사유를 담은 소설이다. 문체와 작품 전체 흐름에서 느껴지는 건조함과 냉철함, 그리고 주인공의 끝없는 허무와 식욕을 하나의 이미지로 표현하고 싶었다. 비어 있는 냉장고, 엎질러진 액체 등 이미지를 떠올리고 구체화하다가 우유가 엎질러진 이미지를 골랐다. 표지로 선택됐고, 책의 내용과 느낌을 잘 담아냈다는 평가를 받는다.

"문학은 디자이너의 아이덴티티를 보여주기 가장 좋은 장르예요. 어떻게 이해하고 표현하고 진행하는지, 민낯을 보여주는 장르죠. 문학 디자인은 디자이너가 끌고 갈 수 있는 부분이 많아요. 인문, 자기계발, 에세이는 요즘 잘나가는 어떤 책의 분위기를 선호한다거나, 밝은 색을 써야 한다거나 같은 일종의 마케팅 공식이 있는데, 그런 고정된 틀에서 비교적 자유로운 분야가 문학이에요. 이 책을 잘 보여주기만 하면 어떤 요소를 써도 되고 디자이너의 주관적 해석이 많이 들어가죠. 디자이너로서도 그렇지만, 독자로서도 책에 대한 인상은 개개인에 따라 달라지는 부분이잖아요. 저는 공식이 있으면 어렵고 없으면 재밌어하는데요, 그런 부분에서 해석의 여지가 많은 책이 재밌는 거 같아요."

문학 디자인은 다른 분야와 확연히 다르다. 디자이너의 정체성이 반영되는 분야라는 점 외에도 유행이 없다는 점, 책 표지가 판매에 영향을 미친다는 점이 그렇다. 그에 비해 자기계발이나 심리학, 실용 분야는 표지가 책 판매에 끼치는 직접적인 영향이 적은 편이다. 표지의 미적 취향보다 제목이나 메시지의 주목도가 중요하다. 문학과 에세이는 표지가 예쁘면 잘 팔린다. 문학 독자는 읽지 않더라도 표지가 좋은 책을 소장하고 싶어 한다.

인하우스에서 외주 디자이너로

5년 차 디자이너가 독립하는 건 위험하다는 이야기를 많이 들었다. 신경은 쓰였지만 개의치 않았다. 2013년, 이경란은 문학동네를 퇴사하고 디자이너 사무실 '소요'를 차렸다. 친한 선배들의 독립이 힘과 자극이 됐다. 워낙 이 판에서 날고 기는 디자이너들이라 그 모습만 보고 가면 되지 않을까, 나도 선배들의 절반 정도는 할 수 있지 않을까 싶어 결단을 내렸다. 막상 저지르고 나니 인생사 그러하듯 아쉬움도 있고 후련함도 있다.

인하우스 디자이너의 장점은 작업 프로세스에서 주체적일 수 있다는 점이다. 회사 내에서의 관계와 위치는 디자인에 대한 이야기를 할 때 영향을 미친다. 어느 한쪽이 일방적으로

고집을 부리기 어렵다. 동시에 인하우스 디자이너의 단점은 사람 모인 곳이면 피할 수 없는 그것, 내부 분위기가 있다는 점이다. 권위적인 조직 문화를 어려워하는 그로서는 그게 좀 힘들었다.

프리랜서 디자이너가 되니 자율적인 시간 활용이 가능해서 좋았다. 그는 체질적으로 야행성이고 불면증이 심했다. 출근 시간까지 잠을 설치는 등 수면 패턴 때문에 애를 먹었고 급기야 면역력에 문제가 생겨 병치레가 잦았다. 퇴사하고부터는 오전 7시에 잠들어도 11시에 일어나면 거뜬했다. 독립한 다음엔 병원을 가는 일이 줄었고 건강도 많이 회복했다. 오전 10시에서 11시 사이 출근하고 퇴근은 하고 싶을 때 한다. 규율과 규범에 얽매이지 않고 스스로 컨디션을 조절하며 일하니 작업 효율을 높일 수 있었다.

"아쉬운 건, 작업에 대한 피드백 받기가 어려워요. 인하우스 디자이너로 일할 때는 내부에서 다른 동료에게 디자인에 대한 의견을 들을 수가 있었어요. 그거 좋더라, 나아졌더라, 별로더라. 근데 외주 디자이너가 되니까 내가 잘하고 있는지 아닌지 알 길이 없어요. 작업자로서 자신의 위치와 방향을 잘 알아야 하는데 파악이 어렵죠. 특히 좋은 피드백에 목말라 있어요. 나쁜 평보단 좋은 평 듣기가 더 어렵기도 해서 스스로 잘하고 있다, 잘하고 있다, 격려해줘야 해요."

북디자이너의 마음

인하우스 디자이너 시절엔 회사가 외주 디자이너에게 관대하다고 생각했다. 새로운 시도나 후가공도 외주 디자이너에게 더 기회를 주는 것 같았다. 그런데 독립하고 나니, 외주 디자이너로서 후가공이 가능한 회사를 만나는 일이 무척 드물다. 디자인 콘셉트와 후가공이 꼭 필요하다는 주장을 관철하려면 몇 배 노력이 필요하다. 후가공에 대한 정당성을 충분히 설득할 수 있어야 한다. 클라이언트의 기대에 미치지 못하는 효과가 나오면 디자이너가 책임지기도 한다. 효과가 미흡하니 후가공 비용을 제하겠다고 한 클라이언트가 있다는 얘기도 들었다.

그는 작업을 시작할 때 우선 확인한다. 후가공은 어디까지 가능한지. 클라이언트가 아예 안 된다고 깔끔하게 얘기해주기도 하고, 복잡하고 비용이 많이 드는 후가공은 안 되지만 박이나 UV는 된다 식으로 한도를 정해준다. 어느 정도까지 집행이 가능한지 말해주면 그 조건 안에서 후가공을 시도한다. 그래서 후배들을 만나면 회사에 소속돼 있을 때 여러 종이 써보고 후가공도 많이 해보라고 권한다. 디자이너에게는 경험과 시행착오가 중요하다. 그런데 요즘은 갈수록 그 기회가 줄어드는 것 같다. 평소 다양한 기술과 요령을 경험해보아야 필요할 때 적절히 활용할 수 있다. 출판사에서도 디자이너에게 좀 더 폭넓은 기회를 제공했으면 싶다. 물성으로서도 완성도가 높은 결과물은 모두에게 좋으므로.

심플하지만 고급지게?

디자이너의 주된 업무 파트너는 편집자다. 인하우스든 프리랜서든 디자이너는 편집자와 소통하며 일을 진행한다. 그런데 편집자는 각자의 개성보다 역할로 드러나는 존재다. 워낙 편집자란 직무가 한 권의 책을 만들기까지 여러 입장과 과정을 조율하고 연결하는 역할이기에, 뚜렷한 자기 시각으로 밀어붙이는 경우는 흔치 않다. 그가 만난 편집자 중에는 물론 회사 권력을 어깨에 짊어지고 제 힘처럼 휘두르는 이들도 있지만, 중간에서 조심스럽게 조율하는 역할을 하는 이들이 대부분이었다.

'디자인에는 정답도 없고 오답도 없다. 하지만 분명 선택되는 디자인은 있다'라는 말이 있다. 여기에 어려움이 있다. 디자이너는 A컷, 출판사는 B컷을 원할 때, 무엇이 채택될까. 당연히 출판사 측 의견이 반영된다. 디자이너가 생각하는 최상의 표지와 출판사가 고른 표지가 확연히 다를 때 설득은 해보지만 어느 선 이상 가기가 어렵다. 띠지 색깔이나 종이가 바뀔 때는 있어도 시안의 경우는 아주 드물다. 정 의견이 좁혀지지 않으면 저자에게 보여주기도 한다. 저자가 A컷을 골라서 원하는 시안이 채택된 경우도 있었다.

또 편집자가 이 표지는 사진, 일러스트, 폰트로 해달라며 틀을 잡고 요구할 때가 있다. 디자이너 입장에서 자신의 시각과 편집자 요구 방향이 일치하면 다른 시안을 안 해도 되니까

북디자이너의 마음

좋은 거고, 시각이 다르면 두 가지를 준비한다. 편집자가 요구한 버전, 디자이너로서 생각한 버전. 가령 이런 경우다. 표지에 사진을 거의 안 쓰는 편집자가 있었다. 사진보다는 타이포와 그래픽으로 진행하자는 의견을 주었다. 그래서 사진을 쓴 것과 그래픽을 사용한 것 두 가지 시안을 제시했는데, 사진을 선택했다. 그 후로 담당 편집자는 사진에 대한 편견을 버리게 되었다며, 그다음 책도 사진으로 했다. 이 경우에서 보듯, 요소 자체가 문제는 아니다. 요소를 어떻게 쓰느냐가 관건이다. 디자이너와 편집자는 상상력의 차이가 존재할 수밖에 없다. 편집자 입장에서는 지금까지 별로였으면 그 이상을 상상하기 어려우므로, 디자이너는 두 가지 방향을 제시하면 된다.

편집자는 가끔 판독 불가한 언어로 디자인을 요청하곤 한다. '쌈박한 디자인으로 해주세요', '심플하지만 고급지게', '엣지 있지만 너무 튀지 않게', '친근하지만 무게 있게', '화사하고 복잡하지 않게' 같은 말들.

"이런 요구가 나오는 건 뭘 원하는지 모르기 때문인 거 같아요. 사실 워딩 자체는 중요하지 않아요. 본인이 확실한 생각이 없다면 알아서 해주세요, 하면 좋겠어요. 뭘 원하는지 분명하지도 않고 디자이너를 믿지도 않고. 그럴 땐 뿌연 과녁을 맞히는 느낌이 들어요. 가끔 '사장님이 좋아하는 디자인을 해달라'는 요구를 하기도 해요. 그러면 인터넷 서점에서 그 출판사가 낸 책을 훑어보면서 감을 잡죠. 가장 어려운 클라이언트는 디자이너에게 믿음을 주지 않고 신뢰하지 않는 게 느껴지는 경우예요. 상대를 믿고 가느냐, 상대를 평가하는 자리에 본인을 세워놓느냐에 따라 많은 것이 달라져요. 그리고 시안을 보고 정확하게 말해주는 게 좋아요. 재시안이야 하면 되니까요. 그렇지만 편집자가 책에 대한 콘셉트나 생각이 정리가 안 되어 있을 때는 디자이너를 믿으라고 말하고 싶어요."

그도 요령이 생겼다. 책의 방향성이 잡히지 않아 일의 진행이 원활하지 않을 때 일방적으로 디자이너에게 책임을 전가하는 작업은 가급적 안 하는 걸로. 이런 일을 하다 보면 끝이 안 좋고 끝이 안 좋으면 다른 작업에도 영향을 미친다. 디자이너의 리듬은 종종 오르락내리락해서 평균을 잘 지켜야 하는데, 한번 흐트러진 리듬은 회복되기까지 시간이 걸린다. 억지로 끌려가는 일은 중단하는 게 나은 경우도 있다.

일부 출판사에서는 표지를 결정하기 전에 SNS에 시안을 올려 투표에 부친다. 그러면 표지 시안을 본 독자들은 색깔 바꾸어보라고 하세요, 글자 옮기면 되겠네요 등등 대수롭지 않게 댓글로 한마디씩 조언한다. 그런 참여가 신간 홍보 효과를 낳기도 한다지만, 확정 전 시안을 온라인에 공개하는 건 디자이너의 전문성을 해치는 일이다. 마치 편집자의 교정 전 원고를 독자한테 보여주거나 작가의 초고를 내보내는 격. 심지어 작업자인 디자이너한테 얘기도 없이 자체적으로 올릴 때 디자이너로서 당혹감을 느낄 수밖에 없다고 그는 전한다.

직관을 은유로 이야기하는 매력적인 작업

역시 가장 일하기 즐거운 파트너는 디자이너를 믿는 사람이다. '너 이거 못하니까 내가 말하는 대로 해줘' 하는 것과 '너 잘할 수 있는데 이 부분이 부족하니 채워보자' 하는 건 다르다. 파트너로서 같이 무언가를 채워가기 위해 이야기하는 편집자가 좋다.

최근에 작업한 마이 셰발, 페르 발뢰의 소설 『웃는 경관』은 신뢰와 대화로 탄생한 만족스러운 작업이다. 스웨덴 국가범죄수사국에 근무하는 형사 마르틴 베크가 주인공인 경찰소설인데, 편집자가 북유럽 느낌이 났으면 좋겠다고 청했다. 흔히 북유럽 하면 패턴을 떠올리지만, 그가 생각하는 북유럽은 패턴이 아니다. 어떻게 북유럽을 상징적으로 표현할 수 있을까. 본문을 봤더니 날씨 얘기가 많았다. 얼음이나 눈의 질감 관련한 이야기를 별색으로 해서 은유적으로 넣고 북유럽의 차갑고 이성적인 느낌은 선과 면으로 디자인했다.

마르틴 베크 시리즈는 총 열 권이다. 그가 맡아서 현재 4권까지 했고 여섯 권이 남았다. 열 권을 하려면 디자이너가 끌고 가는 일관성이 있어야 한다. 전체적인 톤을 잡아주어야 한다. 북디자이너로서 시리즈물은 꼭 해보고 싶었기에 여러모로 재밌고 자부심이 생기는 작업이다. 『로재나』를 비롯해 지금까지 작업한 표지는 편집자와 독자 모두에게 반응이 좋았다. 2017년 출판계 종사자가 뽑은 장르소설 1위에 뽑히기도 했다.

'마르틴 베크 시리즈는 딱 봐도 북유럽 시리즈 같다'는 독자 평을 편집자가 전달해주었을 때 정말 기뻤다.

> "저에게 북디자인은 직관과 은유의 결합이에요. 표현이 은유적이어서 대놓고 드러나진 않지만 이게 무엇을 이야기하는지 잘 보여주는 디자인을 하고 싶어요. 이렇게 느껴주시는 분들이 있으면 너무 고맙죠. 작품에서 오는 직관적인 감상을 은유적으로 잘 나타낸 결과물이 나오면 정말 맘에 들어요."

표지는 책을 돋보이게 해주는 근사한 옷

이경란에게 책에서 디자인은 옷이다. 좋은 사람이면 어떤 옷을 입어도 상관없다. 근데 옷도 예쁘면 더 좋다. 북디자인이 그런 거 같다. 가장 중요한 건 완성도. 한 권의 책이 디자인의 옷을 입고 서점에 나갔을 때 부족해 보이지 않는 것. 다른 책들과 견주어 기죽거나 묻히지 않는 것. 스스로의 존재감으로 우뚝한 것. 그게 가장 중요하다. 아이디어가 아무리 좋아도 완결성이 떨어지면 안 된다. 이 무형의 조건을 시각적 완성물로 끌어내는 게 디자이너의 역할이고 역량이다.

그의 한 권당 작업 시간은 구상까지 합치면 1~2주 정도다. 작업 의뢰에 있어 베스트는 2~3주 전에 미리 발주서를 보내주는 것이다. 실제로 컴퓨터 켜고 작업하는 시간은 그보단

적게 걸리지만 그 전에 미리 구상하고 자료도 찾고 준비하는 물리적인 시간이 필요하다.

출판사에서 재시안 요구가 들어왔을 때는 기존의 틀을 깨기가 쉽지 않다. 소설 내용에 집착해서 작업하는 스타일은 그게 장점이자 단점이다. 초안이 어긋났을 때 새로운 시안을 하려면 이전의 작업에서 벗어나야 하는데 그게 참 어렵다. 가장 좋은 방법은 앞의 시안을 잊어버릴 수 있는 시간을 두는 것이다. 일정이 촉박해서 여유 시간이 없으면 그때부터 고생의 문이 열린다. 그래도, 그럴수록 잠깐 작업대를 떠나보려고 한다. 영화든 미국 드라마든 영상을 보면서 잠깐 다른 세계로 건너간다. 생각을 비워야 또 다른 가능성이 열리니까.

"일이 재미없을 때, 일이 신나지 않을 땐 매너리즘에 빠진 거예요. 놀아야 된다는 신호죠. 놀다 보면 다시 하고 싶어요. 책을 보거나 넷플릭스에서 미국 드라마나 영국 드라마를 봐요. 미드나 영드는 대부분 스토리에 시대적 배경이 깔려 있고 주인공 자체에 대한 서사가 풍부해요. 우리나라 드라마는 인물들 간의 관계 이야기가 주된 내용이거든요. 배경이나 인물이 가진 이야기가 탄탄하고 조화로운 미드나 영드를 보면 책의 이야기를 이미지화시킬 때 도움이 돼요. 초창기에 자주 들르던 디자인 관련 사이트는 요즘엔 잘 안 가요. 잘하는 사람 많아서 자존심 상해요. (웃음) 음, 남의 것을 많이 봐야 하는 시기가 있고 모든 걸 끊어내는 시기가 있는 거 같아요. 지금 저는 다른 사람 디자인에서 영감을 받는 게 아니라 내 색깔, 내 세계를 만들어가야 하는 시기라고 생각해요."

디자인을 줄이려는 그대에게

출판계가 어려워지면서 책의 디자인 요소를 줄이려는 움직임이 많다. 판형을 줄인다든지 후가공을 안 한다든지, 디자인적으로 심플하게 가거나 일러스트 없이 타이포를 활용하기도 한다. 이런 추세에 대해 그는 안타까운 심정을 숨길 수 없다. 지금은 소비의 시대다. 지식을 목적으로 책을 사지 않는다. (지식은 유튜브에서 얻는다.) 독자는 어떤 책을 소비하고 소장하는 데 목적이 있으므로, 출판사가 최우선으로 고려해야 할 부분은 갖고 싶게끔 만드는 거다.

"독자의 구매를 유발하는 요소는 내용이나 작가 이름도 있지만 책의 만듦새도 포함되잖아요. 외국 경향이 무조건 옳다는 건 아니지만, 외국은 책의 만듦새 퀄리티가 높아져가고 있어요. 특히 미국이나 영국은 종이책 수요가 올라갔대요. 이전엔 표지에 사진 올리고 유광 바르고 제목 넣는 게 다였는데, 이제는 사람들에게 물건으로서 소장 욕구를 불러일으키기 위해 공을 들이는 거죠. 일러스트나 디자인 비용을 줄이는 게 장기적으로 봤을 때 현명한가 생각해봐야 해요."

그는 1인출판을 준비하는 지인들에게 조언한다. 출판사의 첫 책은 무조건 베테랑 디자이너한테 의뢰할 것. 어차피 독자는 출판사의 이름을 일일이 기억하진 못한다. 그렇다면 책의 만듦새는 더더욱 중요하다. "누가 봐도 처음 출판사 차린 사람이 만든 첫 책처럼 보이면 슬픈 일이 될 것이다."

여성 디자이너로 나이 든다는 것

이경란은 삼십대 여성 디자이너다. 동그란 눈망울과 긴 파마 머리, 구김살 없는 환한 표정과 씩씩한 말투는 들장미 소녀 '캔디'를 연상시킨다. 성별과 나이로 권위를 부여하는 가부장적인 문화에서 일하는 여성의 '동안'은 일에 걸림돌이 되기도 한다. 북디자이너라고 예외는 아닌가 보다. 그는 『B컷』의 인터뷰에서 이렇게 말했다.

> 인하우스 디자이너였을 때는 나이를 체감하지 못했다. 다른 선배들에 비해 일찍 독립했고, 목소리와 외모가 나이보다 어리게 보인다. 프리랜서로 불리한 부분이 있다. 인쇄소 문제로 색깔이 잘못 나왔는데도 경력과 나이가 문제의 원인으로 거론되는 분위기였다. 또 한번은 출판사 대표에게 의견을 강하게 제시했다가 '어린 나이에 독립해서 일할 줄 모른다'는 훈계를 듣기도 했다.

그는 남편과 고양이와 셋이 산다. 원래 아이 생각이 없었고 낳아볼까 문득 생각이 들 때도 있지만 이내 마음을 접는다. 일이 더 좋아서다. 물론 출산과 육아와 일을 훌륭하게 병행하는 선배들도 있지만 그는 자신이 없다.

"아이 낳으면 경력 단절 여성이 되는 경우가 많잖아요. 특히 프리랜서 디자이너는 시간에 쫓기는 경우가 많은데 아이를 키우면서 밤샘 작업이나 급한 작업을 진행하기는 힘들 것 같아요. 출판계가 여성들이 많은 여초 사회인데도 여러 가지 면에서 보수적이에요. 노골적으로 남성 디자이너가 편하다는 얘기를 들은 적도 있어요. 어찌 보면 배려가 배제가 되는 거죠."

크고 작은 부당함과 무례함에 울컥할 때도 있지만, 그래도 출판계 사람들은 나은 편이라고 그는 생각한다.

"이 직업을 갖기 전 스물다섯 살까지 저는 그냥 고졸에 알바하는 애였어요. 그런 저를 대하는 그 태도들과 말들이 있었거든요. 그런데 제가 대학교를 가고 문학동네라는 좋은 회사에 취업을 하고, 독립해 지내는 과정을 거치면서 그것들이 달라지거나 사라졌어요. 나란 사람 자체는 변함이 없는데 내 위치가 변하면서 내가 상대하는 사람들이 변한 거예요. 그게 한편으론 씁쓸했죠. 출판사 와서 교양 있는 사람들과 일하는 게 좋았어요. 그 교양이 지식이 아니라 사람에 대한 최소한의 예의, 사람을 사람으로 대하는 태도 같은 거예요. 북디자이너가 겪는 최대한의 몰상식한 일은 상대방이 연락을 끊는다든가, 혹은 디자인이 왜 이따위예요, 뭐 이런 말들 듣는 거 정도지만 제가 스무 살에 겪었던 건 차원이 달랐거든요. 나는 저렇게 살지 말아야지 하는 것도 많이 배웠어요."

그는 가끔 SBI에 강의하러 가면 예비 출판인들에게 디자인 자체에 관한 얘기보다 다른 얘기를 들려준다. 젊을 때 다양한 걸 경험하라는 것. 여행이든, 연애든, 노는 거든. 당장 취업이 어렵고 힘들겠지만 그럴수록 다른 데 눈을 돌려보라고 말한다. 북디자인은 콘텐츠를 다루는 작업이라 텍스트에 대한 해석 능력과 공감 능력이 중요한데, 그것들은 바로 경험에서 생겨나기 때문이다.

그는 이십대의 경험을 통해 사람에 대한 두려움만이 아니라 일에 대한 두려움도 없앴다. 뭘 해도 먹고살 수 있다는 자신감을 얻었다. 워낙 여러 가지 일을 해보고 나니까 망하는 게 두렵지 않다. 이게 안 되면 딴 거 하지 뭐 생각한다. 고령화 시대를 맞이하여 오십대에 직업을 바꿔야 한다는데 나중에 어떻게 박스를 주울까, 아님 택시를 몰까 생각한다. 직업에는 귀천이 없다는 가르침은 이십대의 이경란이 북디자이너 이경란에게 쥐여준 평생 보험증서다. 그래서 그는 지금, 여기 주어진 일에만 몰두할 수 있다.

"북디자인 자체가 300페이지가량의 텍스트를 하나의 이미지로 담아내는 일이에요. 책 표지 디자인은 다른 결과물에 비해 오래 남는 작업이죠. 선배들을 봐도 훌륭한 북디자이너들은 연령대가 높은 편이고요. 연륜에서 오는 깊이가 다르다 보니 실력이 나이와 비례하는 거 같다는 생각도 들어요. 외국의 경우에도 북디자이너가 가장 활발히 활동하는 나이는 사십대라고 들었어요. 은유와 직관, 그걸 소화해내는 건 인생의 경험이든 책을 통한 간접 체험이든, 어쨌든 시간이 필요한 일 같아요. 저는 앞으로 더 잘할 생각만 해요."

북디자이너가 되고 싶은 이들에게 건네는
이경란의 마음

1. 무엇이든 경험은 좋은 것.

많이 놀고 많이 보고 많이 사랑하는 젊은 시절을 보내시길. 북디자인은 여러 분야의 텍스트를 읽고 시각적으로 표현하는 일인 만큼 디자이너에게 반드시 요구되는 자질 중 하나가 공감 능력이라고 생각해요. 물론 모든 공감이 경험에서 비롯되는 것은 아니지만 많은 것을 경험하고 느껴보는 것은 디자이너로서 큰 자산이 될 거예요. 공부도 취업도 일도 힘들고 어렵지만 틈틈이 많이 놀고 사랑하고 여행도 다니시기를 바라요.

2. 책을 읽읍시다.

디자이너에 대한 편견 중 하나가 책을 읽지 않는다는 것이에요. 그것은 사실이기도 하고 아니기도 한데요. 북디자인은 텍스트에 대한 이해도와 해석 능력에 따라 전혀 다른 결과물을 가져오는 일입니다. 많은 양의 독서를 하는 것도 중요하겠지만 책에 대한 나름의 깊이와 취향이 있는 디자이너가 된다면 자신만의 스타일을 만드는 데 큰 도움이 될 거예요.

3. 즐겁게 합시다. 지치지 않게!

일에 대한 나의 가장 중요한 모토는 재미와 즐거움이에요. 그래야 지치지 않고 오래 할 수 있다고 믿습니다. 책을 만드는 모든 일들이 어렵겠지만 디자이너는 특히 소모되는 직업이거든요. 즐거움 없이 고되기만 하다면 금방 지쳐버릴 거예요. 개인 프로젝트를 준비한다든가 서로 시너지가 되는 동료와 함께 새로운 활동을 해본다든가 바쁜 나날 속에서도 더 재미있게 일하는 방법을 찾는다면 지치지 않고 오랫동안 일할 수 있지 않을까요.

박흥기, 출판제작자의 마음

박흥기,

명함만 봐서는 무슨 일을 하는지 선뜻 그려지지 않는 직업이 있다. 출판사 제작팀장이란 직함도 낯설었다. 모르는 단어는 아닌데 설명하기는 애매한. 그와 이야기를 나누며 큰 그림부터 그려보았다. 출판사는 기획편집부, 제작부, 영업마케팅부 세 부분으로 나뉜다. 제작製作이란 어떤 사물을 일정한 재료를 사용해 만드는 일. 출판사에서라면 책 만들기다. 편집부의 손을 떠난 원고 파일을, 종이에 인쇄해 책의 꼴로 만드는 일을 뜻한다.

출판사가 종이나 인쇄 기계를 갖추고 있지 않으므로, 제작팀장은 발로 뛴다. 책의 원가를 계산하고, 판형에 맞추어 지업사에 종이를 주문하고, 원고와 종이를 인쇄소에 넘기고, 제본소를 거쳐 책이 차질 없이 나오도록 총괄한다. 신간만이 아니라 이미나온 책들도 '절판'되지 않고 독자가 찾을 때 볼 수 있도록 공급하는 일을 도맡는다. 출판사에서 가장 큰 예산을 쓰는 사람도, 갓나온 따끈한 책을 가장 먼저 만지는 사람도 제작자다.

그래서 그의 전화는 늘 통화 중이다. 편집자, 디자이너, 마케터, 대표이사, 인쇄소 기장, 지업사 직원 들이 죄다 우리 제작 '팀장님'을 찾는다. 안팎으로 밀려드는 온갖 필요와 요구를 거뜬히 처리하고 진행해서 도도한 책의 흐름을 만들어내는 12년 차 출판인. 그 비결은 되도록 "얼굴 맞대고" 이야기하기다. "책 만드는 일은 기계가 하지만, 기계를 돌리는 건 사람이니까" 인간관계가 곧업무 능력이 된다. 고교 시절부터 인쇄를 공부한 탄탄한 이론과현장 경험, '곰돌이 푸'를 연상케 하는 너그럽고 부드러운 표정을가진 그라면, 무엇이든 가능해 보인다.

출판제작자의 마음

인쇄과, 인쇄창, 인쇄소, 그리고 출판사 제작자

박홍기의 젊은 날은 '인쇄'라는 키워드로 설명이 가능하다. 서울공업고등학교 인쇄사진과를 중학교 때부터 염두에 두었다가 들어갔다. 당시 인쇄 관련한 4년제 대학은 부산에만 있었다. 동일 계통 진학을 원했지만 부산까지 갈 수는 없어서 전문대 인쇄과에 진학했다. 군복무는 육군 인쇄창에서 마쳤다. 인쇄창이란 군사 인쇄물의 정보 유출을 막기 위해 군의 각종 인쇄물만 따로 제작하는 기관이다. 대학을 졸업하고 인쇄소에 취직했다. 인쇄소와 기획사에서 4년간 영업사원으로 일하다가 사계절 출판사에 자리가 났다는 이야기를 듣고 지원했다. 그때가 스물아홉. 지금은 마흔. 어느새 근속 기간 10년을 넘겼다.

"처음엔 제작자 사수가 있었어요. 그분이 다른 회사로 옮기고 공석이 되면서 제가 전담하게 됐죠. 어차피 인쇄소나 출판사나 제가 하는 일에 큰 차이는 없어요. 인쇄소는 내부 책임자가 기계를 가동하니까 스케줄을 빨리 잡을 수 있지만, 출판사는 학습지 만드는 데를 제외하고 기계를 갖고 있는 경우가 거의 없으니 그게 어렵죠. 하는 일은 비슷해서 인쇄소에 있으면 생산관리자, 출판사에 있으면 제작자예요."

모든 출판사에 제작팀이 있는 건 아니다. 한 해 출간 종수와 재판이 돌아가는 수량 정도, 즉 매출 규모에 따라 제작 팀을 둔다. 소규모 출판사나 1인출판사의 경우 대표가 직접 제작을 진행한다. 그가 일하는 사계절 출판사는 아동·청소년 문학과 교양서, 역사·인문서를 두루 펴내는 종합 출판사다. 신간만 연 80종으로 매월 예닐곱 권쯤 나온다. 2016년 기준으로 신간, 재쇄 합쳐서 400회 정도 찍었다.

한 달에 30권 넘게 신간과 재판이 돌아가니까 하루에 한 권 이상 발주가 들어가는 셈이다. 한 명이 하기엔 사람이 더 필요한 듯하고, 두 명이 하기엔 일거리가 조금 적다 싶은 상황. 거기에 맞춰서 시스템을 운영한다. 하루에 한 권씩 처리하면 업무량이 늘어나므로 중간에 급하게 나오는 책은 바로 진행하고, 대개는 한 달에 두 번 몰아서 인쇄한다.

제작자의 미션, 원가는 줄이고 수익은 늘려라

제작자는 돈을 집행하는 사람이다. 출판사에서 가장 많은 돈을 움직인다고 보면 된다. 원가 계산이 주 업무다. 편집자, 디자이너와 머리 맞대고 책의 분량, 판형, 후가공 등 필요한 사양에 대해 논의하고 제작 원가를 뽑는다. 예상 가격이나 판매 전망 등을 고려하는데, 예를 들어 정가가 만 원 이상이라면 그 안에서 인건비, 제작비, 이익이 나와야 한다. 이때 제작자의 컨트롤이 필요하다. 종이 사양을 한 단계 낮추어야 한다,

책의 가격을 올려야 한다, 후가공 빼야 한다 등등. 그 책의 정가에 가장 합당한 사양을 제시한다. 신간 외에 구간의 재쇄를 찍을 때도 원가 절감 여부가 제작자의 역량에 따라 좌우된다.

"만약 고가의 종이를 써서 만든 책이라면 좀 더 저렴한 종이로 바꾼다든가, 띠지가 있던 걸 뺀다든가, 사양을 조정해서 이익을 극대화하죠. 그런 식으로 1년에 절감하는 비용이 1000~2000만원 돼요. 예전에는 책 표지와 본문 사이에 면지가 앞뒤로 두 장씩 들어갔거든요. 제작자 모임에서 아이디어를 공유하는데, 누군가 면지가 굳이 두 장 들어갈 필요가 있느냐 그걸 뺐더니 제작비가 연간 약 5000만 원이 절약되더란 얘기를 하더라고요. 우리 책들도 앞뒤 면지를 두 장에서 한 장으로 줄였어요. 기분이 좋았죠. 내 밥벌이는 했다!"

페이스북에 어느 편집자가 이런 글을 올렸다. "꼭 하고 싶은 후가공이 있는데 제작팀장님이 허락해줄지 모르겠네요. 잘 말해봐야겠어요." 여기서 보듯이 편집자나 디자이너는 비용을 들여서라도 '좋은 책'을 만들고자 하고, 제작자는 제작비를 아껴서 '좋은 책'을 만들고자 한다. 이 상충하는 요구를 조절하는 일이 제작자의 가장 어려운, 꼭 필요한 임무다. 무조건 안 된다 얘기할 수도 없고 다 들어줄 수도 없다.

상황을 살펴가며 판단한다. 디자이너들이 시안을 만들면 전 직원한테 물어보는데 여러 의견이 나온다. '표지에 박을 하면 예쁘겠다', '수입지를 쓰면 질감이 살겠다' 같은 이야기들. 가끔 그가 역으로 제안하기도 한다. 그렇지만 제작자 입장에서는 원가 절감을 고려하지 않을 수 없다. 편집부에서 정말 후가공을 하고 싶다고 하면, 종이를 한 단계 낮추거나 될 수 있으면 초판만 후가공 하자는 식으로 절충안을 내놓는다.

처음부터 노하우가 있었던 건 아니다. 막 입사했을 때 그에게 편집자에 대한 개념은 좀 희미했다. 인쇄소에서 일하는 을의 입장에서 본 편집자는 제작자한테 오더를 내리는 사람의 느낌으로 다가왔다. 그래서 입사 초기엔 제작자가 아니라 인쇄소 직원처럼 행동했다. 편집자가 이거 해주세요, 저거 해주세요 요구하면 이것도 해주고 저것도 해주었다. 박 샘플, 코팅 샘플 무엇이든 편집자가 말하면 당연히 해줘야 하는 줄 알고 따랐다.

"그때 '사계절에 봄이 왔다' 그런 얘길 들었어요. (웃음) 다행히 그걸 악용하는 분들은 없었고 하나같이 고마워했죠. 제 전임들이 어떻게 했는지 모르겠는데, 뭐 해달라고 하면 안 된다고 했던 거 같아요. 저는 지금도 해달라면 웬만하면 해주는데, 어느 순간부터 이분들도 양보를 하기 시작하더라고요. 안 된다고 하면 정말 안 된다고 생각해요. 정말 제작비를 쓸 땐 써야 하는데, 큰 사안은 제 선에서 결정할 수 없고 사장님이 결제해요. 그래도 월 1억 정도의 돈이 제 선에서 나가니까 어떻게든 조금이라도 줄여볼까, 이것이 늘 과제죠."

출판제작자의 마음

박흥기,

책을 제때 나오게 하는 제작자의 진짜 비결

제작자의 또 하나 중요 임무는 기한 맞추기, 책이 제때 나오게 하는 일이다. 신간의 발행 날짜가 잡히면 그 시점으로부터 역산해 인쇄, 제본 등 전체 일정을 미리미리 잡아놓았다가 그 시기가 다가오면 디자인팀이나 편집팀에 확인해 인쇄 감리 일정을 잡아주고, 인쇄 감리가 끝나면 납품이 순조롭도록 이후 일정을 진행한다. 재쇄의 경우도 책의 소진 속도를 미리 파악해서 품절이 생기지 않도록 미리 대비해야 한다. 사계절 출판사의 경우 총무부에서 미리미리 알려준다. 어떤 책이 얼마나 남았고 어떤 책이 며칠 뒤에 소진된다. 연평균 한 달 출고량 데이터를 보면서 대략적으로 대비할 수 있다. 그 사이사이 총무부에서 '이거 이거 급합니다', '몇 월 며칠 납품분입니다' 코멘트를 달아주면 대처한다.

그래도 품절이 생기고 그래서 이 일이 어렵다. 책의 움직임은 도통 알 수가 없다. 가령, 어떤 책이 너무너무 잘 팔려서 재쇄를 3000부 찍었는데 입고되는 순간부터 책이 안 나가서 2년을 묵히는 경우가 있다. 왜 그런지는 아무도 모른다. 반대로 너무 안 나가서 안 찍던 책이 있다. 한 달에 100부밖에 안 나가니 500부 갖고 있으면 5개월치 물량인데, 예상치 못하게 하루에 300부가 나가는 경우도 있다. 갑자기 어느 학교에서 교재로 선정되거나 매체에 노출되거나 하는 경우다. 그럴 땐 빨리 종이를 확보하고 수정할 사항을 고쳐서 인쇄를 넘긴다. 제때 책이 나오도록 바로 추진해야 한다. 제작자의 기지와 역량이 발휘되는 순간인 것.

"제작 기한 맞추는 일은 인간관계가 좌지우지해요. 인쇄소, 제본소와의 관계가 중요하죠. 종이부터 확보하고 인쇄소에서 수정을 얼마큼 빨리 해주느냐가 관건이에요. 일정이 급해서 친분으로 먼저 요청해야 하는 경우도 있어요. 그래서인지 제작자는 편집자나 디자이너와 달리 이직이 드물어요. 보통의 제작자들이 한 회사에서 5년, 길게는 20년, 30년도 일해요. 새로운 걸 개발하는 부서가 아니라 이미 있는 걸 잘 활용하는 부서라 그런 거 같아요."

인쇄소, 제본소, 지업사 돌고 돌고 돌고

제작자는 외근이 많다. 회사에 따라 내부 업무가 많은 제작자는 거래처를 방문하기보다 전화 통화로 일을 처리하기도 한다. 이것이 잘못된 방식이라고는 생각하지 않지만, 그는 주로 나가서 일을 본다. "나가면 뭐든 하나라도 얻게 된다."

인쇄소에 가면 어느 회사 책이 기계에 많이 걸려 있는지, 어느 정도 일이 있는지, 어느 출판사가 뭘 찍는지 알 수 있다. 제본소도 마찬가지다. 이 집 일이 많구나, 어디 출판사 뭐가 걸려 있는데 3만 부 찍는구나 등등 현장감을 키우기 좋다. 제본소는 오히려 책을 안 만들 때 더 많이 간다. 양장본이나 그림책 같은 경우는 원하는 판형이 양장 기계에서 나올 수 있는지 여부를 확인하고 책을 만들기 전에 샘플 책으로 가제본을 만들어본다.

지업사에서는 종이 관련 정보를 얻는다. 항상 쓰던 비싼 종이를 대체할 만한 저렴한 종이를 찾아보기도 하고, 어떤 종이의 할인율이 변동된다는 소식을 듣기도 한다. 지업사는 가을 겨울쯤 되면 교과서 용지를 생산하려고 다른 종이를 생산하지 않는다. 연말 캘린더 철에는 캘린더 종이 생산에 주력한다. 그런 지업사 내부 상황을 미리 체크해서 다음 달에 쓸 물량을 미리 확보해달라고 요청한다.

"업체에는 규칙적으로 가기보다 생각날 때 그냥 연락하고 가요. 그래도 매일 가거나 이틀에 한 번은 들르죠. 운전하고 가다가 불현듯 용건이 생각날 때가 있어요. 그럼 바로 제작처에 전화해요. 뭐 좀 해주세요, 급한 거 해주세요. 책이 인쇄 들어가면 인쇄소에서 견본을 챙겨주고 다시 그것을 가지러 오는데 저는 직접 갖다주면서 요청사항을 얘기해요. 색이 약하니 진하게 해달라, 수정자가 있으니 유의해달라. 재차 확인을 시켜주죠. 제본소도 마찬가지예요. 일전에 시리즈물을 만들었는데 한 권만 키가 컸어요. 다시 한번 주지시키고 기존의 사이즈랑 맞춰달라고 했죠. 제본소 직원들은 어마어마한 분량의 일들을 처리하니까 그냥 주면 알 수가 없어요. 저번에 잘못된 게 이 부분인데 신경 써달라, 직접 얼굴 보고 한 번 더 말해야 제 맘이 편해요. 내부에서 전화로 할 수도 있지만 일이란 게 어느 순간에는 내 맘 같지가 않을 수 있으니까 혹시나 해서 가보게 돼요. 병인 거 같아요."

그는 업체를 가면 주로 들으려고 한다. 인쇄소는 인쇄소 고충이 있고 제본소는 제본소 고충이 있다. 그의 입장에서도 고충은 있지만 그걸 말하기보다 들어주면서 '힘드셨겠네요'라며 공감한다. 하소연을 들어줘야 한다. 다 해결해줄 수는 없지만 부당하다고 생각하는 건 회사에 보고한다. 반영이 된 사례도 있다. 기본 단가 부분이다. 하나를 만드는 데 들어가는 비용과 백 개를 만드는 데 들어가는 비용이 같을 때가 있다. 마치 버스를 한 정거장 타는 비용이나 한 구간 가는 비용이 똑같은 것처럼, 인쇄랑 제본도 똑같다. 한 개나 백 개나 똑같은 공임과 노력이 들어간다. 그런 부분을 합리적으로 수용하려고 힘썼다.

그 외에도 야구 얘기, 음식 얘기, 아이들 얘기 등 일상 잡담을 나누면서 교감의 폭을 넓힌다. 쓸데없어 보이는 시시콜콜한 이야기가 쌓이고 시간이 지나서 관계가 두터워지면 '저희 거 먼저 해달라'는 요청에 상대방이 한 번 더 생각할 수 있는 여지가 생긴다. 무엇보다 거래처와의 좋은 관계를 유지하는 데는 회사 도움이 크다. 결제도 안 되는데 이것저것 요구하기는 어려울 터. 회사에서 결제를 깔끔하게 해주니까 제작자 입장에서는 업체 사람에게 말하는 데 거리낌이 없어 좋다.

그렇게 기존의 거래처랑 돈독한 관계를 유지하되, 그렇

다고 한 업체에만 의지하면 곤란하다. 혹시 어느 한 곳이 사정이 어려워 문을 닫게 되면 대체해서 바로 옮길 수 있도록 다른 업체와도 관계를 다져놓아야 한다.

판형이 제각각, 그림책은 나의 힘

그가 일하는 사계절 출판사는 『반갑다, 논리야』를 비롯한 논리 시리즈와 『누가 내 머리에 똥 쌌어?』, 『마당을 나온 암탉』 등 어린이책 베스트셀러이자 스테디셀러를 낸 곳으로 잘 알려져 있다. 아동·청소년·유아가 주력 분야다 보니까 3, 4, 5월쯤 책이 많이 나가기도 하고, 책을 많이 만들기도 한다. 봄에 유독 바쁘다. 어린이날 선물, 선정도서 납품 등 봄 시즌은 언제나 분주하다. 가장 한가한 시기는 10월, 가을이다. 가을이 독서의 계절인 이유가 사람들이 1년 중에 책을 제일 안 읽기 때문이라는 출판계의 농담이 사실무근이 아니란 걸, 10년 넘게 제작부에 있으면서 실감한다.

제작 사고는 딱 한 번 경험했다. 그림책은 쪽 번호가 없는 경우가 많다. 그림책 본문 중 한 장이 반대로 접힌 걸 담당자도 모르고 그도 모르고 사내에서 아무도 몰랐다. 1000부를 찍었는데 800부를 판매하고 나서 독자한테 연락을 받고 페이지가 바뀐 걸 알았다. 곧 다시 재판을 찍었다. 그 외에 크게 문제가 된 인쇄 사고는 없었다.

아무려나, 그림책은 그에겐 더없는 활력소다. 비슷비슷한 판형의 책이 똑같은 사이즈의 종이에 나오는 식이었다면 매너리즘에 빠졌을 것이다. 다행히 그림책은 판형이 다 다르기 때문에 종이를 효율적으로 사용해서 책을 만들려면 계속 머리를 써야 한다. 매번 새로운 도전거리를 던져주는 그림책 덕분에 반복적인 업무에 질리지 않고 의욕을 충전할 수 있었다.

2016년에 펴낸 『여우와 별』은 제작자로서 큰 공부를 시켜주었다. '빅토리아 시대를 연상케 하는 우아하고 아름다운 디자인으로 전 세계 언론의 극찬을 받은 펭귄북스 스타 디자이너 코랄리 빅포드 스미스가 쓰고 그린 첫 책'이라는 소개가 말해주듯, 디자인 요소가 풍부하고 제작이 까다로웠다. 국내에서 번역만 해주고 그쪽에서 제작까지 마쳐서 들어오는 건 줄 알았는데 자체 제작하는 책이었다. 책 만드는 재료가 다르니까 외서와 똑같이 만들 수가 없었다. 표지에 들어간 백박의 경우, 국내에서 제일 좋은 필름으로 작업을 해도 그 색이 안 나왔다. 그쪽에 백박 찍은 필름을 알려달라고 부탁해서, 독일제를 수입하고 표지를 감싼 천까지 샘플로 만들었다. 결과물은 색 차이가 약간 있었지만, 해외 원출판사에 보내 컨펌은 받을 수 있었다. 테스트에 꼬박 두 달 반이 걸렸다. 양장본, 64쪽, 255×183밀리미터에 465그램의 외형을 갖춘 책이 탄생했다. 책값은 2만 2000원. 비싼 편이지만 반응은 좋았다. 국내 출판사 여기저기서 어떻게 만들었느냐며 관심을 보였다. 대표이사가 판권 계약을 하고 와서 제작이 가능했지 제작

비나 제작 여건상 편집부가 제안해서 할 수 있는 작업은 아니었다. "사장님이 왜 우리나라 기술이 그게 안 되냐, 한번 해봐라 하니까 오기가 생겨서" 더 열심히 찾고 알아보았다. 그 덕에 다행히 멋진 책 한 권을 세상에 내놓을 수 있었다.

코리아 스탠더드가 없는 열악한 인쇄 환경

최근 들어 디자인이 돋보이는 책들이 많이 나오고 있다. 판형이나 후가공, 제본 방식도 점점 더 다양해지는 추세다. 제작 환경 변화에 맞추기 위해 제작자도 공부가 필요한 상황이다. 하지만 인쇄 분야는 교육기관이 거의 없다. 박홍기는 사계절 출판사에 다니면서 4년제 과정으로 바뀐 신구대학교 인쇄과에 3학년으로 편입해 학업을 이어갔다. 이걸 배워서 먹고살 수 있을까, 공부하면서도 고민했다. 인쇄를 전공했어도 사회에 나오니까 고등학교나 대학교에서 배운 것 중 10~15퍼센트밖에 써먹지 못했다. 학교에선 종이, 후가공, 제본 같은 실무를 많이 가르쳐주지 않았고, 그런 부분은 현장에서 직접 부딪치면서 배웠다. 워낙 교육 기회가 없으니까 배우기 위해서 직장인의 신분으로 학교를 다녔는데, 큰 소득은 거두지 못했다. 다만 인쇄소랑 출판사에서 5년간 일하다가 다시 공부를 하니 그 내용들을 비판적으로 받아들일 수 있는 것이 수확이라면 수확이었다. 이론상으로는 좋은데, 저게 과연 인쇄나 제본에 적용 가능한가, 뜬구름 잡는 얘기는 아닌가, 이론과 현실의 차이를 가늠하게 된 것.

"인쇄나 금속활자 제작을 우리나라가 유럽보다 먼저 시작했어요. 근데 우리는 수치화된 데이터가 거의 없어요. 유럽은 농도계가 있어서 측정한 농도가 허용 범위 안이면 잘 나온 인쇄물로 판단해요. 국내에는 농도계로 재서 이 색깔은 몇 프로, 이 정도면 오케이 하는 스탠더드가 없어요. 디자이너든 편집자든 누가 보느냐에 따라서 주관적으로 판단하죠. 진한 색을 좋아하는 분은 진했으면 하고, 흐린 색을 좋아하는 분은 흐리면 잘 나왔다고 하고. 주관적인 부분을 맞추기가 쉽지 않아요. 똑같은 기계에 똑같은 인쇄를 해도, 잘한다 못한다 다르게 생각하죠. 그 부분이 아쉬워서, 코리아 스탠더드 색깔을 만들어보자는 취지의 이야기를 한 적이 있는데 현실적으로 어렵더라고요. 인쇄소나 제본소에서 일하는 기장님들도 교육받을 수 있는 시스템이 있으면 좋겠다고 생각하지만, 2교대로 일하는 이분들이 교육받으러 나가면 기계가 멈춰요. 교육은 힘들겠구나 생각하죠."

인쇄소에는 젊은 인력이 거의 없다. 간혹 입사 2~3년 차 인쇄소 직원들이 자신도 5년 후쯤 출판사 제작 쪽으로 가고 싶다며 자리 나면 알려달라고 부탁한다. 그때마다 그는 얘기한다. 1층 없이 2층 못 짓는다. 나도 인쇄소에서 4년 바닥 생활을 했고 배워서 넘어갔다. 좋아 보이냐? 인쇄소는 인쇄만 잘하면 되는데 제작부는 인쇄, 제본 다 잘해야 한다. 거래처 사람들과 말싸움에서 지면 안 되니까 더 알아야 하고 그만큼 노력을 해야 한다. 네 능력이 지금 20인데 내 기준치에 80까지는 와야 한다.

요즘은 그런 말을 하는 친구조차 사라졌다. 인쇄소 일이 힘드니까 다른 쪽으로 빠진다. 출판사의 제작 파트에도 후배가 많지 않다. 전공자가 예전에 비해 줄었고 출판사 규모도 축소되고 있다. 일 배우는 젊은 친구들이 없다는 사실은 허전하고 안타깝다.

다 같이 먹고살기 위하여

출판사에 들어와서 그가 만든 첫 책은 『마셜 호지슨의 세계사론』이었다. 그 책의 판권 면에서 박홍기란 이름을 봤을 때 느꼈던 '기분'은 아직도 생생하다. 정말 제작자가 되었다는 실감, 잘해야겠다는 다짐이 교차했다. 그는 출판사에서 나온 모든 책을 가장 먼저 손에 쥔다. 내부에서는 책 꼴로 완성되기 전 '더미' 상태로 보면서 판매를 점친다. '잘 나가겠네', '얘는 정말 잘 팔리겠다' 그랬는데 실제로 잘 나가면 기분이 좋다. 제작자 10년. 책 보는 눈이 생겼다. 독자로서 재밌게 볼 만하겠다 싶은 책이 보인다. 편집부에서 더미를 가져와서 물어볼 때 냉정하게 말한다. '캐릭터가 이상한데요.' '정말 재밌는데요.'

출판제작자의 마음

박흥기,

그 재미난 책을 사람들은 멀리하는 추세다. 갈수록 아이들 수도 줄고 책이 나가는 부수도 줄고 찍는 부수도 준다. 초쇄 발행 부수가 5000부, 3000부, 2000부, 500부로 떨어지고 있다. 너무 줄다 보니까 매출도 당연히 떨어진다.

"책을 많이 만들 때 1000만 원 단위로 큰돈이 들어가요. 500부보다 5000부를 찍으면 한 권 단가가 훨씬 줄거든요. 적게 찍을수록 원가는 올라가요. 그러면 정가가 올라가고 책값이 비싸지면 안 사 보는 사람이 생기고… 악순환이 계속되죠. 제작비를 줄이는 게 제작자의 임무라지만, 출판사만 생각하고 무조건 제작비를 낮추는 게 능사는 아니에요. 거래처도 힘들죠. 일의 양이 확 줄고 인건비는 올라가고요. 인쇄 시장이 제 살 깎아먹기 많이 해요. 기계를 돌리기 위해서 다른 업체보다 100원 싸게 해주는 식으로 경쟁하다가 나중에 문을 닫기도 하거든요. 기본적으로 최소한 지켜줘야 할 금액은 지켜줘야 해요. 서로 같이 먹고살아야 하는데 서로 같이 힘들어지니까 아쉽죠. 어쨌거나 봄날은 간 걸로 보여요. 『마당을 나온 암탉』은 100만 부 넘었는데, 이제 다시 100만 권 팔리는 호황을 맞긴 힘들 거 같으니까요. 그래도 좋은 책이 나오면 찾아서 보는 사람들은 있어요. 그런 기댈 갖긴 해요. 좋은 콘텐츠는 배신하지 않는다."

사계절 출판사는 책값이 높지 않은 편에 속한다. 특히 어린이책이나 청소년책이 그렇다. 폭리를 취하면 안 된다는 원칙으로 최소 마진을 지키면서 적정 가격을 정한다. 예를 들면 정가를 최소한 만 원으로 뽑아보고 터무니없이 낮다고 하면 금액을 올리거나 사양을 낮추면서 정가를 책정한다. 신간 외의 도서도 4~5년 주기로 정가를 점검한다. 그간 종이값, 인쇄비, 인건비 등 물가 상승률을 고려해 적정 마진인가 확인하고 다시 조정한다. 스테디셀러는 간격을 6~7년 정도로 좀 길게 둔다. 더 충분한 시간을 갖고 정가를 신중하게 재조정한다. 양질의 책을 적정한 가격에 품절 없이 공급하기. 언제 사고가 터질지 몰라 노심초사하고 스트레스를 받기도 하지만 제작자로서 큰 보람을 느낀다.

직원들을 볼 때마다 지금처럼만 같이 갔으면 좋겠다고 생각한다. 당연하게 여길 수도 있는데 책 나오면 고맙다고, 고생했다고 얘기해주는 마음 씀씀이가 너무 고맙다. 그래서 그도 한 번 더 신경을 쓰게 되고 요구하는 일정을 맞춰주려고 덩달아 애쓴다. 10년 넘게 일할 수 있는 비결이다. 가끔 어떤 출판사는 제작팀을 서포트 부서로 낮추어 본다는 말도 들린다. 편집부가 주문을 내리고 제작부가 업무를 받쳐주는 역할을 부정하는 건 아니지만 독립된 부서에 대한 업무를 존중해주는 문화가 두루 정착되기를, 그는 출판인으로서 바란다.

요즘은 1인출판이나 독립출판을 하려는 이들이 늘어나는 추세다. 나 홀로 출판하려는 이들에게 베테랑 제작자로서 그가 몇 가지 팁을 알려주었다.

일단 자료를 찾아 공부해야 한다. 판형 지식이 기본이다.

정사이즈 기본 판형은 간단한데, 그림책이나 별도의 판형을 만들 때는 1~2밀리미터 때문에 종이값이 30퍼센트 이상 더 들어가는 경우가 발생한다. 인터넷에 나오는 판형별 사이즈를 보고 종이의 양을 계산할 줄 알아야 한다. 일단 판형이 정해지면 나중에 줄이기는 쉽지 않다. 그 부분을 꼼꼼히 체크하면 굳이 나가지 않아도 될 비용을 아낄 수 있다.

인쇄소에 일정 수수료를 지불하고 제작 대행을 맡기는 것도 방법이다. 인쇄소 외에 인터넷의 '출판제작대행' 관련 사이트 및 카페를 통해 도움을 청할 수 있다. 인쇄소와 거래할 때는 몇 군데 견적을 받아보고, 적정 가격을 확인해야 한다. 한 사람이 하는 얘기만 듣고 그것만 정답이라고 생각할 필요는 없다. 『만만한 출판제작』이라는 책을 참고해보는 것도 좋다. 제책, 종이, 스캔, 출력, 인쇄, 후가공 등 출판제작의 각 단계와 제작처와의 커뮤니케이션, 원가 분석 등 출판제작 실무자가 맡게 되는 업무를 정리한 책이다.

"제작은 하루아침에 배울 수 없어요. 이론으로 배우기는 더 어렵죠. 마치 운전을 책으로 배울 수 없는 것처럼요. 제작을 배우는 가장 좋은 방법은 현장에 가는 거예요. 인쇄소에 제작 대행을 맡겼더라도 반드시 가서 인쇄 감리를 보고 담당자와 묻고 이야기하면서 배우는 게 가장 빠르고 정확합니다."

박홍기는 야구 마니아다. 쉬는 날엔 아들딸과 함께 야구

관람을 가거나 사회인 야구팀 활동을 한다. 2008년에 출판단지 내 인쇄소, 제본소 직원들과 '제작자들'팀을 만들었다. 그의 포지션은 감독인데 투수 빼고 다 한다. 야구팀이 있는 몇몇 출판사와 시합을 할 때도 있다. 다음 주에도 게임이 있다고 말하는 눈빛에 설렘이 스친다.

인터뷰 도중 여기저기서 걸려오는 전화로 수차례 대화가 일시정지됐다. 그는 복잡한 로터리에서 수신호를 보내는 교통경찰처럼 민첩하고 노련하게 응대했다. 제작자가 하는 일이 이토록 중요한데도 전혀 모르고 살았구나 싶었다. 책의 내용을 읽는 것만큼이나 책의 촉감, 종이 냄새의 포근함을 좋아하고 원하는 책을 하루빨리 소유하지 못하면 안달이 나는 나는, 내가 누리는 그 복락이 보이지 않는 노동에 의해 이루어졌다는 사실에 미안하고 또 고마워졌다.

출판제작자가 되고 싶은 이들에게 건네는
박흥기의 마음

1. 판형을 알아야 합니다.

인터넷을 뒤져보면 판형 사이즈와 인쇄 용어가 정리된 자료가 있을 거예요. 판형에 따라 종이 계산하는 법과 출판 용어를 익혀두세요. 출판 용어는 일본어가 많아서 낯설고 어렵거든요. 미리 익혀서 업체 관계자랑 얘기할 때 알아들어야 합니다.

2. 포기가 빨라야 합니다.

그것 말고도 챙길 것이 많아요. 업체를 돌아다니면서 운전도 많이 해야 하고요. 그러니 차분해야 합니다. 나는 빨리 포기해요. 욕심을 부려도 도저히 안 되는 일정이 있어요. 종이가 지방에 있어서 내일 아침에 올라와야 하는데 오늘 저녁에 찍어야 할 때는 포기할 수밖에 없죠. 대신 인쇄소에 시간을 정하고 코팅, 제본소까지 가능한 일정으로 조정합니다. 마케팅, 편집부에도 내일 안 된다고 미리 이야기하고요. 안 되는 건, 안 되니까 안 되는 거라고 생각해야 해요. 빨리 다음 것을 준비하고 꼼꼼하게 챙기는 게 낫습니다.

3. 친화력이 좋아야 합니다.

책 만드는 일도 제본하는 일도 기계가 돌아가야 하는 것이지만, 기계를 돌리는 건 사람이니까요. 평소 업체 사람을 많이 만나고 많이 들어주면서 고충을 이해해야 출판사도 요구할 건 요구하고 업무 협조도 구할 수 있어요.

문창운, 출판마케터의 마음

책을 말아 쥔 손가락 끝 정갈한 손톱, 책 이야기를 할 때면 1.5배 커지는 눈동자, 또박또박 정교해지는 발음, 스타일은 맵시 있고 성격은 싹싹하고 책에 대해 개방적인 생각을 가지고 있었다. 활기 넘치는 그녀는 내가 최초로 본 출판마케터다. 『싸울 때마다 투명해진다』가 나왔을 때다. 저자 사인본 증정 이벤트를 하느라 400권이 인쇄소에서 우리 집으로 배송됐는데, 그때 웬 젊은 남자가 책 무더기를 몇 번이나 실어 날랐다. 무채색 톤의 바지와 사파리 점퍼를 막 걸친 작업복 차림이었는데 멋 내지 않은 멋스러움이 묻어났다. 그 무거운 책 묶음을 척척 운반했던 이, 묵묵한 손놀림으로 책을 능숙하게 다루던 그도 알고 보니 마케터였다.

문창운이 나타나자 시야가 환해졌다. 짧은 머플러를 둘러매 포인트를 준 수수한 듯 댄디한 스타일의 도시 남자. 그는 어디서 본 듯한 선한 표정과 빠르지 않은 말투로, 마케터의 일상과 일에 관한 알토란 같은 이야기를 하나하나 들려주었다. 마주한 지 10분 안에 친근감을 유발하고 대화를 마치고 나면 신뢰감이 차오르는 그는 내가 만난 세 번째 출판마케터다.

위화 안티 팬이 이상한 걸 붙여놨다!

2013년 늦여름, 한 서점 신간 매대에 중국 소설가 위화가 쓴 『제7일』이 놓여 있었다. 책 표지에 붙은 노란 포스트잇에는 '읽지 마세요 당신의 마음이 슬퍼집니다'라는 문구가 적혀 있었다. 이걸 본 서점 직원이 출판사로 전화를 했다.

"위화 안티 팬이 책에다 이상한 걸 붙여놨습니다."

안티 팬이 아니라 마케터다. 그것을 붙인 장본인은 출판사 직원, 문창운 씨. 짙은 남색의 책 표지가 눈에 띄지 않는 것 같아 책 내용을 담은 노란 포스트잇을 붙여 보색대비 효과를 내보려고 한 일인데, 그런 해프닝이 발생한 것. 마케팅 기법으로 봤을 때 성공인지 실패인지 애매한 기억만 남았다.

책도 하나의 상품이라는 것. 눈에 띄어야 한다는 것. 생산자의 손에서 소비자의 손으로 어떻게든 이전해야 한다는 냉철한 시장의 원리를 책도 피해 갈 수 없다. 이 사실을 평범한 독자는 인지하지 못하고 인정하기도 어렵다. 정작 나는 돈을 주고 사면서도 책은 돈으로 환원할 수 없는 고귀한 성물인 양 애지중지했다. 독자의 입장에선 뭐 그래도 된다. 그렇지만 출판사의 입장에선 곤란하다. 기어코 팔아내는 사람, 그것만 생각하는 사람이 필요하다. 좋은 책은 스스로 날개를 달고 팔리는 거 아닌가, 제 힘으로 독자를 만나는 거 아닌가, 라고 말하기엔 세상에는 책이 너무 많고 책을 대체하는 재밋거리도 넘친다. 우리나라에서만 1년에 4만 종의 책이 출간된다. 하루에 100권 넘게 쏟아져 나온다는 얘기. 크기도 모양도 색깔도 어슷비슷한 책 중에 하필 그 한 권의 책이 내 손에 들려 있다면 그건 마케터의 보이지 않는 고민과 전략의 결과다. 남색 책 표지에 노란 포스트잇을 붙이는 일 같은.

"출판계에 종사하는 분들은 기본적인 자긍심이 있어요. 마케터도 다르지 않죠. '좋은 책을 읽는 것은 좋은 사람을 만나는 일입니다'는 푸른숲 소개 글에 항상 쓰이는 문구예요. 좋은 책을 만들고 알린다는 사명감으로 일하고 있어요. 마케팅은 재밌는 일이에요. 매번 다른 책, 다른 저자, 그에 따른 다른 마케팅을 해볼 수 있고요. 다만 노력에 비해서 성과가 안 나오는 측면이 있긴 하지만요. (웃음)"

그의 첫 직장은 출판사가 아니라 영상 콘텐츠 제작사였다. 이동통신사 고객들에게 제공할 콘텐츠 만드는 일을 맡았다. 근무 시간 내내 컴퓨터 앞에 앉아서 오래된 영상물에 자막을 입혔다. 매일매일 반복되는 동일한 패턴의 생활에 즐거움이 들어설 여지는 없었다. 정적인 일상이 갑갑했다. 더 창의적이고 활동적인 일 없을까 고민하던 중 출판계에 있는 친구가 '네게 딱 맞을 거 같다'며 소개해주었다. 매번 다른 책, 다른 방법을 모색해야 하기에 결코 지루할 틈이 없는 일, 바로 출판사 마케터였다.

서점 명당 확보, 친분에서 광고로

2000년대가 막 열렸을 즈음이다. 동대문 대학천이 출판 유통의 중심부 한 축을 담당하던 시절이다. 마케터가 된 그는 서점에 책을 배본하고 책 대금을 받아오는 일을 했다. 일자별로 특정 지역 서점에 가서 수금하는 시스템이었는데, 거래처 수금이 없더라도 대학천 책골목에 틈틈이 나가 업계 동향과 상황을 살폈다. 업계에 늦게 들어온 시간을 만회하고자 열심을 다했다. 그런데 자고 나면 도매상들이 하나둘 문을 닫고 부도로 사라졌다. 1970년대 이후 신간도서 시장의 메카로 떠오르며 한때 서점 수가 80여 개에 달하는 등 전성기를 구가했던 대학천 책골목이 대형 서점과 인터넷 서점이 생기면서 빠르게 몰락하는 걸 그는 실시간으로 지켜보았다.

소매상 관리도 그의 주된 업무였다. 서점을 돌면서 자기 출판사 책을 좀 더 눈에 띄는 자리에 놓는 일을 했다. 한 번이라도 더 찾아가 담당자와 눈인사를 나누고 좋은 자리를 확보했다.

"요즘은 서점 나름의 책을 진열하는 패턴과 시스템이 있어서 예전만큼 영업력이 통하지 않더라고요. 과거엔 매장 담당자와의 친분으로 좋은 매대를 점할 수 있었는데 지금은 달라졌어요. 좋은 자리, 추가 진열은 광고의 영역이에요. 돈을 내야 하는 거죠. 사람이 하는 일이라 친분을 통한 영향력이 아예 없는 건 아니지만, 서점 직원들도 도와줄 수 없는 상황이 되어버렸어요. 예전에 비해 확실히 영업력으로 진열을 늘리는 건 쉽지 않아요. 하지만 아주 무시할 순 없고 해야 할 일이죠. 중요한 책이 나오면 중요 거점 서점을 돌면서 책에 대한 간단한 프레젠테이션을 하고 홍보 계획을 얘기해요. 특히 대형 서점은 책 판매를 전국적으로 확산시킬 수 있는 가능성이 있거든요. 지역의 중소서점은 교보문고 판매 순위를 참조해 책을 가져다놓아요. 대형 서점의 파급력을 무시할 수 없죠. 마케팅 인력이 줄어들어 세세한 서점 관리가 힘들어지고 있는 상황에선, 대형 오프라인 서점과 대형 온라인 서점 관리가 더 중요해질 수밖에 없어요."

대형 서점의 판매 순위. 잘 알다시피 이것을 끌어올리기 위해 불법 사재기가 벌어지기도 한다. 그는 두 번째로 옮긴 출판사에서 실제로 사재기에 투입되기도 했다. 사재기는 베스트셀러를 만들기 위한 편법으로 쓰이기도 하지만 베스트셀러가 된 책의 자리를 유지하기 위한 수법으로 동원되기도 한다. 그는 후자였다. 얄궂게도 사재기는 자기 영업 공간에서 이뤄진다. 그러니까 마케터로서 직원들 앞에서 잘 팔아달라고 부탁하면서 뒤로는 그 직원들 몰래 책을 사는 일인이역을 해야 한다. 대형 서점은 매장 MD와 계산원이 다른 사람이긴 하지만, 그런 이중생활이 편할 리 없다. 나중엔 그가 계산대에 책을 들고 가면 계산원이 얼굴을 알아보고 먼저 물어왔다.

"상품권으로 사고 적립은 안 하실 거죠?"

괴롭고 부끄럽고 무안하고 민망하여 도저히 사재기는 못 하겠다고 판단했다. 다른 출판사를 알아봤다. 첫 직장에서 반복 작업의 지루함의 들을 건너고 그다음 직장에서 부도덕한 업무의 수치심의 늪을 지나, 다다른 곳이 푸른숲이다.

출판마케터의 마음

온라인 시대를 사는 마케터의 SNS 활용법

온라인 서점 거래와 SNS 소통이 활발한 시대다. 플랫폼이 이동했고 독자의 욕구가 변했으니 책 파는 방법도, 당연히 달라졌다. 도매상과 서점으로 방문 수금과 판촉 활동을 다니던 마케터는 이제 주로 사무실 책상에서 독자를 만난다. SNS 마케팅 비중이 커지는 추세다.

입사 10년 차, 마케팅팀장 문창운은 SNS를 직접 운영한다. 대개의 출판사 홍보팀이나 마케팅팀에서는 젊다는 이유로 최연소 직원을 SNS 담당자에 앉힌다. 그런데 그가 볼 땐 높은 직급의 직원이 운영하는 게 효과적이다. 그만큼 중요도가 올라갔고, 현재까진 SNS가 비용 대비 가장 효과적인 홍보 툴이기 때문이다. 직접 SNS를 운영하다 보면 외근 없이 하루 종일 두문불출하는 날도 많다. 신입 시절에 알고 있던 마케팅팀장의 모습과는 완전 다른 근무 형태다.

"2년 전(2015년)에 더 늦으면 안 되겠다, SNS를 뭐라도 해야겠다 싶은 생각이 들어서 페이스북을 시작했어요. 근데 페북은 열린책들이나 민음사 같은 업계 강자들이 많이 포진하고 있어서 영향력 확산이 쉽지 않더라고요. SNS 채널 중에서 푸른숲을 대표하는 채널이 있으면 좋겠다 싶었고, 인스타그램은 해볼 수 있겠다고 생각했죠. 잘해보고 싶은 욕심이 생겨서 첫해에 열심히 했어요. SNS는 팔로워들이 귀신같이 알아봐요. 운영자가 신나서 하는지, 아니면 일로 어쩔 수 없이 하는지. 신나서 하면 덩달아 신나서 호응해주고 그렇지 않으면 반응도 차가워요. 근데 회사원이 자기 일처럼 신나서 한다는 게 쉬운 일은 아니잖아요. 그래서 진심으로 운영하는 1인출판사 대표들의 SNS 채널이 빛나는 것 같아요. 호응도 크고. 저도 정말 신나서 했어요."

하나를 제대로 하자는 마케팅 전략은 적중했고, 그 채널을 인스타그램으로 정한 것도 주효했다. 누구나 쉽게 사진 한 장 올리는 걸로 시작할 수 있고, 알고리즘도 페이스북에 비해서 복잡하지 않다. 게시물을 올리면 바로 뜨고 그 시간에 접속해 있는 모든 팔로워에게 그대로 노출되는 단순한 형태다. 그 당시만 해도 출판사들의 인스타그램 활동이 많지 않은 상황이라 격차가 크지 않았고, 특별한 운영 노하우도 거의 없어 진입이 어렵지 않았다. 현재 푸른숲 출판사 인스타그램 팔로워 순위는 업계 상위권이다.

"인스타그램 마케팅은 팔로워들이 무얼 원하는지 잘 알아야 확산이 순조로워요. 게시물 하나하나 올리는 게 테스트예요. 어떤 콘텐츠에 반응하는지 확인할 수 있죠. 그 사례가 쌓이면, 아 이럴 때 이런 콘텐츠가 반응이 잘 나오는구나 파악이 되고, 그 형태로 콘텐츠를 만들면 됩니다. 인스타그램은 사진으로 정렬돼서 나오니까 주욱 훑어보면 본인 취향이 가장 쉽게 드러나요. 이 사람이 책을 읽는 독자구나, 이분이 우리 책을 좋아할 가능성이 높은 독자구나 바로 알아챌 수 있죠. 인스타그램을 통해서 헤비한 독자들의 독서 패턴을 참고해요. 요즘은 독자들이 온라인 서점보다 자기 SNS 계정에 서평을 더 많이 남겨요. 아무래도 온라인 서점 서평은 출판사가 서평단을 모집해서 쓰니까요. 그렇게 의뢰받고 나오는 글보다 개인 계정에 쓴 솔직한 소감을 독자들은 더 신뢰하죠. 책 판매에 더 도움이 되고요. 그렇게 SNS를 탄 책들, 입소문이 좋은 책들은 판매가 확실히 길어져요."

문창운 마케터가 말하는 또 한 가지 팁. SNS 홍보 전략을 위해서는 결재 라인을 단순화하는 게 좋다. 푸른숲은 별도의 결재 라인이 없다. 그가 직접 관리하고 콘텐츠를 만들어 올린다. 거기에서 오는 장단점이 있다. 바로바로 상황 대처가 가능하다는 게 장점이라면, 단점은 지친다는 것이다. 혼자 하다 보니 크로스 체크 과정이 없어서 더 조심스럽다. SNS에 부적절한 콘텐츠를 올려서 욕먹는 회사들이 많다. 항상 이것저것 경계하다 보니 콘텐츠가 위축되거나 평범해지기도 한다. 도전적이고 참신하면서 안전하고 거부감이 없을 것. 그 선을 잘 타야 좋은 운영자가 된다.

출판사 SNS 계정은 회사의 고객센터 창구이자 게시판과 다름없다. 출판사에서 정치인 책이 나올 경우 광고 게시물을 올리면 반대파의 원색적인 댓글 테러를 당하기도 한다. 너무 심한 내용은 차단하고 관리하는 것도 마케터의 몫. 언제 험한 댓글이 달릴지 모르니까 퇴근 이후에도 예의 주시한다.

또한 중요한 광고를 집행하고 나면 누가 시키지 않아도 성과가 궁금해 계속 들락날락하게 되니, 누가 억지로 시켜서는 못할 일이다.

> "만약 지금 마케팅팀원을 충원해야 한다면, SNS와 모바일 환경에 친숙한 사람인지 생활 속에서 자연스럽게 홍보를 구현할 수 있는 사람인지 보겠어요. SNS를 단지 책 팔기 위한 목적으로 하는 게 아니라 일상생활에서의 책 이야기가 자연스럽게 묻어나올 수 있는 사람이 좋아요. 성실함과 책에 대한 애정은 기본이겠죠."

정답 없는 시장의 예측 불가능성

푸른숲은 중견 종합출판사다. 한비야의 『바람의 딸 걸어서 지구 세 바퀴 반』, 공지영의 『우리들의 행복한 시간』 등 여러 베스트셀러를 낸 곳으로 유명하다. 한 달에 두 권 정도 출간되는데, 책의 출간 여부부터 마케터가 같이 고민한다. 다른 시선으로 이중 체크를 하기 위해서다. 마케터가 출간 도서를 전부 독자에게 미리 알리기는 어렵고, 판매 요소가 많은 책 중심으로 사전 홍보를 준비한다.

가제본 배포하기. 최근 그가 가장 선호하는 사전 홍보 방법이다. 출간 전 가제본을 300부 제작해 이벤트를 진행한다. 길리언 플린의 『나는 언제나 옳다』부터 대규모로 가제본

출판마케터의 마음

서평단을 시작했고 피터 스완슨의 『죽여 마땅한 사람들』도 시도했다. 사전 서평단의 입소문이 책에 대한 관심을 확산하는 데 한몫한다는 체감을 확실히 했다. 가제본 서평단엔 적극적인 독자, 책을 좋아하는 독자, 가제본 자체를 신기해하는 독자들이 주로 참여하는데, 이러한 반응을 이끌어내는 방식 자체가 홍보다. 이렇게 출간 전 가제본한 책을 읽은 독자들에게 독후 설문지를 추가로 받고 데이터를 뽑아 띠지에 활용한다.

'미리 읽은 서평단, 91.9퍼센트가 극찬한 소설!' 이런 문구를 넣는다. 사전 이벤트에 참여한 독자들은 북클럽 커뮤니티나 SNS에 자연스럽게 자신의 참가 경험을 털어놓으며 홍보한다. 가제본으로 읽었던 책이 완성돼 나오면 남다른 애정을 보인다. 독자로서 내가 한몫했다는 느낌에 고양되고, 그 책이 다른 독자들에게 사랑받으면 함께 기뻐한다. '담당자님, 제가 처음에 좋은 얘길 많이 했는데 조금이라도 도움이 됐겠죠.' 이런 메시지가 오기도 한다. 너무 감사한 일이고 동지애를 느끼는 순간이다. 그래서 출판사의 주력 도서는 웬만하면 가제본을 제작한다. 부가적인 업무들이 많이 발생하지만 비용이 많이 들지는 않는다는 점에서 효과적인 마케팅이다.

단, 가제본 마케팅의 반작용이 있다. 가제본 마케팅으로 재미를 본 『죽여 마땅한 사람들』의 작가 피터 스완슨의 두 번째 장편소설 『아낌없이 뺏는 사랑』이 1년 뒤 출간됐을 때다. 다시 한번 같은 방법을 시도했다. 그런데 예기치 못한 상황이 벌어졌다. 비교 대상이 없었던 작가의 첫 작품 『죽여 마땅한 사람들』에 대한 독자의 반응은 재밌다와 재미없다, 두 가지뿐이었다. 두 번째 책은 사정이 달랐다. 강력한 인기를 끈 전작이 넘어야 할 산으로 존재했다. 그걸 고려하지 못한 것이다. 서평단에게 가제본을 돌렸더니 '나쁘지 않은데 전작보다 못하다'는 반응이 지배적이었다. 그 '못하다'는 단어에 꽂혀버린 독자들은 읽을 것인가, 말 것인가 고민하게 됐다. 가제본이 외려 방해물이 된 것.

"처음에 잘됐으니 이번에도 그 방법으로 판을 키우면 두 배로 잘되리라, 단순하게 생각했는데 결과적으로 실패했어요. 이런 경우에는 원고를 공개하지 말고 기대가 높아지도록 떡밥을 던졌어야 했던 거 같아요. 그래도 전작『죽여 마땅한 사람들』이 좀 더 팔리긴 했는데 워낙 기류를 타고 안정적으로 접어든 책이었고요, 다음 책은 반응이 그만 못했죠. 처음에 먹혔으니까 두 번째도 먹히겠지, 안일하게 생각했던 거예요. 함부로 원고를 공개하면 안 되는 거였어요. 정말 정답이 없는 시장이라는 걸 염두에 두고 책마다 다른 상황을 고려해서 신중하게 선택해야 한다는 걸 배웠어요."

될 만한 책은 서점에서 먼저 띄운다

출판마케팅의 첫걸음은 예상 판매량 설정이다. 가장 중요하기에 가장 위험한 예측이고 신의 영역이기도 한데, '매우 비관적으로 잡으면 대부분 맞다'라는 나름의 기준이 있다. 유사 도서 판매량, 저자 인지도 및 전작 판매량, 내용의 참신함 및 이슈성, 제목의 주목도 등을 고려한다. 이를 산출하는 과정에서 홍보 계획이 어느 정도 잡힌다. 추측이나 '감'은 금물. 철저한 통계에 기반해 숫자를 근거로 논의하는 것이 중요하다.

막연히 생각할 때, 대형 출판사에서 나오는 책이나 이름난 저자의 책이라면 마케팅이 수월할 것 같다. 그의 의견은 다르다. 출판사의 이름은 크게 중요하지 않으며, "가장 중요한 것은 지금 손에 쥐고 있는 책", 그 책의 상품성과 완성도이다. 예를 들어 유명 저자의 신간은 출판사에서 마케팅을 각별히 신경 쓰지만 각 서점들도 자발적으로 판매에 열을 올린다. 서점에서는 팔리는 책(만)이 팔리는 출판계의 상황에서, 그 책 판매의 파이를 자신들이 얼마나 가져올 수 있을까 계산하여 적극적으로 판매하는 것이다. 가끔 주변에서 '서점을 어떻게 핸들링했길래 이렇게 여기저기 노출되느냐'라고 물어볼 때가 있는데, 그건 전반적인 상황을 모르는 소리다. 서점 측에서는 '될성부른 나무' 즉, 팔릴 상품을 먼저 알아보고 띄운다. 잘 팔리는 책 10여 종이 전체 매출의 큰 부분을 차지하니까 그걸 키우기 위해서 노력할 수밖에 없다. 이때 출판사의 역할은 서점에 계속 노출할 거리를 만들어주는 것이다. 머그컵, 에코백, 문구용품 같은 굿즈가 효과적으로 사용된다.

"저도 해보고 싶은 것들, 부러웠던 것들, 괜찮았던 것들이 있어요. 다음에 참고해서 해보려고 계획도 세우고요. 그러면서 혹시나 그걸 해봤다는 만족이나 보고를 위한 건 아닌지 한 번 더 생각해봐요. 판매량이나 데이터를 봤을 때 굿즈가 판매에 그렇게까지 도움이 되는 상황은 아니거든요. 근데 왜 이렇게 과열되어 있는지 모르겠어요. 마케팅 수단으로 뭐가 좋을지 계속 고민하다가 나온 결과겠지만, 불안함이 작용한 것 같아요. 남들이 많이 하니깐 우리도 해보자! 판매에 조금이라도 도움이 되겠지? 없는 거보다는 낫겠지? 하는 생각으로 진행하는 거죠. 욕심은 끝이 없고 그걸 채우려다 보면 굿즈 제작 비용이 초과되고 실질적 이득은 없을 수밖에요. 저는 더 따져보고 신중하게 해야 한다는 입장이에요. 책과 어울리고 독자에게도 의미 있고 판매에도 좋은 영향을 주는 그런 굿즈가 있을까, 있다면 무얼까."

읽기 활동을 책으로만 하는 시대는 갔다

유명 저자의 경우 예상 판매량이 크니까 쓸 수 있는 마케팅 비용도 늘어난다. 그럴 때 해볼 수 있는 마케팅들을 적극 시도한다. 그렇다고 해서 기본 독자층 예측이 쉬운 건 아니다. 가령, 유명 연예인이 책을 낼 경우 두터운 팬층이 기본 독자층으로 유입될 줄 알았는데 그렇지 않았다. 전반적인 업계 불황으로 기본 독자층이 계속 얇아지는 게 피부로 느껴질 정도다.

출판마케터의 마음

문창운,

출판마케터의 마음

팬층이 곧 독자층인 저자도 있다. 그런데 얄궂게도 그렇게 팬층이 확실한 경우 확장성이 약하다. 판매량이 특정 선을 넘지 못한다. 업계에서 통상 이 저자는 몇 천 부에 멈춘다는 가늠치가 나와 있다. 이벤트나 강연회를 열면 반응이 좋은데 그런 호응에 비해서 판매량은 낮은 것.

"저희끼리 하는 말로는 '서울 서북부 감성'이라고 하는데요. (웃음) 출판인들은 굉장히 좋아하는 저자이고 글도 훌륭하고 콘셉트도 좋고 출판계에서는 대환영을 받고 있는 책인데 막상 시장에서는 큰 성과를 못 내는 저자와 도서가 있다면 그건 '서울 서북부 감성'에 너무 치우쳐져 있는 게 아닌가 합니다."

서울 서북부 감성은 서울의 홍대, 합정 일대 등 서북부 지역에 출판사들이 밀집한 현상을 빗댄 말로 대중과 분리된 정서를 일컫는다. 출판계의 최전선에서 일하는 그는 누구보다 실감한다. 일반 대중과 독자의 괴리, 독자와 업계 사람들의 괴리를. 책을 읽는 사람들, 기본 독자층이 점점 줄어들고 있는데 그건 사람들이 책을 안 읽기 때문이 아니라 다른 읽을거리 형태들 중에서 가장 밀렸기 때문이다.

"사람들이 읽기 활동을 안 하는 건 아니에요. 하죠. 읽기는 읽되 책이 아닌 다른 형태로 소비해요. 페이스북으로 읽고 인스타그램으로 보고, 본인의 취향에 따른 채널로 콘텐츠를 봐요. 그렇게 같은 취향으로 모여 있는 사람들을 찾아내고 그들에게 책을 알리는 일을 마케터가 하는 거죠. 독자를 늘려야 한다. 출판계를 살려야 한다. 여러 가지 얘기가 나오지만, 책읽기를 취향으로 만드는 건 개별 출판사나 마케터가 할 수 있는 일은 아니에요. 그건 국가에서 정책으로 펼쳐나갈 일이죠. 책 읽기 운동 같은 캠페인을 벌이자는 게 아니고요. 초등교육 과정부터 자연스럽게 책과 친해지고 긴 호흡의 글을 읽고 자신의 생각을 만들어가는 교육이 필요하다고 생각합니다."

마케터가 갖추어야 할 세 가지 덕목

문창운이 생각하는 마케터가 갖추어야 할 능력 중 첫 번째는 콘텐츠에 대한 이해와 연결 능력이다. 대개의 마케터는 편집자들이 추려놓은 자료를 통해 책 정보를 파악한다. 이건 어떤 흐름의 책이구나, 콘텐츠를 이해하고 그 정보를 토대로 연결을 고민한다. 이 정보를 무슨 '거리'로 엮어낼까. 그 책이랑 엮어볼 수 있는 업체, 사람, 온라인 채널 등을 찾아내고 협업을 제안한다. 연락하고 미팅하고 설명하기. 이 과정을 반복한다.

일본에 있는 요양원 이야기를 다룬 책을 냈을 때다. 치매 노인이 인간답게 늙을 수 있는 노인 요양원에 관한 내용인데, 일본 얘기지만 국내에서도 노인복지 시설이나 국가 정책면에서 참고할 지점이 있었다. 국내 상황과 어떤 연결고리를 만들까 집중적으로 연구했다. 이런 고민은 외서를 낼 때 더욱 중요하다. 그 책을 우리나라 상황에 맞게 해석하고 연결지점을 만들어주어야 독자의 관심을 끌 수 있다. 협동조합 방식으로 운영하는 노인 요양원을 검색해 찾아보고, 그들과 함께 무엇을 하면 효과적일지 고민했다. 이 책을 누가 흔들어줄 수 있을까, 어떤 오피니언 리더에게 책을 보내서 홍보하는 게 효과적일까, 최초의 독자를 찾아내어 그 사람과 책을 연결하고, 책의 이야기와 독자의 욕망을 엮어낼 수 있어야 한다.

마케터가 갖추어야 할 능력, 두 번째는 트렌드에 대한 민감함이다. 그는 SNS를 관리하는지라 최근 이슈에 늘 신경을 쓴다. 어떤 드라마가 초특급 인기를 누릴 경우 대강의 내용은 알고 있어야 한다. 드라마에 나오는 주요 대사나 장면을 패러디해서 활용할 경우 확실히 반응이 좋다. 잘 아는 콘텐츠라면 활용해볼 여지가 더욱 많다. 해시태그도 잘 사용하면 유입량을 늘릴 수 있다. 핫한 트렌드를 상품에 녹여내는 순발력이 필요한 것이다.

세 번째는 친화력과 경청 능력이다. 만나는 사람들을 통해 유통사나 서점에 대한 발 빠른 정보, 책 판매에 대한 구체적인 정보들을 얻을 수 있다. 가령 어떤 출판사가 어떤 마케팅으로 효과를 봤다더라, 어떤 건 해봤는데 효과가 없다더라 등등 동종 업계 사람들과 교류하면서 혹은 사적인 자리에서 만나서 나눈 이야기들, 귀동냥으로 들어놓은 것들이 피가 되고 살이 되어 나중에 아이디어를 낼 때 도움을 준다.

이상 세 가지가 마케터에게 요구되는 덕목이라면, 매일 열리는 마케팅 회의에서는 자료와 통계를 찾아내는 기술이 필요하다.

"내가 타깃 독자라면 이 책을 살까? 하는 생각으로 풀어나가요. 그리고 검색해요. 관련 키워드를 넘나들면서 찾아보는 거죠. 회의 때도 노트북을 갖고 들어가서 그때그때 회의 중에 언급되는 키워드를 찾아봐요. 종이 들고 머릿속으로 생각하는 회의도 좋지만 마케터들은 검색 장비가 있으면 아주 유용해요. 계속 검색하면서 아이디어를 확장시킬 수 있는 요소가 뭐가 있을지 찾아보는 거죠. 자료가 바로바로 제시되니까 회의 내용이 풍성해지고 정확한 사실을 빠르게 확인할 수 있어서 논의가 정교해져요. 노트북으로 구글 검색창이랑 책 판매 확인용 전산 시스템도 반드시 켜놓아요. 판매량을 정확히 확인하면서 이전에 우리가 이렇게 마케팅 활동을 했었고, 성과는 어땠는지, 다른 책들은 뭘 했는지 정리된 자료를 반드시 찾아보죠. 기억은 왜곡되거든요. 원인과 결과가 뒤바뀌지 않도록 조심해야 해요. 그 책은 어디에 소개돼서 잘 나갔어, 라고 확신하는 건 위험해요. 기억에 의존하지 말고, 통계치도 추측하지 말고, 데이터를 갖고 회의에 임해야 합니다."

이인삼각의 업무 파트너, 편집자와 MD

편집자는 묻는다. 최선을 다해 책을 만들었는데 왜 잘 팔리지 않지? 그러면 영업자는 대답한다. 누가 봐도 좋은 책은 아무것도 하지 않아도 독자가 먼저 알아본다!

편집자와 영업자의 가장 오래된 싸움 레퍼토리라고 한다. 편집자는 책을 만드는 사람이고 마케터는 그 만든 책을 파는 사람이므로 서로의 입장 차이는 필연적으로 발생한다. 그런데 감정적으로 네 탓 내 탓을 하기에 현실은 손금처럼 너무도 선명하게 드러나기 마련.

그가 볼 때 보통 편집자와 마케터의 생각은 다르지 않다. 여러 회의를 함께하다 보면 책에 대한 생각은 비슷해진다. 배본 다음 날부터 초기 반응을 숫자로 볼 수 있는 시대다. 이것처럼 사실을 분명히 말해주는 자료도 없다. 마케팅팀 활동도 숫자로 나온다. 몇 명이 봤고 몇 명이 반응을 보였고 얼마나 팔렸는지 성과를 측정할 수 있다. 누구의 책임이라고 떠넘기기 어려운 상황이다.

> "제가 팀원으로 있을 때 부서 간 미묘한 힘겨루기가 있었어요. 소모적이라고 생각했고 팀장이 되면 그러지 말자 다짐했죠. 실천한다고 하고는 있어요. 출판사의 중심 부서는 편집부예요. 편집팀, 디자인팀과 잘 협력해서 책을 알리는 게 저의 중요한 임무니까, 관계를 잘 다져놓습니다. 어떤 단계를 밟을 때마다 좀 번거롭

더라도, 같이 의논하면 큰 마찰은 없어요. 분야는 어디로, 가격은 이런 이유로 이 정도가 좋겠다, 이런 이유로 마케팅은 이쪽에 집중하려는데 어떻게 생각하냐. 진행 상황을 하나하나 공유하면서 일을 진행해요. 자기 방향만 고집하지 않으면서 과정을 함께하면 갈등의 소지가 적습니다."

그가 제일 일하기 힘든 편집자는 말수가 적은 사람이다. 마케팅 방향과 아이디어가 편집자와의 이런저런 시시콜콜한 대화 속에서 나오는 경우가 많다. 검토서, 콘셉트 회의 자료, 보도자료 등 텍스트 자료는 많지만 좋은 아이디어는 대화 끝에 도출된다. 그렇기 때문에 편집자가 말이 없으면 곤란하다. 그리고 가끔 책 출간과 동시에 탈진되는 편집자들이 있다. 책이 사고 없이 잘 출간되는 게 중요하니까 전력을 다 쏟고 방전되는 건 이해한다. 하지만 대부분의 중요한 마케팅은 출간이후부터 시작된다. 편집자와 함께 만들어야 할 콘텐츠가 줄줄이 남아 있다.

"100퍼센트 힘을 다 쓰지 말고 마케팅팀과 함께할 10퍼센트는 남겨주길 부탁합니다."

제일 일하기 좋은 편집자는 모든 진행 상황을 꼼꼼하게 얘기해주고 공유해주는 편집자다. 편집자는 한 권의 책을 준비하지만 마케팅팀은 회사에서 출간되는 모든 책을 담당하기

문창운,

때문에, 아무래도 중요한 책에 신경이 쏠려 있기 마련이다. 다 알고 있으리라 짐작하기보다 계속 진행 상황을 상기시켜주면 큰 도움이 되고, 압박도 된다.

그는 마케터로서 책의 기획에 참여하기도 한다. 아무래도 검색을 많이 하고 SNS를 돌아다니다 보니까 눈에 띄는 사람들이 보이고 반짝 떠오르는 아이디어가 생긴다. 내용의 기획보다는 저자를 섭외하는 쪽으로 접근하는 편이다. 몇 가지 조건에 대입을 해본다. 어떤 그림이 나올까 그려보고, 이 저자의 이런 이야기면 어떨지 내부에 공유하고, 결정되면 저자를 만난다. 책으로 출간하기까지는 여러 단계가 있지만 저자 만남부터는 담당 편집자와 함께하기 때문에 부담이 적다. 그때부터는 출간할 책의 파트너로서 저자, 편집자, 마케터가 함께한다.

마케터의 중요 업무 파트너로 사내에 편집자가 있다면 사외에는 각 서점의 MD들이 있다. 새 책이 나오면 서점을 돌며 MD들에게 책을 내민다. MD의 표정 변화에 민감해질 것도 같지만, 하루에도 수십 명의 마케터를 만나는 그들의 고충을 알기 때문에 반응이 내 맘 같지 않아도 특별히 서운하진 않다. 특히 그는 업무 파트너와 인간적인 친분을 쌓는 타입이 아니다. 가끔 서운할 정도로 무표정한 MD와 만나면 이렇게 이해한다.

"그들의 반응이 안 좋았던 건 '이 책이 좋은 책이라는 건 알겠어,

그래서 어떻게 할 건데?'에 대한 이야기가 없어서가 아닐까요. 아니면 그 반대로 어떻게 할 거다만 있고 이게 왜 필요한 책인지에 대한 얘기가 없어서거나요. (웃음) 좋게 생각합시다."

도서 판매량 공식 집계로 투명한 출판 시장을 꿈꾼다

그토록 공들여 세상에 나오고 애타게 알리고자 노력하건만 신간의 생명력은 보통 한두 달가량이고, 이마저도 급격하게 줄어드는 추세이다. 독자의 관심에서 멀어지는 속도가 빨라졌다. 신간은 눈 깜짝할 사이 구간의 신세로 내몰린다. 대개 한 달 안에 주목받지 못한 책은 그 이후에도 판매량 수치가 좋지 않다. 그런 책들은 재계약 시점에 몇 년간의 매출을 확인해보면 재계약 비용조차 나오지 않는 수준이다. 전자책만이라도 유지하려 해도 재계약 비용은 비슷하게 들어간다. 또 종이책이 안 팔리면 전자책도 크게 다르지 않다. 출판사 입장에선 절판 말고는 방법이 없다.

이런 현실이 독자 입장에서는 안타깝다. 꼭 필요한 책이 절판되어 발을 동동 구른 경험이 누구나 한 번쯤 있다. 그러나 묻히는 좋은 책을 끌어올리는 데서 오는 시간과 비용 투자는 이윤 추구를 목적으로 하는 회사에서 쉽게 도모할 수 있는 일이 아니다.

만약 대중적인 호응을 끌어내기 어렵지만 세상에 꼭 필

요하고 의미 있는 책이라고 판단된다면, 마케터는 외부에서 그 책이 좋은 책이란 걸 인증받기 위한 노력을 기울여볼 수 있다. 한국문화예술위 선정 우수문학, 한국출판문화산업진흥원 이달의책, 한국과학창의재단 우수과학도서, 문화체육관광부 우수도서, 대한민국학술원 우수학술도서, 유아·어린이 추천도서, 청소년 추천도서, 미디어 추천도서 등에 선정이 될 경우 판매와 홍보에 도움이 된다. 이러한 제도의 책 후보 등록 기간을 잘 챙겨서 놓치지 않도록 해야 한다.

마케터로서 따라 하고픈 다른 출판사의 마케팅 방법이 있다. 탐나는 건 적어놓고 티 안 나게 변주해서 써먹으려고 한다. 국내 출판사 민음사 독서모임 '브릿G(britg.kr)' 같은 플랫폼이 부럽다. 가질 수 없어서 엄두가 안 나서 더 탐난다. 브릿G는 민음사에서 국내 장르문학 활성화를 위해 만든 플랫폼이다. 민음사 브랜드 황금가지는 계속 장르소설을 출간해왔고 각종 장르문학상을 꾸준히 개최하면서 국내 장르작가 발굴에도 힘써왔다. 이제는 독자와 저자가 함께 놀 수 있는 플랫폼을 만드는 단계까지 온 것이다. 꼭 성공해서 좋은 롤 모델이 되었으면 좋겠다는 게 마케터로서의 바람이다.

반면 회의감이 들게 하는 출판사 목록도 있다. 사재기하는 출판사, 최소한의 기획도 없이 짜깁기한 책을 출간하는 출판사, 편법으로 마케팅하여 매출을 만드는 출판사, 남의 출판 기획 아이디어를 함부로 훔쳐서 표절 책을 내는 출판사.

"개선하고 싶은 것들이 있어요. 위탁 거래와 숨겨진 판매 자료. 책 판매량을 투명하게 공개하고, 판매량만큼 지불받는 것. 저도 다른 업계에 있다가 출판계로 이직한 경우이기 때문에 처음에 왔을 때부터 이게 뭐지? 왜 이런 거래를 하지? 손해를 보면서도 왜 그게 안 고쳐지는지 이상했어요. 간단한 일은 아니지만 기술적으로 힘들어서 못하는 것은 아닌 거 같아요. 영화 관객을 집계하는 영화진흥위원회(www.kobis.or.kr) 같은 시스템이 출판계에도 마련되어야 하고, 책 판매 데이터도 공개되어야 한다고 생각해요. 그 역할을 해나갈 출판계 구심점이 필요합니다."

출판마케터로 정년퇴임하는 그날까지

'한때' 출판계에는 이런 속설이 있었다. 마케터 출신이 1인출판사를 차리면 흥하고 편집자 출신이 1인출판사 차리면 망한다. 물론 현실은 다르다. 편집자가 차려도 망하지 않고 잘 운영되는 출판사가 많다. 다만 이런 이야기가 나온 것은 마케터와 편집자의 감각과 기질의 차이에서 온다.

"개인적인 느낌이라는 점을 먼저 밝혀두고요. 같이 일하던 마케터, 편집자의 독립을 많이 봤고 그들이 내는 책도 계속 보고 있어요. 두 그룹의 책은 분명히 다르죠. 편집자는 평소 하고 싶었던 분야로 깊이 더 깊이 들어가요. 마케터는 대중성을 확보하기 위해서 노력하는 것 같아요. 타깃 독자층을 넓게 하려다 보니 콘셉트가 명확하지 않은 책이 있고요. 편집자의 타깃 독자층은 반대로 좁아지는 경향이 있는 것 같고. 본인의 주특기를 살리려고 하다 보니 힘을 안배할 때 약간의 불균형이 생기는 것이 아닌가 싶습니다. 저도 창업을 생각 안 해본 건 아닌데 먼저 독립한 분들을 머릿속에 떠올릴 때마다 생각을 접고 있죠. (웃음) 책과 관련한 이런저런 고민을 자주 하는 편이라 독립해서 특이한 책을 만들고 싶다는 생각이 들 때도 있어요. 그러다 현실로 돌아와서 열심히 야근해요. (웃음) 만약에 한다면 취향이 확실한 소규모 집단을 공략하는 책, 재미를 주는 디자인 소품 같은 책은 어떨까 싶은데. 하지만 항상 출판계 현실을 숫자로 보고 있기 때문에 점검하면 할수록 자신이 없어져요."

1인출판사가 계속 생겨나는 이유이기도 한데, 출판노동자는 이직이 많고 정년이 짧은 직종이다. 마케터가 정규직이긴 하지만 고용안정성이 있다고 보긴 힘들다. 출판마케터로 정년퇴임했다는 이야기를 그는 들어보지 못했다. 사십대 중후반부터는 자의인지 타의인지 창업을 하거나 타 업계로의 이직이 많다. 슬픈 일이다. 그래서 좋은 선례를 남기고 싶다. "오래오래 다녀보겠다!"

책과 함께 보낸 삼십대. 그에게 좋은 책은 버전이 여러 개다. 마케터로서는 『총, 균, 쇠』, 『코스모스』처럼 오랫동안 계속 판매되는 책을 꼽는다. (게다가 단가도 높다!) 역사가 되어버린 중요한 책이기 때문에 매년 이 책을 읽어야 하는 신규 독자가 생겨나고 이런 스테디셀러를 펴내는 게 출판사에는 힘과 긍지가 된다. 푸른숲에서 고르자면 『죽여 마땅한 사람들』이 기억에 남는다. 가제본 배포를 통해 독자와 끈끈한 동지애를 느낀 책이다. 그리고 개인적으로 위화의 작품을 좋아한다. 출판사 마케터는 매출과 성과로 인한 보람도 느끼지만 좋아하는 또는 존경하는 작가와 함께 일할 수 있다는 직업적 자긍심도 있는데, 위화의 책을 만들 때 그랬다. '당신이 어떤 아버지를 두었건 단 한 번은 아버지를 만나게 해준다.' 위화의 책을 홍보하기 위해서 그가 특별히 생각한 문장이다.

마지막으로 물었다. 작가는 자신의 책 판매가 부진할 때 스스로 위안하는 방법이 있다. '뭐, 잘 팔리는 책이 꼭 좋은 책은 아니잖아.' 이 명제에 마케터인 그도 동의할까?

"정답이죠. 하지만 갖고 싶네요… 그 잘 팔리는 책."

출판마케터가 되고 싶은 이들에게 건네는
문창운의 마음

1. '아마 그럴 거야' 머릿속으로 확신하지 말기.

데이터를 조심하세요. 중요한 포인트에서 잘못된 생각이 고착되는 경우가 있습니다. 그게 한번 굳어져버리고 비슷한 패턴이 반복되면 잘못된 생각으로 판단을 내리게 됩니다. 중간 점검, 그게 맞았나를 조사하는 과정이 필요합니다.

2. 내가 원하는 방향으로 숫자를 끌고 가지 말기.

어떤 결정을 할 때 여러 숫자 데이터를 참고합니다. 그때 내가 원하는 방향의 데이터들만으로 자료를 구성하는 경우가 있습니다. 이미 마음속으로 결정을 해놓고 그것에 힘을 실어주는 숫자들만 모아서 회의를 진행하는 거죠. 데이터는 있는 그대로 보여주어야 합니다. 그 데이터가 이전에 결정했던 마케팅 활동이 효과가 없었다는 것을 공개하는 일이라고 해도요. 그 숫자들을 덮어버리면 계속 효율이 떨어지는 곳으로 비용이 집행됩니다.

3. 이상한 생각을 많이 하고 입으로 말하기, 그리고 기죽지 않기.

저는 회사에서 이상한 소리를 많이 하는 사람입니다. 그 이상한 소리가 회의의 분위기를 부드럽게 만들기도 하고, 그러다가 가끔 좋은 제목의 힌트가 되기도 합니다. 머릿속 생각들을 일단 던져보는 게 중요합니다. 마케터는 경계가 없습니다. 기획자이자 디자이너라고 생각하면서 회사 생활을 하면 좋을 것 같습니다. 마케팅을 하며 되돌아보면, 책이 처음 기획될 때가 마케팅의 가장 중요한 부분이었습니다. 그래서 마케터의 최종 모습은 기획자여야 한다고 생각합니다.

박태근, 온라인 서점 MD의 마음

본 것, 들은 것, 한 것, 접속한 곳이 한 사람의 세계를 이룬다. 온라인 서점 알라딘은 내 세계의 깊은 일부를 차지했다. 24시간 열람실이자 해가 지지 않는 놀이터. 컴퓨터를 켜면 일단 알라딘으로 가서 한 바퀴 둘러본다. 원고를 쓰다가 자료를 찾거나 궁금한 책을 찾아보러 달려가곤 했다. 첫 화면에서 마주치는 '편집장의 선택'은 지나칠 수 없다. 책 표지를 클릭하면 원고지 2~3매 분량의 핵심을 뽑아낸 소개 글이 흘렀다. 바이라인에 눈길이 갔다. 인문 MD 박태근.

잠깐 스친 생각이 꿈으로 저장된다. 알라딘의 주력인 사회과학 분야의 충성 독자이고 그 책들을 자양분 삼아 글을 써온 사람으로서 나는 상상했다. 언젠가 내가 쓴 책도 '편집장의 선택'에 오르는 날이 올까. 한낱 알라디너의 바람은 수줍고 멋쩍고 은밀했다. 그리고 그날이 왔다. 2016년 8월, 알라딘에 접속하자 첫 화면에 『쓰기의 말들』이 놓여 있었고 책 이미지를 누르자 예의 소개 글이 흘렀다. 글쓴이 인문 MD 박태근.

온라인 서점 바깥에서도 그는 출몰했다. 여러 매체에 나와서 책을 소개했고 SNS에서도 출판 전사로 활약했다. '오늘의 신간 미팅'을 페이스북에 올렸다. 대개는 세로로 가끔씩 가로로 카메라 앵글을 돌리고 컬러에서 흑백으로 색을 뺐다가 입히며 책의 주목도를 높였다. 날마다 같은 자리에서 뜨는 해처럼 그의 움직임은 성실하고 뜨거웠다. 일이 곧 자아의 펼침인 사람, 그를 보면서 MD라는 직업에 관심이 갔다. 온라인 서점 MD는 어떤 일을 하는가. 그리고 직업은 어떻게 천직이 되는가.

MD의 하루

오전 9시. 출근하면 바로 베스트셀러를 점검한다. 변동 폭이 큰 도서의 경우 원인을 파악하고 주문 관리와 홍보 강화 등의 대응을 한다. 더불어 최근 프로모션이 진행된 주요 도서의 반응도 살펴본다. 어떤 액션이 어느 정도의 반응을 불러일으켰는지 확인하고, 이후 계획을 조정한다.

이어지는 업무는 주문 관리다. 시스템이 구매 상황을 반영하여 출판사에 기본 주문을 넣지만, 시스템이 판단할 수 없는 영역도 적지 않기에, 담당자가 이를 일별하면서 구체적인 조정에 들어간다. 적정 수요를 예상해서 재고를 많이 남기지 않는 일, 도서 매입가를 낮추어 이익을 높이는 일이 균형 있게 이루어져야 한다.

그리고 웰컴, 메인 페이지 등 주요 영역에서 보여줄 도서를 결정하는 회의를 진행하거나 회의에서 결정된 도서의 소개 글을 작성한다. 이는 다수의 출판사가 소수의 MD를 만나듯, 다수의 MD가 소수의 자리를 두고 경쟁하는 과정이니, 책의 내용과 판매 계획, 예상 판매량을 근거로 설명하고 설득해야 한다. 그 설명 내용과 설득의 근거를 바탕으로 독자, 즉 고객에게 전달할 효과적인 표현을 고민한다.

오후가 된다. 두 시간은 출판사 미팅을 진행한다. 정신없이 지나가는 시간이지만 책을 판단하기 위한 가장 중요한 자리다. 이 시간 외에 책을 깊이 들여다볼 여유가 많지 않다. 출판사의 설명을 듣는 동시에 자신의 눈으로 책을 최대한 열심히 파악한다. 보통 하루에 열 명 내외의 사람을 만난다. 많은 사람을 만날수록 책이 늘어나고, 그만큼 일이 많아지니, 미팅이 많아지는 날에는 그만큼 손과 발이 바쁘다.

그날 미팅한 도서를 포함해 프로모션 계획을 정리하고 출판사에 제안하는 시간을 갖는다. 굿즈라 불리는 사은품 기획이나 여러 이슈에 맞춰 진행하는 기획 이벤트도 대체로 이때 머릿속에서 정리를 한다.

새로 등록된 도서의 분류를 점검하고, 자신이 맡은 분야의 페이지를 관리한다. 웰컴, 메인 페이지와는 달리 담당 MD가 오롯이 편집권을 갖고 있기에, 자신의 선택과 색깔을 드러낼 수 있는 공간이다. 또한 출판사에서 관심을 갖고 살펴보는 곳이라 세심한 관리가 필요하다.

어느새 해가 저물고 퇴근 시간이 다가온다. 꼭 내용을 살펴봐야 할 책을 챙겨 회사를 떠난다. 물론 그 책을 읽을 수 있을지는 모르지만, 그것이 책과 출판사에 대한 최소한의 관심과 예의라고 생각해서다.

반드시, 알라딘, 인문, MD

책의 세계에서 'MD'가 이야기되기 시작한 건 근래의 일이다. 2010년 즈음에 들어서야 알라딘 인문 MD 금정연 씨가 블로

그 활동이나 외부 기고를 통해 MD라는 직업의 새로운 모습을 드러내기 시작했다. 어떤 끌림일까. MD가 무엇인지는 잘 몰랐지만 언젠가 한번 해봐야겠다고 그는 생각한다. 다른 서점, 다른 MD가 아니라 알라딘, 인문, MD. 꼭 그 역할과 자리에 관심이 갔다. 마침내 기회가 왔고 잡았다. 그때가 출판사 편집자 생활 43개월 차였다.

> "온라인 서점이 새로운 공간이잖아요. 책이 흐르는 여러 공간 중에 제일 최근에 생겼고. 책 판매자로서 역할 말고 책을 다루는 사람으로서의 역할, 편집자랑 비슷한 역할이 있다고 생각했어요. 그걸 적극적으로 해볼 수 있는 서점이 알라딘, 그중에서도 인문 분야가 아닐까. 한창 편집에서 재미를 느끼던 때라 옮기려는 생각이 강하진 않았는데 마침 채용 공고가 났길래 과감하게 지원했죠. 기회가 또 언제 올지 모르잖아요. 저도 8년 가까이 하고 있으니까. (웃음)"

박태근은 출판예비학교 1기 출신이다. 대학을 졸업하고 공부냐 취업이냐의 기로에서 일을 택했다. 그가 볼 때 회사는 하나같이 뭘 파는 곳이었다. 그렇다면 자신이 제일 잘 아는 걸 팔아야 하지 않을까 싶었다. 그게 책이었다. 구매 경험도, 사용 경험도 가장 많았다. 책 만드는 일이라면 즐거울 거 같았다. '편집자'가 되고자 출판학교 과정을 수료했고 휴머니스트 출판사에 들어갔다.

2001년에 창립한 휴머니스트는 그가 입사한 2006년 여름엔 이미 인문·사회 쪽으로 브랜딩이 되어 성장세에 있던 출판사다. 유교철학을 전공한 그는 휴머니스트의 첫 책 『서양과 동양이 127일간 e-mail을 주고받다』부터 그간 발간된 책은 모조리 찾아 읽은 참이었다. 친근한 출판사에 운 좋게 둥지를 텄다. 열 명이 면접을 보았고, 그를 포함해 세 명이 공채 1기로 뽑혔다. 『르몽드 세계사』 등 몇 권을 펴냈고, 내고 싶었던 책 몇 권을 기획했다. 편집 일이 웬만큼 손에 익고 자신감이 붙을 입사 4년 차, 그러니까 편집자로서 왕성하게 일할 시점에 이직을 단행한 것이다.

보통의 셀러를 파는 기쁨

이 사실을 아는 사람은 별로 없다. 2010년도에 알라딘은 처음이자 마지막으로 TV 광고를 했다. 영화배우 배두나가 모델로 나와 셰익스피어 분장을 하고는 당일배송, 적립금, 중고책 팔기 등 온라인 서점의 이점을 홍보했다. 이런 카피가 흘렀다. '이런 서점 봤어?' '샀노라, 읽었노라, 되팔았노라.' 천만 다행이었다. 편집자란 직업도 잘 모르겠는데 온라인 서점은 뭐고 MD는 또 무엇인지 더욱 생소했던 부모님의 염려를 TV 광고가 덜어드렸으니 말이다. MD라는 직군은 홈쇼핑, 온라인 쇼핑몰을 통해 대중에게 익숙해지고 있었다. 서점 MD도 쇼핑몰, 전자상거래 업체의 구매 담당자라는 측면에서 비슷한데, 또 극명한 차이가 있다.

다른 MD는 상품 소싱이 자기 업무에 큰 부분을 차지한다. A쇼핑몰에서 파는 물건을 B쇼핑몰에서는 안 팔기도 한다. 가령 이마트에서 캐나다 앞바다 꽃게를 사 왔다며 그건 자기네만 판다고 광고하는 것처럼. 그런데 서점 MD는 상품 소싱 역할이 미미하다. 대부분 출판사가 비교적 동등하게 상품을 공급한다. 들어온 상품을 어떻게 알리고 팔 거냐. 프로모션 과정의 역할이 크다는 점에서 서점 MD는 다른 MD와 역할이 다르다. 그래서 서점 MD를 하다가 다른 쇼핑몰 MD로 이직하는 경우는 거의 없다.

온라인 서점에서 MD는 소수다. 본사와 물류 포함해 알라딘 직원이 150명인데 MD가 15명, 그중에서 국내도서 담당은 10명 조금 넘는다. 그는 알라딘 도서 대분류 31개 중 인문, 사회, 역사, 과학 등 소위 교양서 영역을 혼자 도맡았다. 이 얘기 하면 다들 놀란다고.

MD가 하는 일은 이렇다. 출판사로부터 책을 사서 그 책이 독자에게 전달되기까지 최종 책임을 진다. 구매와 판매, 둘 다 담당한다. 팔릴 만큼만 적정한 수량을 가져와야 한다. 만약 출판사가 찍는 부수가 제한돼 있고 2쇄 출간이 늦을 때 1쇄를 적게 가져와 재고가 동나버렸다면 그건 MD의 판단 미스다.

"MD를 하고 싶어 하는 사람이라면 물건이 팔릴 때 재미를 느껴

야 돼요. 좋은 책이라고 생각했거나 판매를 예상했던 책이 내 생각대로 순조롭게 판매될 때가 가장 기쁜 순간이에요. 기대되는 책을 판매하기 위해서 MD도 출판사 못지않게 판촉 계획을 세워요. 역으로 출판사에 마케팅을 제안하기도 하고요. 1단계, 2단계, 3단계 순차적으로 그 흐름과 함께 책이 판매되고 자리를 잡으면 정말 신나죠. 남들이 발견 못 한 가치를 발견하고 의미를 부여해 성공한다면 그건 매우 뜻깊은 일이지만 잘 일어나지 않는 일이에요. 그보다는 보통의 셀러를 판매할 때 거기서 즐거움을 느껴야 해요. 그게 부질없다고 생각하면 못 할 거예요.”

시장에서 서점과 서점은 경쟁 관계다. 다른 서점보다 어떤 책을 더 팔았을 때 거기서 오는 희열이나 경쟁심 같은 것들도 일하는 데 중요한 요소다. 알라딘은 인문·사회 분야의 도서를 잘 판다. 그런데 이 분야는 전체 판매량이 적어서 예정된 틀을 벗어나기 어렵다. 기대한 만큼 나간다. 실제로는 아주 잘 팔리는 책을 경쟁사보다 많이 팔았을 때, MD로서 기쁘다. 유시민과 유홍준 책이 하나의 유형이다. 워낙 베스트셀러라서 최종적으로는 경쟁사 쪽이 더 많이 팔지만, 한 달 동안은 알라딘의 판매가 더 높게 나오는 경우도 잦다. 인문·사회 분야 저자의 경우 이런 사례를 어렵지 않게 찾아볼 수 있다.

이처럼 서점별로 코어한 독자층이 모여 있는 키워드가 있다. 알라딘이 못 파는 건 중국 키워드. 중국 관련 도서는 경제·경영 독자들이 주로 사기 때문에 불리하다. 알라딘이 잘 파는 건 독신, 비혼, 자립 등 혼자에 관한 책이다. 서점과 독자가 공유하는 멘탈리티가 있다. 그런 책은 알라딘에서만 나갈 가능성이 크다.

이를 서점별로 '선책 리더십'이라고 부른다. 책을 고른다는 뜻의 선책. 서점별로 리더십을 갖고 선도해가는 분야. 알라딘은 소설이나 문학 일반, 인문 분야가 선책 리더십을 가지고 있다. 먼저 판단하고 치고 나가면 다른 서점이 따라간다. 역으로 경쟁사 예스24는 경제·경영이 강세니까 치고 나가면 다른 서점이 따라간다. 그런 선순환이 일어나서 책이 잘 나갈 때, 재미를 느낀다.

"그냥 생각할 땐 우리만 잘 나가면 좋을 것 같지만 그러면 전체 규모가 안 늘어나요. 다른 데가 많이 파니까 우리도 팔아야겠다고 다 같이 달려들어야 결과적으로 모두 나가요. 그럴 때 그 책을 살렸다는 느낌이 들죠. 장사가 뭔가를 저쪽에 던지는 건데, 던졌을 때 오는 반응을 재밌어 하는 사람이어야 해요. 편집자는 그 시도 횟수가 굉장히 적죠. 1년에 내는 책이 많아야 네다섯 종이고 기획만 한다고 해도 열 종 이상 하긴 어렵잖아요. MD는 시도 횟수가 많아요. 저희가 웰컴 페이지 올리는 게 주 2회니까, 1년에 총 400여 종의 책이 '편집장의 선택'에 올라가는데, 저는 그 가운데 100여 종을 담당해요. 그렇게 크게 노출되는 책은 100번의 기회를 가지는 셈이죠. 그게 재밌는 일이에요. 만들어진 결과물을 갖고 많은 시도를 해볼 수 있다는 점."

MD의 선택, 예상 판매량이 제1의 조건

온라인 서점에서는 담당 분야의 MD 역할이 크다. 바쁜 독자들이 책을 '발견'하는 기회는 점점 줄어드는데 그 일을 대신해주기 때문이다. 그런 이유로 출판사들은 온라인 서점의 '선택'을 바란다. 최초의 독자 반응을 확인하는 기회이며 광고비 없이 노출되어 독자에게 책을 알릴 수 있는 명당이 주어지는 절호의 찬스다. 예스24, 인터넷 교보문고 등 다른 서점은 '오늘의 책'이라는 이름으로 책 표지만 소개되는 데 비해, 알라딘의 경우 '편집장의 선택'으로 소개 글과 그 글을 작성한 분야 MD 이름이 표기된다. 온라인 서점 통틀어 MD의 이름이 공식 노출되는 유일한 자리다.

　'편집장의 선택'에 올릴 책은 내부 회의를 통해 결정한다. 기준은 예상 판매량이다. 많이 팔리는 게 1번, 불변의 조건이다. 그래서 판매를 장담할 수 없는 무명 저자의 책은 '편집장의 선택'에 가기 어려운 구조다. 예상 판매량 부분에서 점수가 낮다. 당연한 결과다. 출판사가 출간을 결정하거나 독자가 책을 선택할 때도 이는 마찬가지다. 자본주의 속성상 어쩔 수 없다. 출판사는 서점보다 많은 정보를 갖고 이미 시장 규모에 대해 판단하고 책을 낸다. 이렇게 앞서 결정돼 오는 상황들, 즉 저자, 출판사, 판매 계획 같은 고정 요소가 '선택'의 많은 부분을 차지한다. 온라인 서점이 열 종을 올리면 여덟 종이 비슷한 게 이 고정값 때문이다.

다르기도 어렵다. 1년에 나오는 책이 4만 권, 하루에 100권씩 나온다. 100대 1의 경쟁률을 통과하면 확률상 비슷할 수밖에 없다. 나머지 작은 부분이 MD의 취향이다. 때때로 일하다가 만들 수 있는 작은 재미들인데, 판매와 무관하게 이 책이 너무 좋아서 알리고 싶다는 의도와 태도로 MD가 회의 때 제안하기도 한다.

> "MD 입장에서 '판매가 안 되는 좋은 책'은 애매한 책이에요. 판매가 많이 되는 책이 좋은 책이라고 믿어야 해요. 서점에는 이런 정서가 있어요. MD가 독자로서 어떤 책이 좋지 않다고 평가할 수는 있지만, 무려 100만 명이 찾아 읽었다면 그 책에 대해 나쁜 책이라고 판단할 수 없다는 전제가 깔려 있죠. 어떤 역할이든 있어요. 누군가는 잠깐 위로를 줄 뿐이라고 얘기하고, 식자층은 비판하기도 하죠. 하지만 잠깐의 위로를 주는 책이 얼마나 귀하냐는 거예요. 많이 판매된 책은 어떤 의미에서든 존중해줘야 한다는 태도가 있어요."

MD는 의미를 만들고 판매로 확인한다

MD의 노력으로 좋은 책의 구매를 유발하는 경우도 있다. 박태근에겐 『고래』가 그 사례다. 한국에선 도감류 판매가 저조하다. 그 책이 나온다는 소식을 들었을 때 반가워서 원서 정보도 찾아봤다. 사람들이 고래를 좋아하는데 고래에 관한 책은 드물다. 온라인 서점에서 고래를 검색하면 천명관의 소설 『고래』가 먼저 떴다. 일반명사 고래가 아니라 고유명사 고래가 먼저 뜨는 건 이상한 일이다. 고래 도감이 나오자마자 열심히 홍보했다. 본문의 이미지를 정리해서 SNS에 올렸다. 트위터에서 몇 천 리트윗이 넘어가면서 알라딘 판매가 붙기 시작했다. 고래 마그넷 사은품을 제작해서 알리고. 도감류치곤 드물게 2쇄도 바로 찍었다. 『고래』가 상업적으로 일정한 성공을 거둬서 출판사는 다시 동종의 책을 낼 내부의 동력이 생겼고, 곧 딱정벌레 관련 책을 낸다고 한다.

"이건 너무 즐거운 경험이죠. 판매로만 끝낸 게 아니라 여러 의미를 만들어내는 과정으로 확산이 되니까. 거기서 느끼는 희열이 커요. MD가 좋은 책이라고 믿고 활동했을 때 실제 판매로 증명이 되면 그다음에 할 수 있는 일이 많이 생기거든요. 믿음을 갖고 했는데 판매가 적으면 판매자로서 거기에 에너지를 더 쏟을 수 없고요. 판매를 기다리는 많은 책이 있으니까요. 어느 정도 호응이 와서 해볼 수 있는 여지가 많았죠."

회사가 시켜서 하는 일이 아니라 그가 좋아서 하는 일이 더 있다. 트렌드 관련 기획전. 한국사회에 페미니즘 이슈 확산에 관련 도서가 기여했고 알라딘은 중요 거점으로 기능했다. 인문 MD로서 그는 페미니즘 책들이 나올 즈음부터 꾸준히

박태근,

온라인 서점 MD의 마음

관심을 두고 그 책들을 연결해서 함께 판매할 만한 프로모션을 시도했다. 페미니즘 문구가 들어간 사은품을 만들 때 특정한 책의 문구나 표지를 차용하기도 하는데 그게 화제가 되면서 책의 판매가 늘었다. 연말에는 페미니즘 이슈의 의미를 담아보는 콘텐츠를 기획하고 원고 청탁을 넣기도 했다.

2016년 필리버스터 때도 그는 키워드로 하루 만에 이벤트 페이지를 제작해 그 이슈를 이어가려고 노력했다. 『필리버스터』 책이 나오자 알라딘에서 첫날에만 1000부가 넘게 팔렸다. 2015년 고전 읽기 프로젝트도 MD의 기획으로 매출을 만들어낸 경우다. 『코스모스』, 『열하일기』 등은 그해에 전년 대비 두 배 이상 팔렸다. "이런 매출은 실력"이다. 없는 매출과 없는 상황을 서점 주도로 만들어서 독자에게 어필하기. 보통은 의미를 어필하는 데서 끝나고 판매로 이어지긴 어려운데, 이 경우는 매력적인 혜택들을 주면서 책의 실제 판매가 일어난 드문 사례였다. 이럴 때 MD는 단순히 책만 파는 게 아니라, 가치를 공유하는 독자들과 꾸준히 상호 확인하는 기쁨을 맛본다.

고백하자면, 나는 많이 팔리는 책이 좋은 책이라는 생각을 해본 적이 없다. 좋은 책이 꼭 많이 팔리는 건 아니라고 믿었다. 그래야 내 독서 취향이 정당화됐다. 천만 관객이 든 영화보다는 극장에 열 명 남짓 앉아서 보는 의미 충만한 영화를 선호하듯이, 그런 비주류적 취향에 대해 스스로 자부심까진 아니지만 '무리'에 휩쓸리지 않고 고고하게 살아간다는 자족이 있었을 것이다. 무라카미 하루키나 김훈 같은 작가의 책은 나오기만 하면 바로 베스트셀러다. 내용에 대한 별다른 평가 없이, 묻지도 따지지도 않고 서점이 띄워주고 밀어주는 게 다 자본에 물든 상업주의로 보였다. 그건 '책의 정신'을 위배하는 것이며, MD를 포함한 독자의 안일한 선택이라고 생각했다. 그의 설명을 듣고 나자, 책의 정신보다 상품의 본성 혹은 물성이 출판 시장을 움직인다는 사실이 눈에 들어온다.

책은 상품이라는 감각이 내겐 없었고, 그에겐 본능적으로 내재된 듯했다. 팔릴 때의 기쁨이 크다, 많이 팔리는 책엔 미덕이 있다, 대중의 선택에는 이유가 있다는 그의 말은, 책이란 무엇인가 그리고 책이란 무엇이어야 하는가 다시 한번 묻게 했다.

도서관보다 서점!

박태근에게 기억에 남는 첫 책은 『반갑다, 논리야』다. 1992년 겨울, 5학년에서 6학년으로 넘어갈 즈음 책이 나왔고 초기에 사서 읽었다. 거기서 배운 것들을 다음 날 학교 가서 친구들한테 써먹었다. 그때만 해도 '논리'라는 말이 익숙하지 않았는데 애들끼리 말싸움할 때 책에 나온 논증을 적용해서 '너의 말은 이게 오류다' 하고 놀렸다. 그러면서 책을 읽는 게 굉장히 재밌는 일이구나, 독서의 효용을 깨달았다. 중학교에 들어가자 당시 베스트셀러인 『나의 문화유산 답사기』를 읽고 남도에 다녀왔다는 친구가 있었다. 책 뒤에 실린 일정표를 보고 가족 여행을 다녀왔다는 친구들도 더러 있었다. 그 얘길 듣고 나니까 그간 경험한 독서의 효용이 한없이 유치하게 느껴졌다. 책을 읽고 여행을 갔다 왔다고? 열다섯 살 태근은 『나의 문화유산 답사기』 2권을 지니고 친구와 단둘이 떠난다. 풍기에 있는 친구의 외가에 2~3일 묵으면서 영주 부석사에 가서 '그렇지, 저자 유홍준이 여기를 이렇게 얘기했었지' 친구랑 둘이 막 지성을 뽐내며 돌아다녔다. 기껏해야 책을 고작 말싸움 꼬리 잡는 데나 써먹다가 답사 다니는 친구의 멋있음을 모방하면서 독서 경험이 확장된 것이다.

그를 책의 세계로 본격 안내한 사람은 중1 때 국어 선생님이다. 한 달에 한 번 수업 대신 책을 소개했다. 선생님이 알려준 책은 다 구해서 샀고 그 책들을 지금도 갖고 있다. 하나는 『털 없는 원숭이』 정신세계사 판본이다. 남자 중학교 1학년생으로서 관심은 온통 짝짓기 장에 쏠렸다. 선생님이 그런 걸로 책에 대한 관심을 불러일으켰다. 거기만 뜯어져 있을 정도로 엄청나게 읽었다. 두 번째 책은 『장길산』이다. 선생님이 1권 얘기를 들려주었다. 장길산과 묘옥의 사랑 이야기만 해주었는데 그 뒤가 궁금했다. 아버지가 그 당시 청계천 도매상에 가서 열 권짜리 『장길산』을 사주었다. 1권에서 길산과 묘옥의 사랑이 나오는데 헤어지고 8~9권에 가서야 다시 만난다. 아무리 읽어도 러브 스토리는 안 나왔다. 굉장한 실망감을 안고,

친구들이랑 모이면 너 몇 권까지 읽었냐, 다시 나오냐 안 나오냐, 정보를 교환하면서 그 긴 책을 읽어나갔다. 중3 때는 도올 김용옥의 『삼국통일과 한국통일』이란 두 권짜리 책이 인상 깊었다. 그 당시 삼국통일의 역사적 맥락과 의의를 지금에 살려서 남북통일 해야 한다는 내용이었다. 본문은 한자가 많아 지쳐서 못 읽었는데 서문의 아이디어가 너무 인상 깊어서 그 아이디어를 차용해 발표대회 같은 데 나갔던 기억이 난다. 그렇게 말의 힘을 길러주고, 성적 호기심도 채워주고, 여행도 떠나게 해주고, 관점을 바꿔주는 책을 먹고 소년은 쑥쑥 자랐다. 얼핏 책벌레였을 것 같으나 그건 아니고, "운동하고 남는 시간에 독서를 했다".

그는 경기도 하남시에서 자랐다. 봄 되면 쑥 뜯으러 다니던 '시골'이었다. 도서관이 주변에 없었고 시청 한편에 새마을 문고가 전부였다. 초등학생 때 규모 있는 도매상을 겸한 서점이 학교 근처에 있어서 꽤 자주 놀러 갔고 거기서 소위 단행본을 만났다. 중2~3 때 시립도서관이 처음 생겼는데 그 세계가 놀라웠다. 그렇게 다양한 일간지와 잡지를 본 게 처음이었다. 매일 한겨레신문과 잡지를 보면서 사회의식이 싹텄다. "그때도 곁멋이 엄청 들었다." 1990년대 중반에 NGO라는 말이 한국사회에서도 쓰이기 시작했으니, '나는 인권운동을 하리라' 결심했다. 이때 진로를 이과에서 문과로 확 바꾸었다. 그리고 '잡지는 도서관에서, 단행본은 서점에서'라는 독서생활 원칙은 대학 때까지 이어졌다.

"학교 앞에 사회과학 서점이 두 군데 있었어요. 풀무질, 논장. 그런 환경들이 운 좋게 작용했죠. 논장이 망하고 풀무질만 다녔지만, 그곳은 인문·사회 신간들이 대형 서점 못지않게 빨리 들어왔어요. 풀무질 은종복 대표는 본인이 읽은 책 서평을 한 페이지 써서 자주 오는 친구들에게 나눠주었어요. 너희들도 읽어보라고. 돌아보면 어릴 때 책이 많지 않아서 그럴 수도 있는데, 참고문헌이 나오면 가급적 다 사려고 애를 썼어요. 필요할 때 가까이서 볼 수 있도록 내 서가에 갖고 싶었어요. 도서관에 가기보다는 책을 사서 모으는 걸 정말 좋아했어요."

신간 미팅: 인사는 반갑게, 내용은 무표정하게

새 책 만지는 게 일이 되었다. MD의 주 업무는 신간 미팅이다. 알라딘 1층 접견실에서 하루에 열 명 내외의 출판사 사람을 만난다. 각자 MD별로 하루에 가장 많이 만난 명 수 기네스 기록이 있다. 그는 서른 명이다. 5분에 한 명씩 얘기해도 두 시간 반이 걸리고 책이 높다랗게 쌓인다. 출판사는 그날 귀한 발걸음을 하고 갔고 그도 순간순간 최선을 다해 만났지만 그중에 20종은 자기 생명을 자기가 알아서 개척해야 할 책이다. 이게 신간 미팅의 어쩔 수 없는 아쉬움이다. 일주일에 평균 50~60권의 책을 받는다. 책을 빠르게 보고 판단해야 한다. 방법은, 검토할 책을 줄이는 거다. A, B, C로 분류한다.

A는 판매가 될 책이다. 가령 유홍준이나 유시민의 신작은 무슨 책을 써도 10만 부는 나가니까 검토할 필요가 없다. C는 학술서처럼 일부 독자용 책이다. 서점에서 판매가 안 될 책이니까 검토할 여지가 적다. 그래서 B에 놓인 책을 잘 검토하는 게 중요하다. 그중에 A로 보낼 책을 발견하기도 한다. A군에서 MD가 판단했을 때 메시지가 약하다, 지금 상황에 안 맞는다, 내용 확인이 필요하다고 판단해 등급에 대한 판단을 바꿀 수도 있다. 그런 경우 외엔 대부분 특별한 검토가 필요치 않다. 업무 시간에 책을 일일이 본다는 건 불가능한 일이고 그가 관심 있는 책은 개별 시간에 겸사겸사 본다.

"신간 미팅은 MD에게 가장 피곤한 일이죠. 사람을 직접 만나야 하고, 그 시간이 길어지면 다른 업무 시간이 줄어드니까요. 근데 제가 아는 한 모든 MD는 신간 미팅을 즐겨요. 신간을 만날 때 기대감, 그 책의 판매를 그려보는 즐거움, MD라는 일의 근원적인 즐거움 중 하나예요. 책이 판매되는 즐거움 못지않게 신간을 누구보다 먼저 만나본다는 즐거움이 커요. 이게 책을 검토하고 소개하는 일을 하는 다른 사람과 MD의 차이예요. 가령 서평을 쓰면 책이 움직일 수 있는데, 서평 때문에 책이 얼마나 팔렸는지 알기 어렵잖아요. MD는 성과 기준이 명확해요. 그 책을 만났을 때 판매량의 움직임을 예상해보고 시도하고 확인할 수 있다는 게 MD라는 역할이 주는 희열이죠."

온라인 서점 MD의 마음

신간 미팅 할 때 에피소드도 많다. 서로 알은척을 한다. 모르지만 기억나는 척. '이 저자의 이전 작이 뭐였죠?' 물으면 기억 못 할 수도 있는데, '아 그렇죠. 그 책 괜찮았죠' 이런 식의, 확인이 어렵지만 서로 확인했다 치고 넘어가는 술어들이 많이 오간다. 미팅 시간은 대개 좋게 끝난다. 미팅 시간에 나눈 이야기는 대개 진실이지만 때로 사실과 다른 경우도 많다. 이후 메일이든 전화든 추가로 소통하고 제안을 주고받으면서 진실을 사실로 바꿔내는 과정이 필요하다. 그래서 짧은 미팅 시간에 서로의 반응만으로 결과를 지레짐작하는 건 피해야 할 일이다. 미팅 시간에 오간 말과 표정의 한 단락만 떼어내 보기보다 미팅 시간 또한 책이 판매되는 긴 과정의 일부라고 생각하는 게 온당하겠다.

대개 MD가 무뚝뚝하다는 말을 듣는데 그럴 수밖에 없다. MD가 어떤 책에 대한 호오를 감정으로 드러내면 소통 과정에서 괜한 노이즈가 생긴다. 건조한 표정으로 얘기하면 별 기대도 안 한다. 필요한 정보 소통 위주로 체크하고 "표정을 드러내면 책임질 일이 생기니까" 잘 드러내지 않는다.

나쁜 마케터, 좋은 마케터

MD 생활 7년, 무수한 이와 업무상 만나고 스쳤다. 좋은 쪽 나쁜 쪽, 둘 다 인상 깊은 사례는 있다. 나쁜 쪽은, 자기 책에 대한 확신이 없는 사람이다. 일을 하다 보면 본인이 동의하거나 지지하지 않는 책이 출판사에서 나올 수 있다. 그럴 때 직업으로서의 정체성을 편하게 내려두고, 그 책이 나와야 될 이유나 상황을 설명해야 한다. 그런데 그 책이 나온 상황을 받아들일 수 없고 이해할 수 없다는 태도를 보여주는 경우가 있다. 그렇게 말하면 편하고 후련하겠지만 그 책은 쉽게 말하면 누군가에게 버림받은 책이다. 받아서 판매하는 사람 입장에선 당연히 그 책은 관심 가지 않는 책의 분류로 간다. 이런 점은 안 맞지만 이런 이유로 출간했다, 이런 정도의 판매를 예상한다는 등 직업인으로서 기본적인 역할은 수행해야 한다.

"늘 100퍼센트 상품을 가져와서 판매할 수 없죠. 또 출판사가 책을 한 번만 내는 경우는 없어요. 몇 권을 계속 내죠. 의미는 옅지만 판매가 기대되는 책도 있고, 때로는 의미도 판매도 떨어지는데 내는 책도 있고. 책마다 사연은 다 있는 건데, 한 권의 책에 대해서 그 사연을 충분히 설명해주면 넘어갈 수 있어요. 그 역할을 하지 않으면 인상이 좋지 않게 남고 영향을 미치죠. '이 담당자는, 이 출판사는 어떤 책은 버리는구나' 전제하게 돼요. 제 경우도 어떤 책은 팔기 싫다고 재고 안 갖다놓고 그런다면 말이 안 되잖아요. 어떤 책이든 찾는 독자가 있어요. 그 책이 원하는 때에 판매되도록 하는 게 MD의 일이듯이 출판사는 펴낸 책에 대한 기본적인 책임을 져야 해요."

온라인 서점 MD의 마음

가령, 한 권의 책이 종합 1위가 되기까지 이런저런 마케팅을 많이 시도하는데, 그 일련의 과정은 그에게 책에 대한 기억으로 남는다. 어떤 경우는 책은 기억나진 않지만 그 담당 마케터와의 프로모션이 기억에 남기도 한다. 판매량은 적어도 마케터가 그 책이 좋고 의미 있다고 말하고, MD도 독자로서 공유할 때, 여러 가지 일을 할 수 있다. 판매는 크게 예상이 안 되지만 둘 다 에너지를 쏟는다. 그런 일이 쌓이면 사람이 오래 남는다. 회사를 옮겨도 그 사람을 마주하는 순간, 짧은 시간에도 새로 옮긴 출판사랑 친해질 수 있다. "한 권의 책만 팔려고 하는 게 아니라 자기 출판사 전체를 브랜딩하는 마케터"는 회사 입장에서도 훌륭한 직원이겠지만 MD 입장에서도 관계가 깊어지는 좋은 파트너다.

마케터 외에 편집자와 1인출판사 대표도 신간을 들고 MD를 만난다. 그에 따르면 마케터, 편집자, 대표. 이 세 부류는 뚜렷하게 특성이 나타난다. 편집자들은 책의 판매 포인트보다는 책의 내용의 정합성을 설명하려고 노력한다. 이 책이 이런 맥락에서 나왔고 이런 의미에서 좋은 책이다. 독자와 시장은 빠져 있는 경우가 많다. 어쩔 수 없다. 본인이 거기에 집중해서 책을 만드니까. 물론 최근에는 편집자가 판매 부분까지 책임지고 평가받는 추세라 분위기가 달라지긴 했다.

마케터는 기본적으로 책의 판매나 프로모션에 집중한다. 앞서 언급한 인상 깊은 마케터처럼 한 출판사를 브랜딩하는 마케터는 책에 밝은 경우가 많다. 그런데 일부의 마케터들은 내용 없이 프로모션, 숫자와 관련된 얘기에만 집중한다. 서점 측이 책에 대해 어떻게 생각하는지는 관심 갖지 않고 주문은 얼마나 할 거냐, 우린 이 책에 얼마를 쓸 거다, 그런 얘기부터 한다. 공유하고 확인할 사항이지만, 책에 대한 평가나 이야기가 전제되지 않은 상황에서 숫자만 언급하면 발전될 이야기가 별로 없다.

1인출판사 대표들에게, 다수의 MD가 느끼는 일련의 반응이 있다. 거칠게 얘기하면 일희일비가 심하다. 작은 일에 너무 기뻐하고 작은 영역의 노출도 크게 받아들인다. 그런 반응이 전달되면 MD는 좀 지치고, 서점의 입장에서는 귀찮다기보다 부담스럽다. 가령, 분야 페이지의 작은 노출이나 MD 초이스 화면을 다 캡처해서 SNS에 올리고, 방송에서 그 출판사 책을 소개한다고 하면 새벽에도 문자가 온다. 오늘 방송 하는 거 맞냐고.

싸가지 없다는 오해에 관하여

MD는 결정하는 자리이기에 오해받는 사람이 되기도 한다. 주로 '그 책을 띄워준다'는 얘기를 듣는다. 그럴 때 그는 거꾸로 물어본다. 안 팔릴 책을 광고하실 거냐고. 출판사도 판매될 책이라는 판단하에 돈을 쓴다. 어떤 책의 판매, 노출, 광고는 연동하는 것이지 그냥 돈을 쏟아붓는다고 팔리는 건 아니다.

박태근,

출판사에서 판매 안 될 책에 광고비 많이 쓴다고 하면 MD도 말린다. 광고비를 몇 백만 원 썼는데 일주일에 몇 십 권밖에 안 나가면, 서로 민망한 노릇이다.

출판사는 팔릴 거라는 믿음을 갖고 광고비를 쓴다. 그 믿음은 믿음이기 때문에 합리적 이성으로 설명이 안 된다. 그런데 순전히 광고로 판매를 올리겠다고 하면 돈을 엄청 써야 한다. 연예인과 똑같다. 알려지지 않은 사람을 알리려면 돈을 엄청 써야 하듯이 책도 광고로만 알리려면 돈이 너무 많이 든다. 유시민이나 김훈처럼 기본 독자가 확보된 경우, 책이 나온 걸 널리 알리는 게 중요하니까 광고가 유효하다. 판매가 보장되므로 돈을 쓸 수 있다. 내용 중심의 책일 경우, 판매가 올라간 후 덜 떨어지게 할 때 돈을 쓴다. 역할이 다르다.

또 MD로서 오해받는 건 '싸가지 없다'는 평판이다. 상대하는 사람이 대부분 출판사 사장, 부장 같은 경력자다. 젊은 사람이 자기 얘길 안 들어준다고 생각한다. 노출 안 해준다거나, 소위 갑질한다고 여긴다. MD는 게이트키퍼로서 갑의 역할이 있다. MD는 소수고 출판사는 다수다. 누군가는 걸러내야 하고, 그게 MD의 일이다. 기준과 상황에 따라서 걸러내는데 걸러냄을 당하는 출판사 입장에서는 기분이 안 좋고, 억하심정과 억울함이 생길 것이다. 역으로 보면, MD는 출판사의 똑같은 요청이나 요구를 수십 번 받는다. 업무 플로우를 간단하게 만들어놔야 시간 덜 쏟고 다른 일을 할 수 있으니 늘 정해진 답변을 하고, 노출이 안 됐다는 출판사 하소연에 이유를

온라인 서점 MD의 마음

구구절절 설명하지 않는다.

"MD가 해줄 수 있는 말은 노출은 회의를 통해서 결정된다는 거예요. 노력은 하고 있다든지, 저도 이 정도 나갈 줄 알고 기대를 했는데 판매가 되질 않네요, 눈에 띄는 방법은 없는데 이런 거라도 해보시겠어요, 하는 정도죠. MD들도 뭘 안 한 건 아니에요. 저는 '상대도 최선을 다한다'라는 전제를 갖고 일했는데 알라딘에 와서 이런저런 오해와 억측을 겪으면서 그런 믿음이 많이 깨졌어요. 지금은 '악으로 하는 사람은 없을 것이다' 정도의 믿음을 전제하죠. 누구든 최선은 아니더라도 일이 안 되게 하려고 하진 않을 테니까요."

MD에 관한 오해는 출판사끼리 유통 확산된다. 새겨들을 비판도 감내할 사안도 있지만 터무니없는 오해도 있다. 서점이 권한을 가졌기 때문이다, 크다고 다 이럴 것이다 전제하는 건 잘못된 태도다. 작은 출판사가 우린 작으니까 이벤트를 요구해도 안 해줄 거라고 생각한다면 스스로 세계를 좁게 보고 문을 닫아놓은 것이다. 출판사 스스로 피해의식과 지레짐작은 털어버려야 한다. 그가 MD로서 확실히 말할 수 있는 건 출판사가 크든 작든 진행 과정은 똑같다는 점이다.

"출판사가 독점적 상품 제공자로서(다른 물건과 달리 그 책은 그 출판사밖에 없으니까) 모든 책은 독점 공급이니까, 본인들이 갑이라는 생각으로 서점을 대할 필요가 있어요. 지금은 역전돼 있어서 잘 얘기가 안 되는데, 그런 태도로 서점을 대할 때 건강한 관계가 만들어질 수 있다고 생각해요. 지금은 서점이 갑이란 걸 모두가 싫든 좋든 인정하니까 건강한 긴장 관계 형성이 어렵죠."

예를 들면 A서점이 공급률을 안 맞춰주거나 지나치게 낮게 부를 땐 거래를 안 하는 게 맞다. 그렇다고 A서점이 그 책을 안 팔지는 않는다. 다른 도매상에서 갖다가 판다. 왜냐하면 책이 없는 서점은 이상한 서점이니까. 그런데 출판사 입장에서는 A서점이 직거래 아니면 적극적으로 판매를 안 할 거라고 여기고 못 기다린다. 기다리기 어려운 측면이 있겠지만 무언가를 바꾸는 데에는 시간과 노력과 수고가 필요하다. 실제로 모 신생 출판사는 특정 서점과 공급률이 안 맞아서 처음에 거래를 안 했다. 그러다가 1년쯤 지나서 출간된 책의 판매가 순조롭게 이루어지자 거래가 성사됐다.

출판계의 최전선에서 보낸 10년

박태근은 인문편집자로, 인문 MD로 꽉 채운 10년을 출판계 최전선에서 보냈다. 10년 동안 출판계는 변했고, 지금도 변하고 있다. 인문 분야로 한정할 때 변화된 것들이 그에겐 보인다. 기존에는 인문 분야로 분류되지 않을 책들이 늘었고 그로

온라인 서점 MD의 마음

인해 새로운 독자가 많아졌다. 자기계발서 독자가 인문으로 유입됐고, 그로 인한 두 가지 고민이 생겼다.

첫째는 그 독자가 다음 스텝의 책을 읽고자 하지 않는 것. 원전은 고사하고 2차 저작도 안 읽는 경우가 많다. 그럼에도 우리 내부에서는 다음에 읽을 책을 전하거나 만들어줘야 하지 않나 하는 의무감이 있다. 어느 쪽이 답인지 모르겠다. 아직까지는 둘 다 한 걸음도 못 나가는 상황에 있다.

둘째는 인문 분야 내 시장의 양극화다. 인문 분야 매출의 큰 비중을 차지하는 초베스트셀러들이 있고, 예전부터 꾸준히 하드한 인문서를 읽는 독자가 그대로 남아 있다. 이 책들이 같은 분야에 들어오니까 후자는 순위도 밀리고 비중도 줄고 관심도 덜 간다. 대중서가 인문서로 들어오기 전에는 하드한 책 50부가 나가도 유의미한 50부로 인정받을 수 있었는데 지금은 50부가 눈에 안 보이는 상황이 됐다. 한 분야의 독자층이 심각하게 양극화된 것이다. 지금이야 인문 분야의 책이 팔리니까 출판사에서 적극적으로 내고 개발하려고 하는데 그 독자층은 어느 순간 사라질 수 있다. 10년 전에 역사서 시장에서 『조선을 뒤흔든 16가지 살인사건』 같은 팩션류의 책이 나왔을 때 역사서 독자가 아닌 사람들이 대거 들어왔는데 지금은 어디로 갔는지 모르는 것처럼.

또 하나의 흐름은 독자에게 파급력을 가진 저자군의 정체 현상이다. 지금도 주류, 그러니까 이 사람 책이 나오면 크게 노출된다는 사람은 15년 전, 2000년대 초에 활동하던 유시민, 유홍준, 김훈 같은 저자들이다. 그 후 올라온 사람들이 엄기호, 오찬호 정도다. 새로운 저자군이 올라오지 못하고 있다. 소위 21세기 초에 나타난 저자들만 해도 박노자, 홍세화, 한홍구처럼 정치적 지향이 뚜렷한 사람들인데 이젠 그런 책이 읽히는 시대가 아닌 거다. 엄기호, 오찬호가 어떤 면에서는 태도와 지향이 분명하지만 그게 기존의 정당정치 스펙트럼에서 딱 드러나지는 않는다. 그런 맥락과 지향의 사람이 쓴 책이 읽히는 시대가 된 것이다.

"어차피 시장의 규모는 내부 노력으로 만들어내기 어려운 지점이거든요. 그래서 요즘 1인출판사가 많아지는 거 같아요. 매출로서의 자기 확인이나 성장으로서의 자기 동력 확보. 이것보다는 다음에 내는 책이 우리 출판사에서 내는 책과 크게 어긋나지 않고, 어느 정도 독자를 확보할 수 있다, 이런 목표를 갖고 책을 내기 때문에 지금의 다양성이 어느 정도 건강함을 확보하면서 유지될 수 있는 거 같아요. 이런 출판 시장의 답보 상태가 우리에게 위협 요소인 것만은 아니다, 저는 그렇게 생각하고 싶어요."

세상에서 하나뿐인 답안지를 쓰는 시간

온라인 서점이 생긴 지 20여 년, MD라는 직업이 전문화된 게 불과 10년이다. MD는 역사가 짧고 불안정한 직업이다. 빠

박태근,

르게 변화하고 새로운 걸 맞닥뜨리게 되는 업무 환경에 있다. 오십대가 돼서도 현장 MD를 할 수 있을까. MD로 은퇴할 수 있을까. 지금 맡고 있는 일을 언제까지 할래, 묻는다면 그도 답이 없다. 출판의 매출 규모가 늘지 않는 답보 상태인데 MD가 세분화되기 어렵고 풀이 작아서 신규 인력 충원도 별로 없다. 이 일을 하고 싶어 하는 사람이 언제 채용이 가능할지 알 수 없다. 언제 사람 뽑냐고 물으면 누가 죽거나 그만둬야 하는 정도의 일이 생겨야 한다. 그렇기 때문에 MD를 직업으로서 기대하고 준비할 수는 없고, 출판계 다른 영역에서 일하면서 옮겨올 계기를 봐야 한다. 그가 그랬던 것처럼 말이다.

"한때는 책을 만들어보기도 했고, 시장에서 역할을 해보기도 했고. 그런데 늘 출판계의 이슈를 마주할 때 느끼는 답답함은, 출판 정책 영역에서의 전문가가 너무 없다는 점이에요. 현장 출신의 정책 전문가를 생각하고 출판 정책을 공부할까 생각했는데 지금은 많이 옅어졌어요. 공무원과 일해보면서, 혁신은 왜 시장에서 벌어지는가, 이런 것들을 다시 한번 생각하게 됐거든요. 시장을 신뢰하는 건 아니지만 정책에서 뭘 새롭게 만들어가는 건 내가 결정하는 사람이 아니고서는 너무 어려운 일이겠구나 싶었죠. 지금은 딱히 미래에 뭘 하고 싶다, 해봐야겠다 하는 구체적인 상이 있진 않아요. 책을 알리고 판매하는 역할을 할 테고, 책을 만드는 일에 기여할 테고."

온라인 서점 MD의 마음

그는 MD 업무 외에 방송 출연, 책 관련 행사 참여 등 가욋일에도 에너지를 많이 쏟는다. 그럴 땐 특정 회사의 직원이 아닌 '바갈라딘'이라는 정체성으로 활동한다. MD 박태근과 자연인 박태근(바갈라딘)이 중첩된 자아지만 구분해서 일한다. 간혹 일과 관련한 자리에서 상대방이 바갈라딘의 이미지나 태도를 요구하면 난처함을 겪기도 한다. 그럼에도 불구하고 업계에서 어쨌든 알려진 사람으로 발언권이 주어질 때, 그는 상황을 피하지 않고 적극적으로 발언하려고 한다. 10년 차 경력자로서 그들 세대, 젊은 출판인들이 겪는 문제점과 상황을 충분히 얘기할 필요가 있으며 나서서 발언하는 게 건강한 태도라고 생각해서다. 그게 다음에 오는 이들에게 더 나은 상황을 제공할 거라고 믿기에 노력을 기울인다.

　　박태근은 출판예비학교 1기 시험에 나온 서술형 문제를 기억한다. '책은 독자를 어떻게 변화시키나.' '어떻게'에 밑줄이 그어져 있었다. 답안을 뭐라고 작성했는지 생각나지 않지만 질문만은 또렷하다. 무슨 영향을 끼치느냐가 아니라 어떻게 영향을 끼치느냐 물으니 바로 답안이 떠오르지 않았다. 어쩌면 지난 시간은 답을 만들어가는 과정이었는지도 모른다. 책은 박태근을 논리적인 아이로 유목민 소년으로 변화시켰고, 탐독가이자 애서가 청년으로 만들었으며, 출판 시장을 읽는 승부사이자 책의 외연을 확장하는 기획자로 살게 했다. "'책을 파는 사람'이라는 짧은 문구에 드러나지 않는 의미들을 스스로 찾고 만들어가야만 '책을 파는 사람'으로 살아갈

수 있을 것"이라는 후배들에게 전하는 말은, 그가 청춘을 다
해 작성한 세상에 하나뿐인 답안지다.

온라인 서점 MD가 되고 싶은 이들에게 건네는
박태근의 마음

1. MD는 서점 직원이기도 한데, 일반 쇼핑몰 전자상거래 업체 직원이라는 자의식을 동시에 가질 수 있어야 해요. 거칠게 얘기하면 책을 상품이라고, 독자를 고객이라고 부르는 게 크게 어색하거나 불편하지 않아야 하죠. 책에 대한 엄숙주의로는 이 일은 할 수 없어요. 시장에서 최일선에 서 있는 사람이기 때문에 그런 사고의 전환 없이 책이 독자에게 전달하는 아름다운 풍경만 생각해서는 하기 어려워요.

2. MD로서 책을 많이 잘 파는 게 해야 할 일이에요. 그럼에도 숫자나 지표에 매몰되지 않고 책의 가장 원천적인 힘인 콘텐츠에 대한 가치 평가, 믿음이 남아 있어야 합니다. MD를 하다 보면 어느 순간 숫자가 재밌을 때가 있어요. 판매가 느는 것, 경쟁사와 차이가 좁혀지는 것. 그게 부질없는 일은 아닌데 그걸로 채워지지 않는 재미의 영역도 있거든요. 숫자로 증명되는 게 재미를 줄 순 있지만 그것만으로 다른 일을 할 수는 없어요. 콘텐츠와 연결된 기획을 통해서, 매출이나 의미를 만들어본 일을 통해서 다른 일을 할 수 있는 힘이 생기는 거죠. MD 한 명이 담당하는 매출이 100억 규모라면 너무 커서 만 원짜리 책 몇 권을 팔아야 100억이 될지 감이 오지 않잖아요. 숫자가 어느 순간 무의미한 영역으로 들어가버려요. 숫자만 즐기면 궁극에는 재미를 찾을 수 없습니다.

3. MD 이후를 상상하는 게 필요해요. 일선에서 활동하는 현장 MD가 어느 경력까지 가능할지 그리고 그 이후는 무엇을 하게 될지 애매한 상황이에요. MD라는 직업군에 자신을 가두기보다는 시장에서 활동하는 문화기획자로

생각해보면 어떨까 싶어요. 책을 중심에 두고 다양한 콘텐츠를 결합할 수도 있고, 실제로 그런 기획을 시도하고 실행해보며 경험의 폭을 넓힌다면, 그것은 자신의 자산이 되면서 서점 MD라는 직업의 역할을 넓히는 일도 될 거예요. '책을 파는 사람'이라는 짧은 문구에 드러나지 않는 의미들을 스스로 찾고 만들어가야만 '책을 파는 사람'으로 살아갈 수 있을 거라 생각합니다.

정지혜, 서점인의 마음

자고 나면 동네 책방이 섬처럼 솟아난다. 내가 들른 곳만 해도 '이후북스', '책방 심다', '소심한 책방', '책방 비엥', '위트 앤 시니컬', '오키로미터', '완벽한 날들', '달팽이 책방' 등이 있다. 제주에 놀러 간 선배는 너무 예쁜 서점을 봤다며 '만춘서점' 사진을 보내주었다. 하나같이 이름은 멋스럽고 공간은 오붓하다. 아마도 찻잔 같은 책방에 티백처럼 폭 잠겨 책을 들춰보는 일이 현대인의 건조한 일상에 진향 향기 우러나는 체험이 된 듯하다.

요즘처럼 동네 책방 지도가 촘촘하지 않을 때, 나는 책방 마실이 가고프면 홍익대학교 부근 '땡스북스'를 찾았다. 눈 돌리고 손 내밀면 책이 닿는 아담한 구조는 책과 책 사이를 아슬아슬하게 서성이는 낭만을 선사했다. 고급스러운 디자인의 양장본 서적과 탐나는 문구류를 구경하며 내가 관성적으로 찾는 책과는 다른 결의 책들을 훑어보다가, 유자 음료를 홀짝이는 재미는 무척 쏠쏠했다. 그리고 안쪽에는 커트 머리에 깨끗이 다림질한 하얀 셔츠를 입고 동그란 안경을 쓴 직원이 늘 일하고 있었는데 그의 존재는 그 공간의 품격과 온기를 더해주는 듯했다.

2015년 가을, 와우북페스티벌 강연회에서 누가 무심하게 내 책에 사인을 받아 갔다. 어디서 본 얼굴인데 누굴까 떠올려봤더니 그였다. 나는 신기한 마음에 친구들에게 땡스북스 매니저가 왔었다고 이야기했고, 일과 후 짬짬이 강연장을 찾아 공부하는 책방지기로 그를 기억했다. 이듬해 '사적인 서점' 창업 소식을 들었다. 서점인 인터뷰이로 나의 첫 동네 책방지기였던 그이, 정지혜를 떠올리는 일은 자연스러웠다.

서점인의 마음

평범한 사람이 평범한 사람을 위한 책을 만들다

서점 1년 운영한 친구가 미래가 없어서 그만두려고 한다는 말에 말릴 수가 없었다.

정지혜를 만나러 가기 전날 어느 서점인이 페이스북에 남긴 메시지를 읽었다. 탄생하는 수만큼 사라지는 서점도 많다는 얘긴데, 만약 그러면 친구를 말릴까 달랠까.

"공감은 가요. 그 포스팅 봤거든요. 미래가 없는 건 아니라고, 만들어나가기 나름 아닐까요, 라는 댓글을 쓰고 싶었어요. 저도 서점 운영을 실험 중이고, '미래는 있다'고 확답할 수 없는 상황이라서 말았지만요. 어떤 부분에서 힘들어하는지는 알겠더라고요. 금전적인 부분이죠. 서점을 운영하면서 부귀영화를 누리는 건 아니라도 일한 만큼 가치는 얻어야 하잖아요. 돈을 벌려고 하는 건 아니지만 돈이 있어야 서점을 운영할 수도 있으니까. 근데 한편으로 이런 생각도 해요. 꼭 서점만 미래가 없는가. 성공한 사람들도 안정기에 접어들기까지 힘든 시기를 지나온 건 아닐까."

그에게 힘든 시기라고 하면, 가장 먼저 떠오르는 때가 있다. 사회 초년생 편집자 시절이다.

포항에서 나고 자란 그는 초등학교부터 고등학교까지 문학반에서 활동했다. 글짓기 상이 쌓였고 국어 과목은 매번 1등

급을 받았으므로 적성을 고민하지 않았다. 대학에서 문화콘텐츠학을 전공하고 졸업 후 모교 기획홍보팀에서 인턴으로 일했다. 대학 안내 책자를 만드는 일을 맡았는데 그게 운명의 지침을 돌려놓았다. 이 분야에 대한 배경지식이 아예 없었던 터라 인터넷 검색으로 편집 기술을 익혀서 가까스로 간행물을 완성했다. 쾌감이 컸다. 책 한 권 만드는 과정을 체험하고 나자 자동으로 진로가 결정됐다. '나는 편집자를 해야 하는구나.' '북에디터' 사이트를 뒤져서 면접 보고 사흘 뒤에 출근했다.

출판 역사가 오래된 곳이 아니라서 업무 체계가 확실히 구축되지 않았고 신입에게도 기회가 많이 주어졌다. 기획하는 즐거움, 만들고 싶은 책을 만드는 즐거움에 폭 빠졌다. 그런만큼 업무량은 과도했고 서서히 지쳐갔다. 매일 야근하며 집-회사를 왕복하는 단조로운 생활에 신선한 감각이나 자극이 들어올 틈은 없었다. 아이디어가 고갈됐고 인간관계도 버거웠다. 지역 출신으로서 느낄 수밖에 없는 문화적인 소외감에 스스로 주눅이 들었다. 더 이상은 못 다니겠다 싶어서 1년 8개월 만에 그만두었다.

"커뮤니케이션이 특히 힘들었어요. 편집자는 저자와 디자이너 사이에 끼어 있잖아요. 저자는 이 제목으로 하고 싶다고 하고, 표지도 디자이너와 의견이 다르고, 다 생각이 다른 거예요. 책의 처음부터 끝까지 편집자가 전 과정을 조율하는데 제가 남한테 어려운 얘기 못 하는 성격이라 중간에서 난감할 때가 많았어요. 진짜

서점인의 마음

울기도 많이 울었죠. 글 좀 쓰고 기획력이 좋으면 되는 줄 알았는데 편집자는 각각의 이해관계를 조율하는 소통력에 결단력도 있어야 하는 직업이더라고요."

그럼에도 불구하고 기존에 없던 무엇을 만들어내는 편집 일의 기쁨은 컸다. 소원도 이뤘다. 편집자가 되면 꼭 만들고 싶었던 책을 만들었다. 예전부터 눈여겨보던 고등학생 블로거를 필자로 데뷔시켰다. 고1 때 영어 성적이 14점이었던 학생이 문제집 한 권 사는 것도 어려운 환경에서 맘먹고 공부해 91점까지 올렸고, 대학에 들어갔다. 그 과정을 블로그에 연재하면서 영어 공부법으로 주목받은 주인공이다.

공부법보다 삶의 태도에 매료된 정지혜는 출판사에 들어가자마자 기획안을 냈다. 처음엔 반대에 부딪혔다. 공부법 책을 내기엔 저자가 명문대생이 아니라는 이유에서였다. 그는 소신을 피력했다.

"서울대생이 쓴 공부법보다 열악한 환경에서 오로지 노력 하나만으로 꿈을 이루는 평범한 사람의 이야기가 더 힘 있지 않을까요? 누구나 맘먹으면 할 수 있다는 걸 보여주니까요."

그렇게 낸 책이 『늦지 않았어 지금 시작해』로, 3만 부가 팔렸다. 저자의 글에서 그가 받았던 좋은 기운을 책으로 만들어서 더 많은 이와 나누고자 했던 꿈을 이룬 셈이다.

정지혜,

이 일화는 '평범한 사람들의 보편적 정서와 필요'를 읽어내는 정지혜의 능력과 감각을 보여준다. 그래서 하루하루 묵묵히 살아가는 사람들이 무엇에 답답함을 느끼고 무엇을 필요로 하는가, 그들에게 책은 어떤 의미인가, 라는 화두를 붙들어온 그가 몇 년 후 '사적인 서점'을 차려 그 익명의 독자들과 다시 책으로 조우하는 상황은 어떤 필연으로 다가온다.

서점인이 되어 브랜딩과 큐레이션을 배우다

편집자, 사서, 서점인. 책 좋아하는 사람이 떠올릴 수 있는 관련 직업은 많지 않았다. 그중 꼽아봤다. 편집자는 한번 경험했고, 업무량이 많은 데는 피하고 싶고, 도서관 사서는 자격증이 있어야 하고, 그렇다면 서점 일을 해볼까 싶었다. 마침 땡스북스에서 채용 공고가 났다. 내겐 편집, 기획 능력이 있고 땡스북스는 디자인과 브랜딩을 갖고 있으니 서로 보탬이 될 것이다. 많이 배우고 싶다, 라고 면접에서 지원 동기를 밝혔다.

근무 기간 3년, 땡스북스에서 일하면서 크게 두 가지를 배웠다. 하나는 서점을 가꾸기에 따라 독서가 세련된 취향이 될 수 있다는 것, 또 하나는 책을 골라주는 큐레이션의 기쁨.

"책을 좋아하면 문학소녀냐? 그러는데 거기엔 얼마간 조롱의 의미도 있잖아요. 세상 물정 모르고 촌스럽고 딱딱한 느낌, 땡스북스가 그걸 벗게 했어요. 브랜딩의 힘이죠. 음악, 조명, 가구, 로고, 커피 등의 요소로 서점 고유의 분위기를 만들었어요. 그동안 서점이라고 하면, 책을 파는 공간이었지 브랜딩의 개념이 접목되지 않았거든요. 사람들은 서점 운영에 있어서 신경 쓸 게 책이라는 본질이 전부라고 생각해요. 그런데, 요즘 젊은 세대는 안 그렇거든요. 콘텐츠는 당연히 좋아야 하고 포장도 돋보여야 해요. 같은 것도 어떻게 포장하느냐에 따라서 사고 싶으냐 아니냐가 갈려요. 책을 둘러싼 환경과 디테일을 잘 살려서 아늑하고 편안한 환경에서 책을 고르는 즐거움이 얼마나 큰지 땡스북스가 보여준 거죠."

서점에서 하는 일은 매장 관리 외에 납품 업무가 있다. 땡스북스에도 납품 의뢰가 온다. 가령, 호텔 로비용 도서관을 위한 도서 리스트를 선정해달라는 식이다. 한번은 고등학교 축구부 아이들을 위한 책을 골라달라는 요청이 왔다. 축구부 멤버 중에 축구로 먹고살 아이들은 많지 않다며 책을 통해 다른 진로를 자연스럽게 알려주고 싶다는 취지였다. '내가 고르는 한 권이 누군가에게 씨앗이 된다'는 생각은 서점인의 긍지를 심어주었다.

매장용 책 큐레이션으로 큰 보람을 느낀 적도 있다. 땡스북스의 거래처인 유유 출판사 대표에게 메일이 왔다. 『동사의 맛』 2쇄를 찍었다며, 저자가 유명한 것도 아니고 언론사에 소개된 책도 아닌데 이 책 나오고 제일 먼저 관심 갖고 주문

해준 게 땡스북스였다고, 서점원의 책에 대한 애정이 책의 운명을 바꿀 수 있다는 걸 배웠다는 감사 인사를 담고 있었다.

서점원은 편집자에 비해 스트레스가 적고 안정감이 크다. 대신 성취감은 미미했는데 위의 경험들은 은근한 자부심을 안겨주었다. 또한 일터가 땡스북스여서 문화적 자양분을 충분히 섭취할 수 있었던 점은 덤이다. 이기섭 대표가 직원들에게 서비스가 좋은 공간, 디자인이 잘된 곳을 두루두루 보여주었다. 1년에 한 번씩 해외 워크숍을 갔다. 알고 싶고 배우고 싶은 것들을 다 내 것으로 만들었고 다른 사람이 됐다고 할 만큼 변화를 겪었던 시간. 만 3년 일하고 나올 땐 학교를 졸업하는 느낌이었다.

서점 창업, A부터 Z까지

"무작정 그만뒀어요. 퇴사하고 쉬는 동안 크고 작은 일자리 제안이 왔는데 기회가 생기면 모두 다 한다고 했어요. 야외도서관 운영도 맡고, 신규 서점 디렉팅도 하고요. 나중에 돈이 되거나 창업에 도움이 될 거라 생각하지 않고 그냥 했는데 그런 경험이 공부가 됐어요. 처음부터 거창한 목표를 세우면 짓눌리기 쉽잖아요. 지금 내 자리에서 내가 할 수 있는 재밌는 일을 하다 보니까 내 서점에 대한 열망이 생기고 근거가 쌓이면서 이 정도면 되겠다는 감이 오더라고요."

결정적이라 할 만한 경험을 했다. 합정동 편집숍 '뮤제 드 스컬프'에서 책으로 재미있는 이벤트를 진행해보고 싶다고 연락이 왔다. 그는 '북 파마시'라는 약국형 서점을 시도했다. 아이디어는 덴마크의 주치의 제도에서 얻었다. 덴마크 국민은 모두 국가가 지정해준 주치의가 있고 한번 정해지면 의사가 은퇴할 때까지 이어진다. 의사는 건강뿐만이 아니라 삶과 일상까지 자연스레 돌보게 된다고 했다. 온통 책으로 촉수가 향한 그는 이 이야기에서 아이디어를 떠올렸다. 서점도 삶을 치료하고 돌보는 역할을 해줄 수 있지 않을까. 손님들과 대화를 나누면서 작성한 개인의 차트를 관리하고 꼭 맞는 책을 제안해 처방비 1000원을 받는 서점을 구상했다. 팝업 스토어 형식이라 책을 구비할 수 없으니 상담하고 일주일 뒤 책을 보내주는 방식이었다. 그걸 경험해보고 나니 '책을 처방하는 서점'이란 콘셉트에 자신감이 붙었다.

우선 공간. 주변에 서점의 꿈을 이야기하고 다녔다. 지인의 작업실이 비었다는 연락이 왔다. 인테리어 초기 비용을 절약할 수 있는, 서점에 최적화된 공간이었다. 마음이 바빠졌다.

다음은 수익구조 설계. 기본적으로 서점은 음식점이나 옷 가게처럼 원가의 두세 배를 남기는 장사가 아니다. 서점의 몫은 책값의 25~30퍼센트가 전부. 책 팔아서 남는 돈은 빤하고 매달 나가는 월세는 비싸다. 인건비를 마련하려면 책 판매외에 부가수익이 필요하다. 가령 월세 50만 원에 관리비 등한 달 유지비 50만 원, 인건비 100만 원이라고 하면 매월 수

서점인의 마음

익이 총 200만 원은 발생해야 한다. 책을 팔아 월 200만 원을 마련하려면 하루에 열여덟 권을 팔아야 가능하다. (책의 평균 정가를 1만 5000원으로 잡았을 때, 공급률 75퍼센트에 받아서 한 권 팔면 3750원이 남는다. 30일×18권×3750원=202만 5000원)

작은 서점에서 책 열여덟 권을 날마다 팔기는 불가능하다. 그래서 책 처방 시스템을 가져왔다. 책 처방 비용으로 한 사람 인건비를 충당하는 것. 예약이 안 들어올 가능성이 있지만 매주 토요일을 오픈데이로 하고 일반인 대상으로 책을 팔면 수익을 낼 수 있으리라 생각했다.

이름 짓기. 가장 어려웠다. 기존에 없던 콘셉트니까 잘될 수도 있지만 쫄딱 망할 수도 있다. 이 콘셉트로 잘되지 않을 때, 다른 방식으로 서점 이름이나 가구를 사용할 수 있도록 모두 무난하게 할까, 하루에도 몇 번씩 자신감이 생겼다가 쪼그라들기를 반복했다. 서점의 콘셉트를 최대한 드러낼지 말지 고민에 빠졌다. 땡스북스 대표에게 고민을 터놓았더니 이렇게 말했다.

"어차피 책 처방 콘셉트 아니면 서점은 안 하려고 했던 거 아니에요? 이걸로 밀어붙여야지 실패하더라도 뭐가 문제였다는 걸 알 수 있죠. 하고 싶은 걸 못 해보고 문 닫게 되면, 아 차라리 그때 해볼 걸 후회하게 될걸요."

잘 모르는 분야는 책이나 전문가를 찾아 공부로 돌파하

는 그는 좋은 이름을 짓기 위해 작명 수업을 들었다. 『아주 사적인 시간』이라는 일본 소설과 『나의 사적인 도시』라는 한국 에세이 제목에서 아이디어를 얻어 사적인, 맞춤한, 비밀스러운 느낌을 가져왔다. 사적인 서점.

인테리어. 독립서점 인테리어는 거의 비슷하다. 이유가 있다. 공간 꾸미기에 돈을 많이 못 들이니까 저가 보급형 가구를 쓰고 찬넬 선반을 이용한다. 하지만 사적인 서점은 콘셉트가 특이한 만큼 특색 있는 느낌을 주고 싶었다. 공간에서 가장 큰 비중을 차지하는 게 가구. 고유한 책방 분위기 연출을 위해 가구를 차별화했다. 평소 좋아하는 주문제작형 가구점 '아이네클라이네'를 찾아갔다. 책방 콘셉트에 맞게 창구 형태를 기본으로, 상담받을 때 오붓한 느낌이 들면서 책 전시 기능도 있는 디자인으로 제작했다. 이 책상 겸 책꽂이가 서점의 쇼윈도 역할을 겸한다. 진열하는 책을 매달 바꾸어 분위기에 변화를 주는 것. 가구 제작에만 창업비의 3분의 1을 썼다. 원래 예산보다 과도한 지출이었지만 후회는 없다. 가구가 묵직하게 자리 잡아주니까 별도의 소품이 없어도 공간의 개성을 살릴 수 있었다.

"투자할 때는 확실히 해야 한다는 걸 배웠어요. 그 돈으로 책 한 권 더 사고, 서점 콘텐츠를 더 채우지, 라고 할 수 있지만 내용만큼 외부 요소도 중요해요. 공간이 매력적이어야 손님이 또 오고 싶거든요. 예쁜 공간은 사진을 통해서 알려지고. 그리고 이런 가

서점인의 마음

구를 만들었다는 게 스토리텔링 요소가 돼요. 사적인 서점 가구는 아이네클라이네. 또 아이네클라이네가 사적인 서점 가구 만들었다고 하면 가구점에서도 우리 책방 홍보가 되잖아요. 그렇게 확장성을 갖는 거죠."

간판은 건물 입구에 작은 입간판이 전부다. 책 처방 손님 위주로 운영되는 곳인데 일반 서점인 줄 알고 무작정 방문하는 손님을 사전에 거르기 위해서다.

이밖에도 책싸개 등 소소한 물품에 신경을 썼다. 이전 직장인 땡스북스에서는 간판부터 소품, POP, 포스터까지 모든 요소에 아이덴티티를 담았고 반드시 디자이너의 손을 거쳐서 제작했다. 디테일의 중요성을 배웠다. 자신이 원하는 서점 분위기가 친근한 콘셉트면 손글씨가 좋고, 아니면 명확한 컬러에 정해진 폼을 갖추는 게 좋다. 사적인 서점은 나무로 콘셉트를 잡았다. 각종 상품 태그에 크라프트지를 사용하고, 사적인 서점 로고는 책 모양으로 정했다. '책싸개가 갖고 싶어서 책을 살 수 있다'는 믿음에서 정성을 들인다. 실제로 사적인 서점 책싸개로 포장한 책을 보고 물어물어 찾아온 손님도 있다. 책방을 찾은 이들에게 책 외에도 뭔가 소소하게 즐길거리를 주고자 하는 마음이 통한 것이다.

책이 꼭 진지해야 하나요?

그는 책을 좋아했지만 '소위' 동서양 고전 작품은 읽지 않았다. '나는 깊이가 없구나.' 편집자가 된 후 자신이 책 만드는 사람으로서 기초 지식이 부족하다는 걸 알았다. 서점 차릴 때도 이 부분이 가장 걸렸다. '네가 뭔데 책을 골라줘?'라는 질문을 받을까 봐 지레 겁이 났다. 이런 내가 책 골라주는 일을 해도 될지 끊임없이 자문했다. 게다가 서점의 서가 규모가 작다 보니 책장이 곧 그의 '개인 서가'가 되는 셈이었다. 서가에 괜히 두껍고 어려운 책 하나 끼워 넣어야 할 것 같았다. 그 정도로 오픈 초기엔 "자존감이 되게 낮았다". 그러나 손님들의 피드백이 우려를 씻어주었다.

"책과의 거리를 좁혀주어서 감사하다는 인사를 많이 받았어요. 책을 많이 읽는 사람한테 책을 소개해주는 것도 의미 있는 일이 겠지만, 책과 가까워지려는 사람에게 독서의 계기를 마련해주는 것도 좋구나, 내가 갖고 있는 게 단점이 아니구나 생각했죠. 그리고 저만 그런 게 아니더라고요. 손님들의 독서 차트를 작성하다 보면 깊이 있는 책에 대한 강박이 느껴져요. 자신의 독서 경험을 터놓으면서도 가벼워 보일까 봐 걱정하거든요. 책에는 다양한 매력이 있는데 대부분 책=공부로 인식해요. 가벼운 책을 읽으면 시간 낭비한 거 같다고 하는데 그러면 왜 안 되지? 생각했어요. 우리나라가 유독 책의 의미, 가치에만 집중하다 보니까 책을 더 안

서점인의 마음

읽는 건 아닌가 싶어요. 제가 서점 열고 이런저런 고민으로 힘들어할 때 지인이 해준 말이 용기가 됐어요. 독서는 수준이 아니라 취향의 문제라고."

누군가에게 추천할 책을 고민하는 것은 그 사람에 대해 깊이 생각해보는 행위다. 여행지에서 그 사람을 생각하며 엽서를 쓰는 것과 같다. 오랫동안 책을 멀리한 사람도 먼 곳에서 보내주는 엽서를 무시할 수는 없다. 그렇게 뜻하지 않은 곳에서 보낸 한 권이 요즘은 책을 안 읽는다는 그 사람을 다시 한번 독서라는 즐거움으로 이끌 수 있을지 모른다.

— 하바 요시타카, 『책 따위 안 읽어도 좋지만』

사적인 서점은 '책 처방 프로그램'을 중심으로 운영한다. (책 처방에 집중하기 위해 토요일 오픈데이는 2018년 1월까지만 시행했다.) 책 처방 프로그램은 블로그를 통해서 사전 예약을 받는다. 처음 만나면 한 20분쯤은 방문객의 관심사나 취향을 확인하기 위해 독서 차트를 작성하고, 이후 40분 동안 차를 마시며 대화를 나눈다. 대화를 통해 손님의 취향과 관심에 맞는 맞춤형 책을 처방한다. 독서 차트에는 손이 자주 가는 분야의 책이나 피하게 되는 책, 책을 읽는 이유 등의 질문이 들어 있다. 손님이 어떤 책을 읽어왔는지 또 어떤 책을 좋아하고 싫어하는지를 파악해, 되도록 베스트셀러나 권장도서보다는 의외의 책을 골라준다. 1회 처방 비용은 5만 원. 거기에는 책값

및 배송비, 찻값, 상담비가 포함되어 있다. 처방한 책은 대략 열흘 후 우편으로 보낸다. '책 복용법'도 동봉하는데 왜 이 책을 골랐는지, 이 책을 손님이 어떻게 읽으면 좋을지 등의 소견과 나누고 싶은 문장을 발췌하기도 하고 때로는 개인적인 이야기도 곁들인다. 이밖에도 일본어 수업, 북 토크, 워크숍 등 참여 프로그램으로 수익구조를 만들었다.

> "초창기 4개월간은 책 처방비로 3만 원을 받았어요. 근데 처방비에 책값이 포함되다 보니 가격이 1만 5000원 넘는 책은 처방하기가 부담스럽더라고요. 저도 지치지 않으려면 지속가능성을 생각해야 했고. 근데 3개월간 운영하면서 올려도 되겠다, 확신이 생겼죠. 처방료를 5만 원으로 올렸는데 손님은 오히려 늘었어요. 손님들과 상담할 땐 살아온 게 많이 도움이 돼요. 제가 했던 많은 일들과 감정들, 대학에서의 박탈감, 사회생활의 힘듦, 편집자로서 자존감 떨어졌던 부분, 그 모든 요소들이 대화의 공감거리가 되니까 좋아요. 제가 부족한 부분, 책과 사람을 좋아하는 제가 잘하는 부분이 합쳐져 개성 있는 서점을 만든 거 같아요."

책, 나의 치유자이자 선생님

정지혜에게 책은 치유제이고 만능 교재다. 궁금한 세상, 모든 건 책으로 배운다. 가령 인테리어를 하고 싶을 때 블로그

정지혜,

서점인의 마음

를 보면 페인트칠하는 법은 찾을 수 있지만, 셀프 인테리어의 A부터 Z까지 체계적으로 보여주는 건 책밖에 없다. 단편적인 정보는 인터넷이 빠르지만 종합적이고 체계적으로 배우려면 책이어야 한다. 생활에 필요한 정보를 주고, 고민이 있거나 실연을 당해서 힘들 때 위로도 해주고, 이렇게 생각할 수도 있구나 내가 몰랐던 삶의 태도에 대해 가이드가 되어 방향을 알려주기도 한다. 소설은 시간 가는 줄도 모르고 볼 수 있다. 이처럼 정보, 공감, 오락, 치유 등을 폭넓고 다양하게 제공하는 매체는 책, 오직 책뿐이다.

평생 읽은 책들 중 『검은 마법과 쿠페 빵』은 각별하다. 한 여자아이의 십대 시절을 그린 성장소설이다. 그의 나이 스무 살 무렵에 어린 시절을 생각하면서 읽어나갔다. 첫 실연을 당했을 때인데 그 책으로 위로와 치유를 받았다. 그 감정, 그 구절이 지금도 또렷하다.

아무리 아픈 이별이라도 언젠가는 극복되리라는 것을 아는 공허함. 결코 잊지 않을 것이라고 약속한 사람도 언젠가는 잊혀지리라는 것을 아는 서글픔.

이 책을 오랫동안 잊고 지냈는데 최근에 '나를 만든 열 권의 책' 문답에 응하다가 불현듯 생각나서 중고책으로 구입해 다시 읽었다. 같은 책을 어른이 되어 다시 읽으면 그 시절의 나를 만난다. 추억의 타임캡슐이 되어주는 책. 이런 책이

정지혜,

많다면 인생이 얼마나 풍부해질까요, 그는 경탄한다.

그런데 사람들은 왜 상처받았을 때 책을 찾을까.

"나만 이런 게 아니구나, 공감을 얻으니까요. 자신이 개인주의자 성향이 강하다고 말한 손님이 있었어요. 가장 좋아하는 책 세 권으로 『개인주의자 선언』, 『위대한 개츠비』, 『무라카미 하루키 잡문집』을 골랐어요. 책만 놓고 봤을 땐 유사성이 없어 보였죠. 그분이 하는 말씀이 집단주의, 남성문화, 성공지향주의가 팽배한 기관에서 일하다 보니까 매번 내가 이상한 사람인 건가 싶어 힘들었는데, 이 세 권의 책이 자기가 잘못된 게 아니라는 걸 느끼게 해주었다고 하더라고요. 책이 이렇게 사람을 치유하는구나, 이렇게 묶이는구나 싶었어요."

우리 서점만이 할 수 있는 것들

서점은 평화롭고 낭만적인 이미지가 있다. 손님 없을 때 보고 싶은 책을 마음껏 볼 수 있다고 생각하지만 그렇지 않다. 여러 가지 잡무를 처리해야 한다. 또 항상 열려 있는 공간에서 사람을 맞이하는 일이기에 손님을 기다리는 스트레스가 있다. 막상 들어온 손님이 책은 사지 않고 책등이나 내지 할 것 없이 사진을 과도하게 찍는다든지 양해도 구하지 않고 공간을 찍는 등 예의 없이 행동하기도 한다. 그럴 땐 애가 탄다. 또

서점인의 마음

서점원에게 말 거는 사람이 많다. 그가 근무하던 땡스북스는 다른 소규모 서점에 비하면 그나마 적은 편이었다. 거래처 사람들도 온 김에 이야기하고 놀다 간다. 그들에게는 한숨 돌리는 쉬는 시간이지만 서점원한테는 업무의 연장이다.

『어느 날 서점 주인이 되었습니다』라는 책에 나오는 얘기다. 서점을 열려고 하는 순간 나는 공인이 되는 거라고, 서점은 영업자든 지인이든 사전 약속 없이 와도 되는 곳이라는 문장을 보는 순간 격하게 공감했다. 사람을 상대하는 것과 고정된 시간에 한 장소에 묶여 있어야 하는 것. 서점원이 되려는 이들은 이런 상황을 반드시 숙지하고 자기만의 컨디션 유지 방안을 마련해야 한다. 그는 서점을 토요일에만 일반인에게 오픈하는 방식으로 '무방비 상태에서 들이닥치는 사람 피로도'를 획기적으로 줄였다.

동시에 서점에 사람 발길이 끊이지 않게 하는 노력도 병행한다. 편집자에서 서점원으로 전업했지만 그가 볼 때 일 측면에서는 크게 다를 게 없다. 편집과 기획이란 측면이 그렇다. 서점 일은 서가를 편집하고 기획하는 일이다. 일반적으로 서점에서는 작가와의 만남 같은 행사를 진행하지만, 그는 작가와의 만남을 넘어서는 "우리 서점에서만 할 수 있는 것들"을 고민했다. 일본 책방에서 구입한 책과 소품을 판매하는 '주섬주섬 장'을 분기에 한 번 열고, 연말에는 '올해 10대 뉴스 작성하기' 워크숍을 개최한다. 좋은 그림책 원화 전시회나 책 내용과 관련한 이벤트도 연다.

"올해 10대 뉴스 같은 건 책방이랑 관계없이 제가 해보니까 좋았어요. 사람들과 나누고 싶어서 시작했는데 책 판매에 도움이 돼요. 어떤 손님이 올해 마라톤 계획을 말하길래 이 책 한번 읽어봐라 권했어요. 그렇게 모여서 얘기하다 보면 자연스럽게 책과의 접점이 생기더라고요. 물론 야심차게 기획했는데 모객이 한 명도 안 돼서 망하는 것도 있어요. 그러면 이런 게 문제구나, 이런 건 안 되는구나, 알 수 있죠. 나중에 서점이 잘 안 돼서 문 닫더라도 데이터가 쌓이니까, 다음에 도움이 되지 않을까 싶어요."

서점원으로서 쉬운 일은 아니지만 한 명 한 명 사람들 얼굴을 기억하려고 노력한다. 책 처방 손님부터 거래처, 지인까지 너무 많은 사람을 만나서 이름을 외우는 건 무리다. 하지만 다녀간 손님의 얼굴이나 그때 나눴던 얘기들은 간직하려고 애쓴다. 새로운 손님들이 많이 와주는 서점도 좋지만, 단골손님들과 오래오래 책으로 소통하는 서점이 되고 싶다.

서점에 최선을 다하되 전념하지 않을 것

똑같은 책도 다르게 사는 재미를 알아버렸다고, 먼 길을 달려와야 하지만 이 번거로움이 참 좋다고 말씀해주시는 손님. 할인이 되지 않아도, 배송이 오래 걸려도, 배송비를 내면서까지 사적인 서점에서 책을 구매해주시는 손님. 사적인 서점

서점인의 마음

정지혜,

이 자신에게 의미 있는 공간이 되어주었으니 나도 이 서점에 바람직한 손님이 되겠다고 응원해주시는 손님. 하루에도 몇 번씩 서점의 지속가능성을 고민하지만, 이렇게나 든든한 손님들이 있어서 매일매일 나아갈 힘을 얻는다. 늘 고맙습니다.

- 2017년 10월 23일, 사적인 서점 페이스북

정지혜는 소망대로 단골손님을 늘려가고 있다. 서점 운영도 어느 정도 안정 궤도에 접어들었다. 그렇지만 손님에게 고맙고 그래서 미안한 마음은 남아 있다. 인터넷 서점은 10퍼센트 할인에 무료배송, 적립금, 굿즈까지 준다. 사적인 서점에서 책을 사고 싶은데 방문할 수 없는 경우엔 책을 정가에 구입하고 배송비까지 내야 한다. 제아무리 좋은 기획과 콘텐츠로 승부하려 해도 가격 경쟁에서 밀리는 게 엄연한 현실. 독자 개개인의 희생이나 양보 같은 의지적 실천이 아닌 누가 언제 어디서 사더라도 같은 가격에 거래되는 구조적 개선을 위해 '완전도서정가제' 시행을 바란다.

"독자한테 희생을 강요할 순 없어요. 저도 서점 열기 전에는 웬만하면 동네 책방에서 사자고 하면서도 책을 사면 들고 갈 짐이 많아지니까 메모했다가 온라인 서점에서 사고 그랬거든요. 근데 서점을 운영하면서 그 서점인들이 책을 고르고 구비하기 위해 어떤 노력과 시간을 투자했는지 알게 되니까 이게 얼마나 속상

서점인의 마음

한지 짐작이 가더라고요. 다른 분들도 서점에서 얼마나 고심해서 책을 큐레이션하는지 알면 정보만 빼가지 못할 거예요."

온오프 서점 역할이 다 다르다. 온라인 서점에서는 도서 검색이 가능하고 원하는 책이나 이미 알고 있는 책을 빠르고 쉽게 살 수 있다. 오프라인 서점에서는 자기가 몰랐던 책을 발견할 수 있다. 그러니까 오프라인 서점에서 끌리는 책이 있으면 바로 사도록 가격이 똑같아야 하는데 인터넷 서점이 싸니까 독자는 구매를 망설인다. 사진을 찍어 간 다음 온라인 서점에 가서 산다. 어떤 서점인은 SNS에 신간 소개 글을 아예 안 올린다는 얘기도 들린다. 손님이 대놓고 '이거 교보문고에서도 팔아요?' 댓글을 달기도 한다고, 이제는 서점에 직접 오는 사람들한테만 팔겠다고 했다는 것이다. 동네 책방 주인이자 책의 독자로서 책이라는 상품이 어디서 사나 똑같은 상품이고 똑같은 가격에 거래되었으면 한다.

사적인 서점을 오픈한 후 정지혜는 서점과 한 몸이 됐다. 손님이 안 오면 우리 서점이 문제인가? 내가 뭘 소홀히 했지? 온갖 생각이 떨쳐지지 않는다. 책방이 일상의 전부를 차지하고 삶의 전부가 되어버렸다. 창업한 해 '올해의 10대 뉴스' 워크숍을 진행했는데 그의 경우 10대 뉴스 1번부터 10번까지 모두 사적인 서점 얘기였다. 가족, 일, 고양이 등 삶의 중요한 다른 부분에 소홀해져 있다는 걸 그때서야 알았다.

"고양이 두 마리를 키우고 있고 그해 셋째 고양이를 데려온 게 중요한 일이었는데 생각도 못 한 거 있죠. 그런 저한테 놀랐어요. 나랑 일이랑 분리가 안 되니까요. 지금은 너무 좋지만, 만약 서점이 잘 안 풀리면 도망갈 곳이 책밖에 없는데 이건 아닌 거 같다는 생각이 들었어요. 일과 삶의 일치, 요즘 말로 덕업일치도 좋지만 나를 지탱하는 게 일뿐이면 자존감에 영향을 줄 수 있겠더라고요. 올해는 도자기 만들기나 제빵처럼 책과 전혀 상관없는 취미를 가지려고요."

서점에 최선을 다하되 서점에만 전념하지 않을 것. 책이랑 무관한 취미를 갖겠다고 결의를 다지지만 어쩐지 취미 생활을 제대로 즐기기 위해 책부터 펼칠 모습이 눈에 선하다. 낯선 곳, 새로운 곳을 개척할 때마다 책을 디딤돌 삼아 한 걸음씩 옮겨온 그이니까. 그렇게 발견한 책의 세계로 그는 또 누군가를 이끌 것이다. 좋은 책은 나눠야 직성이 풀리는 그이니까.

서점인의 마음

서점을 열고 싶은 이들에게 건네는
정지혜의 마음

1. 이 서점에서 책을 사야 하는 이유를 고민하세요.

책 읽는 사람들은 점점 줄어들고, 다른 상품에 비해 마진율은 현저히 낮고, 서점도 서비스업이기 때문에 사람으로 인한 스트레스가 많다는 건, 이미 잘 알고 있을 거라 생각해요. 그럼에도 불구하고 서점을 열고 싶다면, 이 서점에서 책을 사야 하는 이유를 고민해보셨으면 좋겠습니다. 아시다시피 책은 어디서 사든지 동일한 상품입니다. 온라인 서점에서 사면 10퍼센트 할인에 5퍼센트 적립, 배송도 빠른 데다가 배송비도 없지요. 거기다 사은품까지 따라와요. 이런 상황에서 왜 굳이 이 서점에서 책을 사야 할까요? 독자들에게 동네 책방을 활성화시켜야 하니까 오프라인 서점에서 사달라고 하는 건 설득력이 없습니다. 서점 스스로 독자가 여기서 책을 사야 하는 이유를 만들어줄 수 있어야 하고, 그게 바로 그 서점의 무기가 됩니다.

2. 작은 일부터 시작해보세요.

도쿄 비앤비 서점 대표가 쓴 『책의 역습』에 이런 이야기가 나옵니다. 사람들에게 책을 읽어준다거나 독서모임을 운영하는 것도 작은 책방의 형태가 될 수 있다고요. 저 역시 서점을 오픈하기 전부터 개인 SNS에 독서 기록을 남기며 꾸준히 독자분들과 책으로 소통해왔고, 서점 내부와 외부에서 다양한 경험을 쌓다 보니 자연스럽게 그 경험이 서점 창업으로 이어지게 되었습니다. 지금 당장 다니는 직장을 그만두고 서점 오픈을 준비하기보다는, 자신의 자리에서 할 수 있는 만큼 조금씩 조금씩 씨앗을 뿌리고 키워나가다 보면 언젠가 '지금이다' 하고 용기를 낼 수 있는 시점이 올 거라 생각합니다.

3. 서점을 운영하는 나만의 즐거움을 만들어보세요.

여러 번 말했다시피 서점 운영은 들이는 품에 비해 이윤도 적고 힘든 일이
많습니다. 그렇기 때문에 더더욱 내가 서점을 운영하는 즐거움을 만들어야
합니다. 저에겐 공간이 주는 즐거움이 큽니다. 오전에 출근해서 환기를 시
키고 좋아하는 음악을 틀고 쏟아지는 햇살을 맞으며 하루를 시작하는 행복
이 있어요. 그밖에도 평소 좋아하는 일러스트레이터와 컬래버레이션 작업
을 한다든가, 사람 만나는 걸 좋아한다면 워크숍 프로그램을 만들어 진행을
한다든가, 스스로 서점을 활용해서 자신이 즐거울 수 있는 뭔가를 만드는
것이 중요합니다.

이정규, 1인출판사 대표의 마음

"저는 1인출판사 전문 작가입니다."

한때 나를 이렇게 소개하기도 했다. 『글쓰기의 최전선』, 『쓰기의 말들』, 『폭력과 존엄 사이』 세 권의 책을 메멘토, 유유, 오월의봄 출판사에서 2015년부터 잇달아 펴냈다. 세 곳 다 1인출판사. 출간 소식을 전할 때마다 사람들은 출판사가 어디냐고 먼저 물었고, 출판사 이름을 말하면 하나같이 주춤한 표정을 지었다. 자신이 나와 막역하다고 생각하는 사람은 아예 대놓고 말했다. "좀 더 큰 출판사에서 나왔으면 좋았을 텐데…."

책도 상품이다. 집이든 차든 옷이든 외형과 규모를 중시하는 우리 사회 특유의 브랜드 선호 사상에서 비롯된 반응이라고 생각한다. 그런데 '큰' 출판사가 반드시 책을 '잘' 만들까. 그렇다면, 내 기준에 1인출판사는 큰 출판사다. 대개는 규모 있는 출판사에서 다년간 경험을 쌓은 후 1인출판사를 차린다. 명함만 바뀔 뿐 출판 경력이나 능력은 그대로다. 책의 만듦새가 증명한다.

'출판사가 어디냐'보다 '누가 만드느냐'를 중시한다면, 사람이 곧 회사인 1인출판사는 글 쓰는 이들의 미더운 동반자가 될 수 있다. 더군다나 이직이 잦은 출판계 아닌가. 내 책을 낸 출판사의 편집자가 그 회사를 떠나는 쓸쓸한 일이 비일비재한 상황에서 『일본 1인 출판사가 일하는 방식』에 나온 대로 "5년, 10년이 지나도 담당자가 바뀌는 일이 없"고 "변치 않는 정열로 계속 소개한다는 것"은 크나큰 장점이다.

나는 와우책문화예술센터에서 일할 때 '1인출판사 도서목록'을 만들고 1인출판사 저자 강연을 기획하기도 했다. 숨겨진

1인출판사 대표의 마음

좋은 책을 알리고 싶은 욕심, 크고 작은 출판사가 더불어 깃드는 출판 생태계를 만들고픈 의지의 발로다. '이 책 좋은데?' 싶어서 살펴보면 1인출판사 책인 경우가 많았다. 50개가 넘는 1인출판사의 도서목록 한 페이지에서 코난북스를 처음 접했다. 『날씨충격』, 『재정은 어떻게 내 삶을 바꾸는가』, 『청년, 난민 되다』 같은 책들이 목록에 올랐다.

기존의 인문·사회 분야 책들과 결이 살짝 달랐다. 무거움이 아닌 진지함, 이론을 현실로 가져오는 일관된 기획에서 유연함이 보였다고 할까. 출판사명도 만화영화 주인공의 이름을 따온 '코난북스'다. 물론 이정규 대표는 자신의 페이스북에서 코난북스를 '고난북스'라고 칭하며 1인출판사 살이의 녹록지 않음을 고백하곤 했다. 점 하나 뺐다가 넣다가, '미래소년'에서 '독거사장'을 오가는 1인출판사 이야기라면 더욱 흥미로울 것 같았다.

씩씩해 보이고 싶었다

"창업을 해야겠다 생각하고 저자들 만나려면 명함이 있어야 하니까 빨리 이름을 짓자 했죠. 순우리말 사전, 국어사전, 무슨무슨 사전 뒤져서 좋은 말 열 개를 추리고 그중 두 개를 정했어요. '곰곰', '지중해'. 곰곰은 누가 그걸로 활동하고 있고, 지중해는 종이속 바다란 뜻인데 출판사 등록이 돼 있고. '눈씨'는 주변에서 겉 멋든 거 같고 무슨 뜻인지 모르겠다고 하고. 어쨌든 장사니까 듣는 사람이 기분 좋고 기억하기 좋아야 한다, 그게 뭘까 생각했죠. 예전에 엄기호 선생이 쓴 『우리가 잘못 산 게 아니었어』에 만화 『원피스』랑 '코난' 얘기가 나와요. 〈미래소년 코난〉도 있고 〈명탐정 코난〉도 있는데, 어느 쪽이든 코난은 용감함과 서로 힘을 모아 디스토피아에서 삶을 헤쳐 나가는 지혜를 상징하잖아요. 내가 만들고 싶은 책이랑 비슷했어요. '코난북스, 용기와 지혜의 세계'라는 말을 갖다 붙인 거죠. 각자 떠오르는 코난이 달라도 나쁜 의미는 아니니까. 씩씩하고 싶었고, 그래 보이고 싶었고. 부작용이라면 사람들이 한번에 못 알아듣고 묻는다는 거. 코란북스냐? 고난북스냐? (웃음)"

이정규 대표는 '뫼비우스의 띠지'라는 팟캐스트에 유유 출판사 조성웅 대표와 같이 출연해 다음과 같은 포부를 밝힌 바 있다. 나는 돈을 벌면 파주출판단지에 안 들어가고 상암디지털미디어시티에 들어갈 거다. JTBC 본사 옆에 코난미디어콘텐츠그룹을 세우겠다. 그 같은 야망을 담아 책에만 한정되지 않고 다른 방식의 미디어나 굿즈도 가능한 미래지향적이고 개방적인 작명으로, "듣는 사람이 기분 좋고 기억하기 좋은 이름"을 지어 일단 간판을 내걸었다.

출판업을 '장사'라고 주저 없이 말하는 사람, 책의 엄숙주의에 짓눌리지 않는 그의 첫 직장은 의류업체였다. 대학에서 사회학을 전공하고 어디라도 가보자 해서 들어간 직장인데 부모님의 실망이 컸다. 아들이 이름도 모르는 회사에 들어

1인출판사 대표의 마음

갔다는 것이다. 효행 차원에서 대상그룹의 신규 채용에 지원했다. 부모님이 슈퍼를 운영해서 대상그룹의 '청정원' 브랜드는 익히 알았다. 평범한 대기업 직장인 모드로 3년 반을 살았으나 권태로웠다. 상사들을 통해 10년 후 자신의 미래를 그려보았다. 별로였다. 마침 학교 선배가 일본에 만화를 배우러 가는 모습에 자극을 받았다. 다른 삶을 모색하던 중 기자 하면 잘할 것 같다는 후배의 권유로 언론고시를 준비했다. 몇 군데는 서류심사에서, 몇 군데는 최종면접에서 떨어졌는데 또 1년을 매달릴 자신이 없었다. 언론사 대안으로 떠오른 게 출판사.

'미디어로 뭔가를 전달하는 일이라면 출판도 비슷하지 않을까?' 그렇게 나이 서른둘에 늦깎이 출판인이 됐다. 출판을 얼마나 몰랐느냐 하면, 출판인들의 구직 사이트 '북에디터'가 아닌 일반 취업 포털 '잡코리아'에 들어가서 일자리를 찾았을 정도. '출판'이란 검색어에 걸린 한 출판사에 들어갔다가 3개월 만에 푸른숲으로 이직했다.

> "경력직 기획팀 뽑는대요. 경력이 없으니까 대신 기획안을 열 장 써서 넣었는데 다행히 면접을 보러 와라, 그래서 됐죠. 기획팀을 새롭게 만들면서 팀장이랑 팀원을 뽑는 거였어요. 출판 경력이 없어도 하고 싶어 하는 사람 뽑자 해서 제가 됐대요."

한 권의 책을 세상에 내놓기 위한 첫 단추, 기획

경력보다 실력. 기획안 열 장의 힘. 이는 훗날 그가 1인출판사를 운영하는 동력이 된다. 작가는 세상에 하고 싶은 얘기가 많은 사람이고, 편집자는 만들고 싶은 책이 많은 사람이다. 그의 생애 첫 출판 기획안은 이랬다. '지식의 편집'이라는 키워드로 사람들은 어떻게 지식을 얻고 어떻게 가공해서 아웃풋을 내는가에 관한 책. 이를테면 지금까지 200여 권 넘는 책을 낸 강준만은 도대체 저 정도 다작을 하려면 어떻게 자료를 정리하지? 어떻게 기억하지? 서평가 금정연이 글에서 인용을 잘하는데 어떻게 저장하지? 같은 질문에 대답하는 책.『다산 선생 지식경영법』에 나오는 정리법 같은 책을 구상했다. 머릿속으로 자기계발시 분야의 베스트셀러인『혼 창 통』인문학 버전을 생각했다. 잘 만들어서 10만 부를 팔아보자! 호기롭게 꿈꿨다.

　　그가 맡은 첫 책은 이준구 교수의『쿠오바디스 한국경제』였다. 경제학과 교재『미시경제학』을 쓴 서울대학교 경제학과 교수에게 직접 찾아가서 제안하고, 원고를 받아 책의 꼴로 완성해 대중에게 소개했다.

　　　"칼럼을 쓰는 분들을 보면, 예를 들어 국정 농단이 나쁘다고 말하면서 나쁜 걸 나쁜 거라고 하는 식이잖아요. 이 교수님은 달랐어요. 종부세다, 그러면 존 롤스의 '무지의 장막'을 인용하고 경제학적 이론으로 풀어가는데 비판의 폭이 전문가다웠달까요. 경제학자의 시선이 이런 거구나. 그런 면이 되게 좋았어요. 세상에 읽히기를 바란 거죠."

두 번째 책은 이른바 '달력기획'의 산물이다. 달력기획이란 역사적으로 중요한 주기에 맞춰 책을 기획하는 일이다. 2009년 세계인권선언 60주년에 맞춰 '인권연구소 창' 연구활동가 류은숙을 저자로 섭외해 인권문헌들과 해석들을 토대로 한 『인권을 외치다』를 만들었다. '인권문헌읽기'라는 제목으로 인권주간신문 『인권오름』 등에 쓴 연재가 있었고, 이걸 검색하다가 발견해서 단행본을 제안, 개고 작업을 거쳐 책으로 냈다.

그의 기획은 계속됐다. 방법은 크게 두 가지다. 저자를 중심에 두기. 페이스북이나 매체에서 좋은 글을 보면 저장해 놓고 인터넷에서 다른 글을 검색해서 즐겨찾기로 모아놓고 그 사람의 책을 읽는다. 이때 기획자 입장에서 본다. 저 사람한테 다음에 끄집어낼 건 뭘까. 그걸 정리해서 결과물로 만든다.

또 하나는 주제로 접근하기. 여성의 몸 쓰기에 관한 책은 어떨까. 위스퍼 광고를 보면 여자들이 피 흘리면서 싸운다. 나이키도, 애플 광고도 경험을 강조한다. 사회적 경향을 읽어내고 살 붙여서 메모를 하고 포맷을 만들어서 기획하고, 그럼 이걸 누가 쓸까, 저자를 찾는다.

"최종 결과물이 나올 때까지 전체가 기획 같아요. 편집이 곧 기획이죠. 그런 편집자들 있어요. ○○책 기획은 내가 했는데 누가 편집했어. 근데 그건 계약한 거지 기획한 건 아니죠. 같은 아이디어도 누가 만드느냐에 따라 다른 책이 나와요. 기획과 편집을 분리하는 방식은 맞지 않는 거 같아요. 물성을 만들어내는 거 자체, 어떻게 관철할 거냐가 기획이죠."

그렇게 기획에서 출간으로 이어지는 과정을 1~2년 차부터 해냈다. 상대적으로 기획의 시점이 빨랐고 교정 교열 같은 편집 실무를 차분히 배울 시기는 놓쳤다. 편집장 선배가 오케이교를 보면서 말하곤 했다.

"정규야, 공부를 많이 해야 할 거 같아."

나머지 공부를 자청했다. 언론고시 준비하면서 기본적인 문장 쓰기나 교열 방법을 연마했으나 편집자로서 글을 만지는 건 다른 능력을 요구했다. 옆 동료가 교정지를 놓고 퇴근하면 그걸 들추면서 독학하는 식으로 '원고 만지는 법'을 익혔다. 푸른숲에서 2년 반, 들녘 6개월, 웅진지식하우스 1년 반까지 5년이다. 기획, 저자 발굴, 교정 교열 등 편집자의 업무를 배우고, 그가 만든 히트작 엄기호의 『이것은 왜 청춘이 아니란 말인가』를 남긴 채 조직 생활에 종지부를 찍었다.

이정규,

1인출판사는 망하기도 쉽지 않다

출판 경력 5년 차에 서른일곱. 그가 웅진지식하우스에 다닐 때는 팀장이 그보다 한 살 어린데 경력은 곱절 이상이었다. 근무 연차가 비슷하면 나이가 서너 살 아래였다. 회사에서 그의 포지션이 애매했다. 다른 조직으로 옮긴다 해도 팀장으로 가기도 팀원으로 가기에도 애매했다. 창업은 이른 거 같고, 더 배워서 뭘 도모해보자고 계획을 세웠는데 지인이 말했다.

"너는 네 거 뽑아내는 거지, 뭘 더 배우겠어."

출판 일을 좋아하고 언젠가 내 출판사 차리겠지 막연하던 계획이 구체화됐다. 빨리 결단을 내려서 휴직 기간을 줄여야 했다.

그럼 지금 해볼까? 모호하게 시작했다. 특별한 의지나 비전이 있었다기보다는 생계 때문에라도 일단 차려야겠다고 마음먹었을 때, 이렇게 아내를 설득했다. 현실적으로 내가 편의점을 차릴까? 치킨집, 빵집을 차릴까? 그거보다 출판사가 적게 든다. 당장 시작할 수 있고 경력이 있으니 활로를 모색할 수 있다. 인테리어 해서 회수를 못 하는 비용이 드는 것도 아니다. 아내는 말했다. 그럼 해봐라. 근데 크게 하진 마라. 그에게 용기가 되어준 업계 선배의 한마디가 더 있다.

"출판사는 망하기도 쉽지 않아."

예상대로 판이 크지 않았다. 창업 자금은 딱 3000만 원 들었다. 신용보증기금 대출로 마련했다. 처음 1, 2년 정도는 독자적으로 생존할 수 있는가, 활로를 모색하는 시기였다. 그러면서 자기 몫을 조금 가져갈 수 있게 되었고 자리를 잡았다.

"제가 남하고 일을 잘 못하는 거 같아요. 협업을 못한다기보다 스스로 주도권을 쥐고 일하는 방식이 편한 거죠. 아이디어 내서 만나고 원고 받아서 편집하고 책 나오면 영업하고 제가 다 하는데, 이걸 비용을 지불하고라도 남의 손을 빌려야 하나 생각할 때도 있어요. 그러다가 내가 제일 잘 아는데 내가 하는 게 낫지 않을까, 계속 그래요. 지금까지는. 그런 성향으로 보면 저한테 1인출판사가 잘 맞는 거죠. 이건 1인출판만이 아니라 자영업의 매력이기도 해요. 일의 프로세스와 시간을 내가 장악하고 있다는 느낌을 갖고 일하는 것."

웬만한 규모의 출판사는 출간 대기 중인 외서와 국내서가 쌓여 있다. 편집자들한테 외서를 할당하고 편집을 맡긴다. 어느 해인가 그에게 떨어진 외서의 선인세를 합쳐보니 그때 당시 그의 전세 보증금보다 많았다. 편집자로서 그 이상의 매출을 만들어야 한다는 부담이 생겼다. 내 담당 매출액이 얼마여야 밥값을 하는 거지? 그런 책임감, 부담감이 컸다. 한편으론 그게 가능할까 싶기도 하고, 이 책을 이 돈을 주고 사 오는 게 합당한가 회의도 들고.

지금은 밥값 부담이 없어서 홀가분하다. 연휴에 혼자서 일을 하든, 평일에 셔터를 내리고 있든 내 선택 내 책임. 만약 일을 안 하고 있어도 주문은 들어오니까 출판사는 세무적, 재무적으로 돌아가는 상태다. 결과에 대한 책임을 스스로 감당하면 된다는 게 그가 누리는 1인출판사의 가장 큰 장점이다.

첫 책, 센 책을 내거나 빨리 내라

"첫 책은 둘 중 하나다. 센 책을 내거나 아니면 빨리 내라."

한겨레문화센터, 한국출판문화산업진흥원에서는 1인출판사 창업 관련 강의가 열린다. 그도 창업을 앞두고 회계 실무 강의를 들었다. 어느 날 수업이 끝나고 몇몇 1인출판사 대표들과 맥주 한잔하는 자리에서 김홍민 북스피어 대표로부터 들은 조언이다. 매출을 크게 하든가 출간 공백을 줄이라는 얘긴데, 그는 후자를 택했다. 2014년 4월, 첫 책 『날씨충격』을 출간했다.

기후변화로 지구가 뜨거워진다, 같은 유의 실감 안 나는 얘기가 아니다. 편의점 매출은 기온이 올라가면 어떻게 달라지는지, 의류 회사는 어떻게 되는지, 자동차 보험회사는 혹한에 어떻게 대응하는지 등 기후변화가 일상에 미치는 영향을 흥미롭게 풀어낸 책이다. 그다음 책 『재정은 어떻게 내 삶을 바꾸는가』에서는 재정 문제를 일상으로 가져왔다. 그는 저자들에게 "그래서 이 문제가 개인의 삶과 어떤 연관이 있는지"를 따져 묻고 주문하면서 책의 방향을 잡고 출판사의 지향을 만들어갔다.

　출판사 업무는 책을 만드는 일과 책을 파는 일로 나뉜다. 기획과 편집은 그가 '해본 일'이었다. 영업이나 관리는 '안해본 일'이었기에 기초적인 것부터 배워야 했다. 첫 책을 내면 도매상, 서점과 거래를 개설한다. 송인, 교보문고, 알라딘 같은 유통업체에 서류를 들고 가서 공급률을 정하는데 그 일을 따비 출판사 동료가 손잡고 가서 도와주었다. 가장 힘든 건 영업이었다.

> **"출판사 다닐 때 편집자들이 영업자들한테 가장 큰 불만이, 책 납품하고 나면 아무것도 안 한다고, 배본하면 영업하는 줄 안다고 그랬거든요. 근데 막상 저도 책 만들고 나니까 알겠더라고요. 기자한테 따로 메일 써서 기획 기사를 제안해볼까, 서점에는 어떻게 얘기할까, 어떤 이벤트를 걸어볼까 이런저런 마케팅 플랜을 짜는데 딱 배본하고 나면 맥이 풀려요. 그럴 때 너 쉬고 있어 내가 하고 올게, 누가 이래주면 좋은 건데."**

　첫 책을 내고 출판사 대표이자 편집자이자 마케터로서 온라인 서점 예스24 접견실에 갔을 때를 그는 잊지 못한다. 그곳은 신간 보도자료 들고 온 사람들로 바글바글했다. 처음 보는 광경이었다. 그 안에 들어가는 게 멋쩍고 어색해서 결국은 MD를 만나지 않고 발걸음을 돌렸다. 영업을 어떻게 해야 하나, 어떡하지 하다가 어영부영 시간만 갔다. 그런데 기적처럼 한 부 두 부씩 주문이 들어왔다. 신기했다.

첫 책은 출간되고 몇몇 언론에 기사가 났다. 신문 영향력이 줄었다고 해도 누군가는 신문을 보고 책을 산다. 이처럼 자연발생적으로 일어나는 판매 외에 신규 독자를 어떻게 만들고 늘려갈 수 있을까. 저자나 독자를 지속적으로 만들어낼 수 있는 네트워크나 자원이 없는 상황에서 어떻게 할지, 그만한 스케일과 스타일을 어떻게 만들지는 그의 숙제다.

출판사가 소규모라서 관리 업무는 상대적으로 수월한 편이다. 관리 때문에 힘들어질 만큼 꼼꼼히 하지 않는 게 비결. 현재 돈이 얼마 있고, 판매는 얼마나 되고 있고, 재고가 얼마 있다 그 정도만 알 수 있도록 엑셀 프로그램을 활용해 관리한다. 세무 업무도 스스로 척척척. 월말에 계산서 끊고, 매년 종합소득세 신고하고, 저자 원천세 대신 납부하고 등등. 워낙 내는 세금이 적으니까 만약 잘못 처리할 경우 가산세를 내면 된다는 입장이다. 잘못해도 큰 손해가 없으면 스스로 하려고 한다. 세무 업무를 직접 처리하면 비용도 절감하고, 한 달 동안 내가 장사를 얼마나 잘했나 흐름을 파악할 수 있다.

의사결정, 좌뇌가 기안하고 우뇌가 결재한다

자영업자 반, 노동자 반. 1인출판사 대표로서 자신의 정체성을 그는 이렇게 규정한다. 업무는 이렇게 설명한다. '좌뇌가 기안하고 우뇌가 결재한다.' 이것이 벅차서 처음에는 단톡방이나 페이스북에 제목이나 표지 시안을 보여주고 의견을 묻곤 했는데 이제는 그것도 하지 않는다. 외부에서 다른 의견이 들어와도 그에 대해 논의할 대상이 없기 때문에 웬만하면 저자랑 둘이 결정한다. SNS에 표지를 올릴 경우 '우리 책 나옵니다' 예고편 정도로 활용하는 게 마땅하다는 생각이다.

"의사결정을 할 때 직원이 많다고 꼭 좋은가요. 글쎄요. 풍경들 떠올려보면 알잖아요. 예를 들어서, 제가 인터뷰집 기획안을 썼어요. 막 자료 만들어서 갔어. 편집자 여섯 명에 사장님 있는데 그중에 이걸 다 읽고 왔는지 아닌지 딱 보이잖아요. 이 사람이 이걸 지금에야 읽고 있구나. 근데도 거기서 사장님이 말해요. 요새 비슷한 거 많이 나오는데 그거 또 해야 해? 이런 식으로 말하면 분노하죠. 집단적인 의사결정에서 꼭 생산적인 의견이 나오는 건 아니에요."

그는 기획이 떠오르면 한 줄 써놨다가 자료를 찾아서 한 페이지 문서로 만든 후 저자한테 보낸다. 바로 메일을 쓰는 게 아니라 저자를 설득할 만한 근거들, '기획 의도, 저자의 장점, 이 책이 서점에 가면 어떤 책 옆에 놓이면 좋겠어, 분량이나 사양은 어떻고, 누가 읽으면 좋겠고, 구성은 이랬으면 좋겠어' 같은 내용을 정리한다. 이 과정이 바로 좌뇌의 기안을 우뇌가 결재하는 시스템이다. 이렇게 자신을 설득시키는 '섀도

복싱'을 한 판 치르고 나면 어느 정도 상황이 정리된다. 그래도 정 판단이 안 설 때면, 다른 1인출판사 대표에게 자문을 구한다. 급할 때 서로의 동료가 되어 머리를 맞대주는 것.

저자 섭외, 그런 사람하고 안 하면 된다

신생 출판사다. 역사가 짧고 출간 종수가 적고 인지도가 없다. 책 좀 읽는 사람이라면 이름만 대면 알 만한 출판사 명함이 있을 때보다 저자 섭외가 불리한 건 사실이다. 그런데 이렇게 생각할 수도 있다. 그 같은 불리한 조건이 좋은 저자를 고르는 시험대라고. 그가 웅진지식하우스나 푸른숲에서 일할 때도, 인세가 얼마인지, 영업 예산은 얼마나 쓰는지부터 물어보는 사람이 있었고, 그런 사람은 그가 저자로 마다했다.

　　마찬가지다. 저자를 섭외하기 위해 만났을 때 사무실이 어디인지 묻고 집에서 일한다고 하면 상대방이 그다음 이야기들은 듣는 둥 마는 둥 하는 경우가 있다. 그런 사람이면 같이 하지 않는 편이 낫다. 같은 이유로, '코난북스'라는 용기와 지혜의 세계로 기꺼이 발을 들여놓는 사람들, 그를 믿고 계약을 한 저자가 더없이 고마운 건 두말할 나위가 없다.

　　"농담 삼아 그래요. 나랑 작업하고 나중에 문학동네나 창비에서 연락이 오면 반드시 해라. 내 책으로 받지 못한 보상을 거기서 받

을 것이다. (웃음) 제가 만드는 아이템 자체가 아무리 팔아봐야 1만 부 이상은 어렵거든요. 제가 만든 책으로 인해 저자에게 방송 출연이나 강연 섭외가 온다든지, 다른 활동으로 이어지게 만드는 것도 책 만드는 사람의 역할이라고 생각해요. 코난북스 책으로 잘되게 하고 싶은 거. 특히 프리랜서 작가들, 예술가들에게 작업에 들어간 시간만큼의 보상을 주고 싶다는 마음이 있어요. 그걸 어떻게 만들어낼까가 영업의 문제겠죠. 부담을 많이 느껴요."

이정규 대표가 저자를 발굴하는 노하우는 바로 "단행본 출간 경험이 없는 사람을 꼬시는 것"이다. 이준구, 류은숙, 김태일, 황효진, 붕가붕가레코드, 릴리쿰, 미스핏츠 등이 첫 책을 그와 만들었다. 편집자로서 즐겁고 뿌듯한 부분이다. 당신의 얘기를 충분히 책으로 만들 수 있다, 이러이러하게 진행하자고 구체적으로 제시한다. 기존의 저자가 출간 이후에 다른 출판사랑 책을 낸다고 하면 너무 당연하게 알겠습니다, 한다. 편집자는 거절당하는 직업이다. 대형 출판사 다닐 때도 늘 겪었던 일. 그걸 1인출판사라서 거절당했다며 억울해하진 않는다.

"1인출판사나 출판계 종사자를 다루는 방식이, 뭔가 전체 세계에서 특이한 지형에 있는 사람들, 약간의 독립군, 불리한 위세에서 돌파해내는 무엇처럼 묘사되는 거, 저는 별로거든요. 서점에 가면 제 책이 문학동네 책이랑 똑같이 경쟁을 하잖아요. 불리할 것도 없고 유리할 것도 없죠. 그런데 불리함을 기본 설정값으로 해봐야 정신 건강에 도움이 안 돼요. 저는 큰 데만큼은 잘 못 팝니다만 하실래요? 그래요. 웬만한 사람들은 출판 업계가 불황인 거 다 아니까. 나의 책을 딛고 가라, 얘기하는 거죠."

전방위적 독서 경험이 만든 코난북스의 도서목록

그의 최초의 독서 경험은 위인전과 『우리의 뿌리를 찾아서』 같은 책들이다. 어느 작가의 유년 시절 배경처럼 계단참에도 책이 놓여 있는 그런 집안에서 자란 건 아니고, 아버지가 고물상 리어카에서 구해다준 책이다. 내용은 기억하지 못해도 강렬한 인상으로 남아 있다. 그러다가 책의 즐거움을 제대로 만끽한 건 중학교 때다. 대학을 졸업하고 막 부임한 국어 선생님이 '이상한 모둠활동'을 많이 시켰다. 방과 후에 애들이랑 같이 떡볶이를 먹고 교지를 만들자는 제안도 했다. 교무실 국어 선생님 자리에 가면 윤구병, 이오덕의 책들이 꽂혀 있었다. 소년 정규는 아이들과 『드래곤볼』을 돌려보다가 들켰다. 만화책은 선생님이 압수해가고 대신 『스스로를 비둘기라고 믿는 까치에게』 같은 책을 쥐여주었다. 신림동에서 자취를 하던 국어 선생님이 타자기로 친 게 분명한 편지를 정규의 집으로 보내주기도 했다. '나는 지금 『빈센트, 빈센트, 빈센트 반 고흐』를 읽고 있어.' 그런 내용이 쓰여 있었다. 정체를 알 수 없는 그 책을 사기 위해 정규는 서점으로 달려갔다. 독서에 열중했다. 오직 선생님에게 잘 보이고 싶어서. 그런 국어 선생님이 중학교 3학년이 되던 해 전근을 갔다. 고등학생 때까지 편지를 교환했다. 선생님에게 잘 보이고 싶은 마음은 성인이 돼서도 식지 않았으니 군인 정규는 휴가 나와서 찾아뵀을 때도 이렇게 아뢰었다. "저는 지금 이런 책을 읽고 있습니다."

집 근방에 있는 강남역 동아서적, 강남고속버스터미널 한가람문고에서 책을 봤다. 친구가 별로 없어서 심심하면 책을 보러 갔다. '라이프' 사진집을 뒤적이다가 인문 분야로 가서 풀빛 출판사에서 나온 해방직후 변혁운동과 미군정에 관한 연구서도 읽었다. 계통 없이 읽었던 시절이다. 그래도 나 정도면 책 좋아하고 좀 읽는 편이라고 생각했는데, 그 자부심은 출판계에 와서 와르르 무너졌다. 이렇게 책을 안 읽은 사람이 또 없었다!

기획회의 할 때, 예를 들어 한 편집자가 1인출판사 인터뷰집을 해보겠다고 말하면 다른 편집자가 프랑스의 누가 쓴 어떤 책이 있다 등등 레퍼런스를 막 읊는데 그는 전혀 모르는 것들이었다. 그냥 읽지 말고 약간의 계통을 밟아서 읽었으면 좋았을걸 후회했다.

그러나 마오쩌둥의 말을 빌리자면 "좋은 일이 변해 나쁜 일이 되고, 나쁜 일이 변해 좋은 일이 된다". 계통 없는 독서는, 다른 말로 바꾸면 폭 넓은 독서라는 뜻. 자기 분야를 좁고 깊게 아는 편집자가 있고 온갖 분야를 두루 조망하는 편집자가 있다. 각자의 경험과 특성에 맞는 책을 내면 될 일이다. 그의 전방위적 독서 이력은 1인출판사 코난북스 고유의 색깔을 내주었다.

1인출판사는 대개 주력 분야가 있다. 유유는 공부, 따비는 음식, 사이행성은 학술을 주로 펴낸다. 코난북스는 카테고리 출판보다 인문·교양 종합출판에 가깝다. 책의 주제나 톤이 약간씩 다르다. 『날씨충격』을 냈고 일터 괴롭힘이나 청년 주거 관련 책도 냈고 『나 홀로 노모를 떠안다』 같은 고령화 사회 문제에 관한 책도 냈다. 가끔 저자들이 본인의 책이 코난북스에 어울리는가 묻기도 하는데 그런 반응을 보일 때 이렇게 응수한다.

"당신 책으로부터 변화가 시작된다." "당신이 시그니처다." "당신의 책이 코난북스의 정체성을 설명하는 책이 될 것이다." "코난북스에서 드디어 탈피하는 책이 나왔습니다."

실은 서른두 살에 출판사를 일터로 택하면서 그가 꿈꾼 분야는 논픽션이다. 뿌리깊은나무에서 나온 『숨어사는 외톨박이』 같은 르포르타주, 인터뷰, 기록집, 증언집 같은 걸 내고 싶었다. 스스로 말을 하는 증언자로서 고유함을 어떻게 담아낼까 고민하는 책. 가령 『숨결이 바람 될 때』의 폴 칼라니티, 『어떻게 죽을 것인가』의 아툴 가완디 같은 저자. 한 사람의 고유함이 논픽션이 될 수 있다는 것에 주목한다. 인공지능 세상이 되더라도 그 사람만 쓸 수 있는 얘기가 있으니 자기만의 전문 영역 또는 활동 영역, 고유한 경험을 잘 전달하는 방식으로서 논픽션에서 출판의 가능성을 내다본다.

3년만 버티면 된다

코난북스는 망원동 아담한 건물의 2층에 자리했다. 따비 출판사와 공간을 공유한다. 사무실 한편 책꽂이 두 개와 책상 한 개가 그의 살림이다. 책꽂이엔 코난북스에서 그간 나온 책들이 가지런히 꽂혀 있고, 책상은 가구 전시장의 그것처럼 깨끗하다. 종이를 만지고 종이를 만드는 업의 특성상 하루만 방심해도 책들과 서류 더미가 쌓이기 마련인데, 참 보기 드문 출판인의 책상이 아닐 수 없지만, 청소나 설거지처럼 정리하는 일을 좋아하는 그는 책상도 늘 정돈 상태를 유지한다. 오직 원고만이 책상을 점한다.

"초고나 저자의 완성 원고를 출력해서 앞에 놓고 있으면 뭔가, 음… 과한 말인데, 약간 푸주한이 된 거 같기도 하고 세공을 하는 느낌이 들 때도 있어요."

이 책상에서 10여 종의 책을 만들었다. 1년 차에 3종, 2년 차에 3종, 3년 차에 2종, 4년 차에 6종을 냈다. 국내서 비중이 높고 외서가 적은 게 특징. 국내서는 저자가 원고를 안 주면 책을 낼 수 없기에 출간 리스트를 확보하기 어렵다. 대개의 1인출판사가 외서를 꾸준히 내는 이유는 안정적인 원고 수급을 위해서다.

"출간 실적으로 보면 패착이죠. 돈이 많았으면 종 수를 늘렸을 거예요. 초창기부터 제일 고민이 그것이죠. 스피드, 스케일, 스타일. 지금은 이 셋 중에 어떤 것도 먼저 성취할 수 없다는 생각이 들어요. 스피드가 규모를 만들어주는지, 스타일은 스케일이 따르면 생기는지, 부러 만드는 건지 잘 모르겠어요. 이제부턴 외서도 낼 거고, 원고 수급의 문제와 관련 있는데 앞으로 분량이 좀 더 적은 책, 물성이 좀 더 편안한 책들, 그런 기획들로 다변화를 꾀하려고 해요."

1인출판사 입장에서 국내서의 원고 수급은 중차대한 사안이다. 그래서 그가 좋아하는 저자의 1순위는 글 잘 쓰는 저자보다 약속 잘 지키는 저자다. 그래서 저자한테 "번호표 뽑(고 기다리)는 상황"은 좋아하지 않는다. 원고가 늦어진다면 저자도 다른 중요한 일들 때문에 그럴 테고 글이 쥐어짠다고 나오는 게 아니므로 기다릴 수밖에 없지만, 다만 늦어지는 이유를 설명해주면 좋겠다. 한때는 '파도가 바다의 일이라면, 원고를 기다리는 건 편집자의 일이다'라며 점잖게 기다렸으나 요즘은 '원고를 독촉하는 것이 편집자의 일'이라는 얘기를 듣고 좀 쪼는 편이다.

그렇게 버텼다. 1인출판을 시작하려는 후배들에게 선배들이 조언하는 말, '일단 3년을 잘 버텨라'의 그 3년을 살아낸 장본인이 그다. 어, 그래 혼자 해도 이만큼 왔네? 생각하면 뿌듯한 일이다. 그렇지만 아직 가계의 많은 부분을 배우자에게

이정규,

1인출판사 대표의 마음

의지하고 있다. 아이가 없어 생활비 규모가 작기 때문에 가능한 상황이다. 창업 2년 차인 지난해 매출은 6000만 원 정도. 해마다 느는 추세이지만 거기서 회사 운영 경비, 창고비, 계약금 제외하면 수익은 적다. 회사 다닐 때 연봉에 훨씬 못 미치는 금액이 남고 그것이 곧 인건비이자 급여다. 회사와 개인 자금을 구분하기 위해 통장을 구분해서 돈 나가는 날 스스로 월급을 주기도 한다. 이제 연봉 인상을 해볼까 했는데 2017년 새해 벽두부터 송인 부도 소식을 들었다.

"원래는 3년만 버티면 안정이 온다는 의미일 텐데, 제 생각에는 3년 동안 스스로 인큐베이팅하다가 이제 겨우 떼고 한번 뭔가 해 봐, 그런 느낌이에요. 코난북스를 아는 사람이 얼마나 될지, 어떻게 기억이 될지 모르겠지만 그동안은 사회문제를 직접적으로 알려주고 발언했다면 앞으로는 세계관, 태도에 관한 책들, 건강한 태도로 잘 견디는 사람들 이야기를 하려고 해요. 이제 그런 사람들이 멋있어 보여요. 앞서 낸 책이 페이스북 같은 전문가 사회라면, 지금부터는 트위터 같은 현자들의 세계를 보여주려고요. 앞에서 1인출판사는 망하기도 어렵다는 말을 했지만, 망하진 않는데 나쁠 순 있죠. 계속 패착을 두고 저 스스로도 독자들도 저 책 왜 냈지? 이럴 수도 있으니까요."

3년 이후, 현실적인 문제는 크게 두 가지다. 장기적인 소득 창출과 아이디어 창출이 가능한가. 특히 편집자로서 아이디어 고갈은 통장에 돈이 마르는 것보다 더 큰 염려로 다가온다. 자신의 관심사부터 기획했는데 양적으로 한계가 있고 나이가 들어감에 따라 독자군과 감각적 정서적 괴리는 벌어지고 있다. 10년 후에도 혼자서 자기 기획으로 책을 계속 내는 건, 그가 볼 때 굉장히 끔찍한 상황이다. 1인출판을 항구적인 모델로 생각하기보다 직원을 늘려나가는 구조로 코난북스의 미래를 설계해본다.

악의도 선의도 없는 세계에서 살아남는 법

1인출판사가 업계의 70퍼센트라는 통계가 있다. 출판 시장의 콘텐츠 다양화 측면에서 긍정적으로 보기도 하고, 또 누군가는 유독 정년이 짧은 출판계에서 어쩔 수 없이 생겨나는 부작용으로 보기도 한다. 어쨌든 자고 나면 거리에 카페가 생기듯이 1인출판사가 생겨나는데 이정규 대표는 1인출판이 앞으로 더 늘어날 것이라는 전망에 대해 회의적이다.

> "저보다 선배인 1970년 초반 생들, 1990년대부터 출판계에서 단련된 사람들의 경우 독자적인 생존력을 갖고 있죠. 그런데 현직 에디터, 노동자 들이 자기 저자라든지 자기 기획 커리어라든지 독자적인 업무를 할 수 있을 정도의 업무 장악력을 충분히 전수받았는지, 선배 세대들이 트레이닝해줬는지, 선배들이 출판사

1인출판사 대표의 마음

에서 소진됐다기보다 영광을 누린 건 아닌지 돌아봐야 해요. 이런 출판계에 대해서 제 또래 이상은 책임져야 하고요. 1인출판사가 더 늘어나지 못할 만큼 인력을 양성하지 못한 책임이요."

출판계 정년은 갈수록 짧아진다. 출판노동자는 외주 편집자든 창업이든 독립할 수밖에 없다. 근데 나왔을 때 꼭 혼자 해야만 할까. 문제는 두 사람의 몫을 보장하지 못한다는 것. 과연 두 몫이 있을까. 에디터 대 에디터로 만났으면 우리가 굳이 왜 같이 해야 해, 그러느니 혼자 해, 에디터 대 마케터로 만나면 어떻게 나눌까, 머릿속이 복잡해진다. 이것도 사업이면 인수합병이나 동업이 있어야 하는데 왜 다 혼자 출판사를 차릴까 생각해보면 확실성, 채산성, 수익성이 문제라는 게 그의 진단이다.

"저는 실패 비용이 있었으면 좋겠어요. 이렇게 해봐서 안 되면 안 되는구나. 규모가 큰 회사는 이런저런 책도 내보고 되면 좋고 안 되면 패스해요. 딴 거 잘 내면 되니까. 근데 작은 데는 한 권 한 권이 중요하니까 실험해볼 여력이 없어요. 1년에 한 종 정도는 실패 비용을 마련해서 이건 버려도 돼, 마음먹고 같이 하든 혼자 하든 안 해본 걸 해보는 거죠. 거기에 쓸 수 있는 여력이 있었으면 좋겠어요."

2017년 10월, 그는 드디어 실패 비용을 치르고 출판 실험을 감행한다. 위고, 제철소, 코난북스 1인출판사 세 곳이 '아무튼'이라는 브랜드를 론칭했다. 콘셉트, 문고본 판형, 가격을 공유하는 독특한 기획 출판 형식이다. '나를 만든 세계, 내가 만든 세계'라는 슬로건이 말해주듯, 저자가 생각만 해도 좋은, 설레는, 피난처가 되는 한 가지에 대해 원고지 300~400매 분량으로 경험과 취향을 풀어낸다. 아무튼 시리즈는 '피트니스', '서재', '게스트하우스', '쇼핑', '망원동' 다섯 권을 동시에 출간했는데, 코난북스는 류은숙의 『아무튼, 피트니스』를 펴냈다. 이 작은 출판사들의 용감한 도전은, 출간 즉시 소셜미디어와 독립서점을 중심으로 뜨거운 반응을 일으켰고 『조선일보』, 『한겨레』 등 매스컴에 잇달아 소개됐다. 2017년 연말에는 아무튼 문고로 제58회 한국출판문화상 편집부문을 수상하기도 했다.

그는 말했다. 1인출판사라고 해서 억울함을 기본값으로 설정하지 말자. 업계에서 특별히 선의를 갖고 대하는 사람도 없지만 특별히 악의를 갖고 대하는 사람도 없다. 지업사가 나한테만 나쁜 종이를 주는 것도 아니고, 디자이너가 나한테만 나쁜 표지를 해주는 것도 아니고, 서점도 마찬가지다. 1인출판사라도 책이 좋으면 올려주고 아니면 말고. 코난북스는 규모에 비해서 온라인 서점 노출이나 언론 기사를 잘 받는 편이었는데, 이를 경험하면서 '출판계는 놀라울 정도로 악의도 선의도 없는 세계'라는 사실을 깨달았다. 그 냉정한 세계에서 아무튼 문고는 다시 한번 열렬한 관심을 받은 셈이다.

좋은 책 잘 만드는 '그냥 출판사'

코난북스에서 책이 한두 권 나왔을 때는 주문이 하나도 없는 날도 있었다. 인터넷 팩스를 연결해놨기 때문에 주문이 오면 알림 벨이 울린다. 교보문고는 문자로 오는 시스템이고, 메일이 와도 문자 알림이 온다. 새벽 1시부터 투투툭 울려야 될 시간에 안 울리면 '아 오늘은 주문이 없구나' 하고 낙담한다. 어느 날은 도매상에서 주문이 50부 들어오면 '오늘 고기 먹어야겠다' 약속을 잡는다. 저자한테 메일 보냈는데 답이 없으면 가라앉았다가 누가 한번 보자고 하면 세상 날아갈 것 같다가, 그러다가 만났는데 책 못 한다고 하면 또 실망하는 식으로 일희일비했다.

"이젠 하루에 책이 50부 나가면 내일은 안 나가겠네 해요. 일부러 감정을 잠재웠어요. 기쁨도 슬픔도 없는 침착한 상태. 혼자 일하다 보면 말을 한 마디도 안 하는 날도 있는데 직장 생활 할 때 내부 정치나 이런저런 말들이 오가는 거 때문에 힘들었어요. 지금은 가끔 업계 사람을 만나면 '그래서 요즘은 뭐가 잘 나가?' '부자 됐겠다!' 순수하게 일 얘기만 하거든요. 일에 가까운 얘기를 할 수 있는 게 좋아요."

코난북스는 페이스북을 운영한다. 대형 출판사는 콘텐츠가 많아서 다양한 포스팅이 가능하고 뉴스가 지속적으로 생산되는 데 반해 1인출판사는 SNS로 홍보 효과를 거두기 어려운 구조다. 한 해에 발간하는 책이 다섯 손가락 안에 꼽히는데 1년 내내 그 책만 홍보할 수도 없다. 또 실질적인 효과면에서도 그는 회의적이다. 페이스북이나 인스타그램이 홍보 효과가 있지만 마케팅은 알리는 게 아니라 팔리는 것이 관건이다. "욕하고 사는 거랑, 좋아요만 누르고 안 사는 거랑" 구별해서 봐야 한다. SNS 시대에 독자들과 소통해야 한다면 이런 건 해보고 싶다. 내가 만드는 책만 할 게 아니라 내가 읽고 좋은 책으로 카드뉴스를 만드는 건 어떨까. 저 사람이 그런 걸 좋아하는 사람이구나 알리고, 사람들이 궁금하면 그 책을 읽을 수도 있고, 내가 만든 책만 소개하는 게 아니라 좋은 책을 소개해서 결국엔 '책의 좋음'을 알리는 것. 그리고 1인출판사 코난북스이기보다 좋은 책을 내는 코난북스로 남고 싶다.

"좀 위악적으로 말해서 저는 1인출판사인지 모르는 출판사가 좋은 출판사라고 얘기해요. 특히 제가 만드는 교양, 사회과학 인문서 분야에서는 더 그렇죠. 돌베개 책보다 예쁘게 잘 만들면 되는 거예요. 작년에 1인출판사 선배를 만나서, 잘 되시죠? 그랬더니 잘 안 돼, 근데 남들이 잘 된다고 그래, 하기에 제가 그랬어요. 남들이 볼 때 잘 되는 것처럼 보이는 게 굉장히 중요한 거라고. 처음에 이 인터뷰 못 하겠다고 한 게, 남루함을 드러내고 싶지 않아서였어요. 독자 입장에서 봤을 때 그냥 잘 만드는 출판사에서 만드는 책으로 평가받는 거지, 1인출판사이기 때문에 (오해의 소지가 있는 말이지만) 응원해주기 위해서 책을 산다는 건 별로예요. 1인출판사를 스스로 마이너리티화하고 싶지 않아요. 각자 자영업자로서, 생계 면에서, 경영 부분에서 본받을 만한 게 있는지, 공감할 만한 게 있는지, 저를 포함해서 1인출판사가 그걸 잘 보여주면 좋겠어요."

1인출판사를 차리고 싶은 이들에게 건네는
이정규의 마음

1. 무엇보다 몸을 건강하게 관리하세요.

아픈 날은 개점휴업이에요. 1인출판은 24시간 유비쿼터스식으로 일한다고 보면 될 텐데, 운동을 하면 그동안이나마 다른 세계에 몰입할 수 있어 좋아요.

2. 기록을 잘 하세요.

관리 양식을 만들어보세요. 자디잔 일들이 돌발로 많이 생기기도 하고, 혼자 처리해야 할 업무, 혼자 만나야 할 사람이 많으니 기억력만으로 해결할 수가 없더라고요. 회사에서 쓰는 일반적인 양식들을 제 몸에 맞게 만들어서 쓰면 좋습니다.

3. 혼자 다 하려고 하지 마세요.

돈을 아끼는 것보다 잘 만들고 잘 알리고 잘 파는 쪽이 더 좋을 것 같아요. 일을 남에게 맡긴 동안 그 책에서 잠시 거리 두기를 할 수 있다는 점도 장점이겠고요.

출판하는 마음

1판 1쇄	2018년 3월 29일
1판 7쇄	2023년 6월 1일

지은이	은유
펴낸이	김태형
펴낸곳	제철소
등록	제2014-000058호
전화	070-7717-1924
팩스	0303-3444-3469
제작	세걸음

전자우편	right_season@naver.com
인스타그램	instagram.com/from.rightseason

ISBN 979-11-88343-06-5 03300